KB022753

한국 정치,
어디로 가는가

이 도서의 국립중앙도서관 출판시도서목록(CIP)은 서지정보유통지원시스템 홈페이지(http://seoji.nl.go.kr)와 국가자료
공동목록시스템(http://www.nl.go.kr/kolisnet)에서 이용하실 수 있습니다. (CIP제어번호 : CIP2014016012)

| 경제사회포럼 연구총서 |

한국 정치, 어디로 가는가

새로운 정치를 찾아서

김윤태

엮음

김영필
김윤태
윤희웅
이영제
이준한
이철희
최태욱
한귀영

지음

한울
아카데미

경제사회포럼

경제사회포럼은 건강하고 실현가능한 정책 담론의 생산과 전파를 통해 한국의 정치와 공공행정의 발전을 기하는 진보적 싱크탱크를 지향합니다.

경제사회포럼은 복지, 성장, 민주주의의 가치와 이념, 실현 방도를 통해 한국형 사회경제 모형을 모색합니다.

경제사회포럼은 한반도 냉전구조의 해체와 평화체제의 수립을 통해 궁극적으로 동북아 평화, 공동번영의 질서를 구상합니다.

이사장: 이종오

서울특별시 서대문구 서소문로 45 (합동) SK리쳄블 1102호 (120-030)

전화: 070-7562-9354

서문

이 책은 한국 정치의 현실을 평가하고, 새로운 정치와 정당의 미래를 제안할 목적으로 출간되었다. 여기에 실린 글이 학자와 학생뿐 아니라 정치인, 정당과 시민단체 활동가, 그리고 정치에 관심을 두고 있는 일반 독자들에게 도움이 되기를 기대한다. 우리의 주요 연구는 선거 지형, 정치적 담론, 전략, 정치적 정체성, 정책 의제, 정당의 구조, 선거, 진보 정치의 미래에 관한 문제를 다룬다. 이러한 과제는 이데올로기, 제도, 다양한 정책 의제와 관련을 가진 한국의 진보 정치에 관한 역사적 평가를 포함한다. 또한 미래의 진보 정치에 필요한 새로운 가치, 전략, 제도, 정책 의제를 검토한다.

우리의 핵심적 주장은 한국 정치의 전략과 프로그램을 근본적으로 재구성해야 한다는 것이다. 이러한 과제를 수행하기 위해 '새로운 사고'가 필요하다. 최장집 교수는 『민주화 이후 민주주의』에서 한국 사회가 민주화 이후 대안을 만들어낼 수 있는 지식층을 창출하는 데 실패했다고 지적했다. 대안은 현실을 정확하게 인식하는 새로운 사고에서 비롯된다. 새로운 사고는 사람들의 영감을 불러일으키고, 새로운 정치적·사회적 제도를 만드는 동기를 부여하며, 정치에 대한 우리의 관점을 바꾼다. 새로운 사고가 없다면 정치는 정체되고 혁신은 이루어지지 않을 것이다. 이 책은 한국 정치에 새로운 사고가 필요하다는 점을 강조한다.

물론 새로운 사고가 곧 정책이 되는 것은 아니다. 관념적 사고가 현실에서 힘을 얻기 위해서는 매우 복잡한 과정을 거쳐야 한다. 한 사람의 사고는 다른 이들과의 논의를 통해 비판 받고 수정되고 보완되면서 대중의 담론으로 확산된다. 정치적 담론은 곧 사람을 움직이는 힘을 가지며 다양한 정치적 기회를 통해 권력을 획득한다. 정치적 기회는 국회의 입법 과정, 정당의 선거 공약, 시민적 캠페인을 통해 지속적으로 정치적 논쟁의 장을 창조한다. 만약 선거와 정당의 권력 획득이 없다면 수많은 시민의 경제 활동과 사회 활동은 불가능할 것이다. 만약 더 많은 정치적 노력이 결실을 맺는다면, 우리는 더 좋은 사회를 만들 수 있을 것이다.

이 책은 한국 정치가 새로운 도전에 맞서 나아가야 할 새 방향을 모색한다. 이를 위해서는 무엇보다도 정당 구조와 과정의 혁신이 필요하다. 의원 정수 축소와 특권 포기 등은 대중적 인기에 영합하는 포퓰리즘이 될 수 있을지언정, 정당 혁신의 모든 것은 아니다. 무엇보다도 정당의 정책 결정에 더 많은 풀뿌리 당원과 유권자가 참여해야 하며, 정당의 공직 후보 선출권은 국민의 손에 넘어가야 한다. 당연한 이야기지만 정당 혁신의 근본적 문제는 정당의 민주화에 있다. 프랑스 정치학자 모리스 뒤베르제(Maurice Duverger)가 『정당론(Les partis politiques)』에서 말한 대로 정당은 "사람들의 욕구를 정책 결정자에게 전달하는 통로이며, 결정된 정책을 사람들 속으로 침투시키는 소통의 효과적 메커니즘이고, 나아가 정치 지도자를 키우는 학습장"이다. 정당은 단순히 선거를 기계적으로 반복하는 데서 더 나아가 사회의 현실을 반영해야 한다. 정당은 사회의 다양한 가치와 이해관계를 대표하고, 선거에서 경쟁하며, 정책의 성과에 대해 지속적으로 국민의 평가를 받아야 한다.

새로운 정치는 정당의 혁신을 넘어서 국회의 개혁, 선거제도의 개혁, 새로운 국가 전략의 모색을 추구해야 한다. 민의의 대표기구인 국회의 입법 권한을 확대하고 국회의 심의 기능을 대폭 강화해야 한다. 행정부를 견제하는 국회의 권한을 강화하고 감사원을 국회로 이관해야 한다. 지방자치의 풀뿌리 민주주의를 확대하고 주민자치를 획기적으로 발전시켜야 한다. 민주적 정치제도의 발전을 위해 비례대표제를 대폭 확대하고 합의제 민주주의의 요소를 강화해야 한다. 여당과 야당, 정부 3자가 복지국가와 경제민주화를 논의하는 기구를 설치하고 정권의 하부기구가 아닌, 장기적인 국가 전략을 수립하는 초당적 기구를 운영해야 한다. 노사정 3자의 사회적 대화를 추구하고 모든 국민의 이해관계를 조정하는 사회적 합의 기구를 활성화해야 한다. 또한 가까운 시기에 국민적 논의와 정치권의 합의를 거쳐 국가권력의 분산, 시민 참여의 확대, 보편적 인권 보장을 추구하는 새로운 헌법 개정이 필요하다. 궁극적으로 새로운 정치는 사회정의를 확대하고 인간의 삶의 질을 높이는 역할을 수행해야 한다.

미래의 정치는 한 가지 경로로만 이루어지지 않는다. 다양한 가능성과 전략적 선택의 기회를 가지고 있다. 경제 위기, 지구화, 탈산업화, 인구 고령화가 단순히 진보 정치의 쇠퇴를 야기할 것이라고 볼 수는 없다. 노동시장의 불안, 사회경제적 불평등의 심화, 기후변화가 야기한 사회적 위험은 진보 정치의 혁신을 위한 새로운 기회가 될 수 있다. 21세기의 정치 지형과 사회구조의 변화는 과거의 패러다임으로는 해결할 수 없는 새로운 도전을 만들고 있다. 새로운 정치는 지속적 혁신과 실험을 통해 새로운 대안을 모색해야 한다. 한국 정치의 발전을 위해 사색하고 행동하는 모든 이들을 위해 이 책이 작은 도움이 되기를 바란다.

이 책은 2013년에 한국사회여론연구소(KSOI)가 수행한 대선 평가 프로젝트와 여론조사를 통해 이루어진 지적 기획의 결과인 동시에 경제사회포럼의 연구총서로 출간되었다. 그 후 여러 학자와 전문가들이 참여해 정당 혁신, 정치 개혁, 선거 전략에 관한 토론이 이루어졌다. 이 책의 저자들은 정치학자, 사회학자, 여론조사 전문가, 시민사회 활동가, 정치 컨설턴트 등으로 활동하고 있으며, 한국 정치와 정당의 변화에 대한 기대와 열의를 안고 저술에 참여했다. 이 책을 준비하는 동안 여러 가지 도움을 준 박왕규 전 한국사회여론연구소 대표, 최재성 의원 등 여러 분들에게 감사드린다. 다양한 토론회와 모임에서 고세훈 교수, 김태일 교수, 김호기 교수, 최태욱 교수, 이준한 교수, 안병진 교수, 이창곤 한겨레사회정책연구소 소장, 한귀영 박사, 정한울 동아시아연구원 여론분석센터장, 손혁재 경기시민사회포럼 대표 등 여러분들과 대화하면서 여러 가지 도움을 받았다. 이 책을 훌륭하게 만들기 위해 노력해준 도서출판 한울과 박준규 편집자에게 감사드린다. 부디 이 책이 한국의 '더 많은 민주주의'를 위해 노력하는 분들에게 도움이 되기 바란다.

김윤태
2014년 5월

차례

제1부 정치 전략과 선거

제1장

새로운 정치의 가치와 전략

김윤태

낡은 시대는 사라지고 있지만, 아직 새로운 시대가 오고 있는 것 같지는 않다. 2008년 뉴욕의 월스트리트에서 시작된 금융위기 이후 6년이 지났지만, 아직도 경제 회복이 이루어지려면 많은 시간이 걸릴 것으로 예상된다. 암울한 위기의 시대를 야기한 근본적 원인은 자유시장에 대한 맹신이었다. 자유시장이 항상 스스로 문제를 해결할 것이라는 믿음은 아무런 과학적 근거도 없는 것으로 판명되었다. 세계를 강타하는 경제위기는 자유시장과 금융 세계화를 무한정 밀어붙이는 신자유주의 시대의 종말을 보여준다. 탈규제, 감세, 공기업의 사유화를 신봉하는 '워싱턴 합의'의 정통 교리는 이제 전 세계의 불신을 받고 있다. 지난 30년 동안 세계를 지배한 지적 오만은 현실 세계에서 거대한 재앙을 만들었다. 더 심각한 문제는 따로 있다. 경제위기에 책임을 져야 할 사람들은 아무런 피해도 입지 않은 반면, 경제위기에 아무런 책임이 없는 사람들은 직장에서 쫓겨나 거리로 내몰리고 있다는 사실이다. 힘없는 사회적 약자들은 거친 벌판에서 방황하고 있다.

오늘날 진보 정치가 직면한 가장 심각한 도전은 사회경제적 불평등의 증가이다. 2014년 세계의 부자들이 모인 세계경제포럼(WEF)도 소득불평등을 세계 경제의 가장 심각한 위험으로 지적했다. 국제구호단체 옥스팜(Oxfam)에 따르면, 전 세계 최상위 부자들 85명의 재산은 1조 7,000억 달러(약 1,800조 원)로 전 세계 하위 50%의 부의 총합과 맞먹는다. 전세계 상위 1%에 속하는 6,000만 명은 세계 부의 50%를 차지한다. 부유한 민주주의 국가들도 빈곤과 불평등이라는 오래된 문제에 다시 직면했다. 1970년대 중반 이후 세계화와 탈산업화와 같은 구조적 변화와 자유화와 사유화를 추구하는 국가 전략이 결합되면서 수많은 사람들이 무한 경쟁의 상황에 내몰렸다. 반면 불평등을 완화하거나 감소하는 사회정책은 부분적으로 축소되거나 충분하게 작동하지 못하고 있다. 결과적으로 부유한 민주주의 국가에서도 노동시장의 소득 분배가 악화되고, 사회정책을 통한 빈곤 감소의 효과가 약화되면서 불평등이 증가하고 있다. 특히 한국의 임금 불평등은 선진 산업국가들 가운데에서도 가장 높은 수준이다. 정규직과 비정규직 사이의 임금 격차는 확대되고 있으며, 성별 임금 격차도 최고 수준이다. 특히, 저임금 근로자 비중은 가장 높다.

그러나 세계 경제의 장기적 침체와 자유시장 자본주의의 위기 속에서도, 세계 대부분의 중도 진보 정당들은 선거에서 연달아 패배하고 있으며, 새로운 방향을 찾지 못하고 있다. 경제위기가 심화되고 국가부채가 증가해도 전통적인 진보주의 이념은 새로운 대안을 제시하지 못하고 있다. 한국의 민주진보 세력도 2012년 총선과 대선의 연이은 패배 이후 낮은 정당 지지율로 심각한 위기에 직면했다. 이들은 자신의 문제를 홍보, 소통, 언론의 문제로 평가한다. 그래서 홍보 전문가를 영입하기 위해 노력하고 SNS특별위원회를 만들어야 한다고 주장하며 종편 방송의 편향성을 비판한다. 그러는 한편 야권의 정계개편 시나리오가 떠돌아다니는 것을 보고 야권연대를 둘러싼 선거공학을 분주하게 계산하거나 유력한 차기 대선 후보의 인물평에 목을 맨다. 과연 이런 노력이 오늘날 진보의 위기를 극복하는 데 도움이 될까? 오히려 진정한 위기의 근원은 다른 것이 아닐까? 우리는 한국 민주진보 세력을 이끄는 근본적 가치와 이념의 위기를 정확하게 인식하는 것이 중요하다고 주장한다. 바로 지금이야말로 새로운 진보주의의 방향에 관한 본격적인 논쟁이 필요하다.

1. 회고의 정치와 절망의 정치

한국의 민주진보 세력은 김대중 정부와 노무현 정부를 '민주정부'라고 불렀다. 이들은 민주정부가 한국 민주주의의 발전이라는 위대한 업적을 남겼다는 데 자부심을 갖고 있다. 영국의 역사학자 에릭 홉스봄(Eric Hobsbawm)이 『극단의 시대(Age of extremes)』에서 표현한 대로 20세기의 시대정신은 민주주의였다. 실제로 한국의 민주진보 세력은 이 땅에서 민주주의의 꽃을 피우기 위해 쉬지 않고 불굴의 투쟁을 전개한 역사를 가지고 있다. 군사정부의 철권통치에 맞서 민주주의의 실현을 위해 싸웠으며, 대통령 직선제를 비롯한 국민의 민주적 권리를 옹호하고 국민의 정치 참여를 확대하기 위해 노력했다. 1997년 외환위기의 악조건 속에서도 복지제도를 확대하기 위해 노력했으며, 한반도의 화해와 협력의 시대를 열었다. 한국의 민주진보 세력에게 김대중 정부와 노무현 정부의 시대는 민주주의를 강화한 최고의 전성기였다.

이러한 회고 정치의 서사는 꽤 설득력이 있지만, 1990년대 후반 이후 신자유주의가 미친 강력한 영향을 과소평가하는 경향이 있으며, 자신의 과오에서 눈을 돌리려는 잘못된 태도를 보인다. 민주정부의 정책 방향을 자세히 보면, 대부분의 측면에서 신자유주의를 추종했으며, 사회경제적 차원의 민주주의를 위한 충분한 노력을 기울이지 않았다고 평가할 수 있다. 김대중 정부와 노무현 정부가 지나치게 경제 자유화와 노동 유연화를 추진하면서 사회경제적 격차가 확대되고 서민층의 생활이 악화되었다. 부유층의 소득과 재산은 더욱 증가했으며 대기업 임원의 연봉은 상승했지만, 소득세와 법인세는 낮아졌다. 민주정부의 시기에 비정규직이 늘어났고, 노동시장의 소득불평등이 증가했다는 사실은 매우 뼈아픈 역사로 평가할 수 있다. 모든 국민의 평등한 시민권을 강조하는 민주주의의 원리와 정면으로 배치되는 정치적 결과를 만들었던 것이다.

역사적으로 돌이켜보면, 새로운 진보적 이념과 정책을 둘러싼 논쟁은 1998년 정권 교체의 시점에서 중요한 분기점을 제공했다. 김대중 정부는 과거 정부의 개발독재와 관치경제를 비판하면서 '민주주의'와 '시장경제'를 새로운 국정목표로 내세웠다. 그 후 김대중 정부가 '생산적 복지'를 내세우고 사회보험제도를 확대하면서 서유럽의 사회민주주의와 복지국가 모델이 새로운 관심을 끌었다. 김대중 정부는 1990년대 후반 잇달아 집권한 미국의 클린턴 민주당 정부, 영국의 블레어 노동당 정부, 독일의 슈뢰더 사회민주당 정부가 추진한 '제3의 길(The Third Way)' 정치를 적용하면서 개인의 노동능력을 강화하는 적극적 복지를 강조했다. 2003년 집권한 노무현 정부 역시 '제3의 길' 정치에 깊은 관심을 보이면서 성장과 복지의 '동반성장'을 주장했다. 전반적으로 민주정부는 경제정책과 사회정책을 통합하는 접근법을 강조했지만, 사회경제적 격차의 심화를 막기에는 역부족이었다.

민주정부는 자유시장의 효과를 지나치게 과대평가한 반면, 그것의 부정적 결과는 과소평가했다. 공급 측면만을 강조했던 김대중 정부의 '민주주의와 시장경제' 및 노무현 정부의 '비전 2030'은 자유시장 접근법에 치우쳐 있었다. 국제무역, 금융 규제, 고용 확대를 위한 일관성을 가진 효과적인 대안을 마련하지 못했다. 보수 세력의 감세와 긴축정책에 맞서지 못했고 건전 재정의 덫에 빠진 채 공공투자와 사회투자의 대안을 효과적으로 제시하지 못했다. 경제정책을 주도하는 정부의 적극적 역할을 경시한 채 기업의 사회적 책임에 막연하게 기대를 걸었다. 결과적으로 정부의 경제정책은 대중의 신뢰를 상실했다. 노무현 대통령은 "권력은 시장에 넘어갔다"고 말했지만, 사실 권력은 기업, 특히 재벌 대기업에게 넘어갔다. 시장에는 대기업, 중소기업, 노동자, 소비자 등 다양한 이해관계자들이 존재하지만, 시장의 위계적 구조의 정점에는 오직 재벌 대기업이 존재할 뿐이다. 정부의 실종은 곧 정치의 절망을 만들었다.

　이러한 절망의 정치를 야기한 또 다른 요인은 정책 대안을 만드는 의사결정 과정에 있었다. 김대중 정부와 노무현 정부의 정책 결정 과정을 보면 과거와 같이 청와대에서 내려오는 하향식 방법이 지배적이었다. 민주 정부의 시대에 상당한 수준의 민주화와 분권화가 이루어졌지만, 이는 정보화가 주도하는 새로운 시대의 변화에 비해 충분치 않았다. 선거운동에서 텔레비전과 인터넷을 활용하고 국민과의 소통과 전자정부를 강조했지만, 정치적 영역에서 대중의 자발적 참여는 충분하지 못했다. 정당은 소수의 정치 엘리트와 계파의 볼모가 되었으며, 중요한 정책 결정은 무책임한 소수의 관료 또는 대기업 재벌의 연구보고서를 탐독하는 분별없는 정치인들에 의해 주도되었다. 정당의 전략이 대중의 관심과 유리되고 정책 결정을 주도하지 못하게 되면서 신당 창당, 대연정, 개헌 등 대중의 생활과 괴리된 정치공학과 선거공학이 정치적 의제를 지배했다.

　대중의 삶의 현실에서 멀어진 과두적 엘리트의 정치 과잉은 결과적으로 대중의 소외감을 유발했으며 정당은 대중의 관심에서 멀어져갔다. 대중의 요구에 반응하지 않는 '시민 참여'는 엘리트주의의 한계를 반복하며 계파의 동원정치로 전락했다. 당원 주권론과 시민 참여 정당론 사이의 논쟁에서 조직은 얻었지만 정치는 사라졌다. 국회의원 정수와 세비의 축소를 '새 정치'라고 강변하는 아마추어리즘은 정치의 기본적 문법을 모르는 소치이다. 최근 정치권에서 '기초 선거 무공천'을 정치 개혁이라며 내세웠던 발상은 정당정치의 토대를 무너뜨릴 뿐 아니라 정당에 대한 불신을 더욱 강화할 것이다. 주요 선거 때마다 청년세대의 득표율에 기대를 걸면서 세대 균열과 계층 균열을 제대로 구분하지 못하는 전략적 오류는 지역주의 정치구조를 무너뜨릴 무기를 찾지 못했으며, 대중의 삶의 질을 개선할 수 있는 정치적 기회를 스스로 포기했다. 2012년 대선 패배 이후 선거로 정치를 바꿀 수 없다는 무력감이 유권자의 사회심리학을 지배했다. 결국 절망의 정치는 대중의 마음속에서 정치가 실제 삶과 아무런 상관이 없다는 정치적 무관심과 환멸을 키웠다. 그 결과는 낮아진 야권 지지율과 증가한 무당파이며, 제3의 후보를 쫓아 유동하는 유권자의 확대이다.

2. 무엇을 잘못했는가?

　민주정부의 시기에 가장 중요한 한국 사회의 변화는 맹목적인 미국화이다. 미국에서 훈련받은 경제학자들과 미국식 자유시장 경제를 추종하는 경제 관료들에 의해 좌지우지되었던 민주정부는 미국을 전지전능한 힘으로 믿었다. 미국적 가치가 곧 글로벌 스탠더드라고 믿었다. 자유시장과 주주 가치를 강조하는 미국식 사고는 한국 정부의 모든 정책을 지배하기 시작했다. 경쟁, 효율성, 선택의 논리에 따라 경제의 자유화, 사영화, 탈규제, 금융화, 지구화를 신성한 교리처럼 무비판적으로 추종했다. 이런 미국화는 2008년 금융위기를 통해 최후의 심판을 맞이했다. 미국 경제는 1930년대 대공황 이후 최대의 위기에 직면했고, 수많은 시민들이 직장을 잃고 거리로 쫓겨나야 했다. 지금이야말로 한국 엘리트 집단이 조장한 미국화의 미몽에서 깨어날 때이다.

미국 경제의 위기는 일시적인 경기순환이 아니라 장기적·근본적·구조적 문제에서 비롯되었다. 1980년대 레이건 정부가 등장한 이후 30년간 미국 정부가 추진한 부자 감세, 규제 완화, 통화량 확대 정책이 바로 경제위기를 만들었다. 공화당과 민주당의 정치인들은 천문학적 선거 비용을 조달하기 위해 기업과 부유층의 막대한 후원금에 의존했다. 정치인에 대한 기업과 부유층의 영향력이 커지면서 세금 감면, 재정 긴축, 복지 축소, 금융 규제 완화와 같은 정책을 선택한 결과 소득격차가 극심하게 벌어졌다. 더 심각한 것은 레이건 정부 이후 공화당 정부가 추진했던 부자 감세가 경제적 재앙을 야기했다는 사실이다. 레이건 대통령은 부자의 소득세를 감면하면 경제가 성장하고 정부의 재정적자가 줄어들 것이라고 주장했다. 여기에 세금이 오르면 경제성장이 악화된다는 주장을 펴는 공급 중시(supply side) 경제학자들이 가세했다. 하지만 미국의 막대한 부자 감세에도 투자는 증대하지 않았다. 오히려 미국 사회에서 세금 납부에 부정적 편견만 커지면서 사회적 책임과 공동체 윤리가 사라지고 있다.

부자 감세가 투자 확대로 이어질 것이라는 낙수경제(trickle-down) 이론은 파산했다. 미국 경제학자 조지프 스티글리츠(Joseph Stiglitz)는 『불평등의 대가』에서 낙수경제 이론은 "이미 오래전에 신빙성을 잃은 허무맹랑한 주장"이라고 규정했다. 이러한 가정은 꿈속에서나 가능한 이야기라는 것이다. 스티글리츠는 "미국 경제가 갈수록 심화되는 불평등 때문에 생산성 감소, 효율성 감소, 성장 둔화의 값비싼 대가를 치르고 있다"고 경고했다. 그의 분석은 성장과 분배가 상호 대립적 요소가 아니라 상호 보완적 요소라고 지적한다. 그는 "하위계층과 중위계층의 소득이 늘면 모든 계층이, 심지어 상위계층도 혜택을 볼 수 있다"는 주장을 제시한다. 경제 회복을 위해서는 지금이라도 부유층 세금을 증대하고 교육과 직업훈련, 환경 친화적 기술, 연구개발 등에 대해 정부가 더 과감한 투자를 할 필요가 있다. 지속적 성장을 위해 더 많은, 더 좋은 일자리를 만드는 적극적 정책으로서 '사회적 생산성'을 향상시키는 미래 전략이 필요하다. 우리는 미국의 역사적 실패에서 유용한 교훈을 얻을 수 있다.

1990년대 후반 이후 한국 민주정부는 미국의 경제정책을 수용하면서 다른 나라들과 마찬가지로 사회적 불평등의 증가를 효과적으로 막지 못했다. 민주정부는 신자유주의적 경제개혁을 적극적으로 추진한 데 비해, 사회안전망의 구축과 복지국가의 발전에는 충분한 노력을 기울이지 못했다. 그 결과 경제성장의 과실이 전 계층에게 골고루 나누어지지 못했다. 국내총생산의 증가 비율에 비해 근로자 실질임금 증가율은 낮았다. 기업과 부유층을 위한 소득세와 법인세는 줄었지만, 재산세는 늘면서 조세 정의가 약화되었다. 대기업 임원의 연봉과 스톡옵션은 천정부지로 높아졌지만, 노동시장의 비정규직이 급증하면서 고용의 질은 하락했다. 결과적으로 노동시장의 임금불평등은 사상 최악의 상태가 되었고 사회 전체적으로 불평등이 더욱 심화되었다.

경제적 수준을 보면, 한국의 1인당 국내총생산은 1960년대에 비해 250배 이상 증가해 세계 최고 기록을 달성했다. 그러나 선진 산업국가들 가운데 한국인의 삶의 만족도는 하위권에 머물고 있다. 물질적 성공과 정신적 실패가 공존한다는 역설이 한국에서 발생한 것이다. 2013년 통계청의 사회조사에 따르면, 응답자의 46% 이상이 자신의 사회경제적 지위를 '하층'이라 생각한다고 답했다. 스스로를 하층민이라고 생각하는 사람들의 비율은 1988년 이래 사상 최고 수준이다. 반면 자신을 중산층이라고 생각하는 사람들의 비율은 점점 감소하고 있다. 소득불평등을 나타내는 지니계수로 따졌을 때 한국은 경제협력개발기구(OECD) 34개국 가운데 여섯 번째로 높은 수치를 보이며 이마저도 지속적으로 상승하는 추세이다. 자신이 일평생 노력해도 사회경제적 지위가 높아질 가능성이 낮다고 생각하는 비율은 60% 수준에 달한다. 사회이동의 사다리가 사라졌다고 생각하는 비관과 체념이 사회를 뒤덮고 있다. 왜 이런 현상이 생겨난 것일까?

숫자가 보여주는 경제성장의 이면에서 사회적 불안이 점점 커지고 있다. 증가하는 국내총생산은 행복을 키우지 못하지만, 증가하는 고용 불안은 삶의 만족에 큰 영향을 미친다. 노동시장에서 저임금·불완전 고용인 비정규직 근로자의 비율이 50% 수준으로 급증하면서 사회경제적 안전이 심각하게 약화되었다. 실직, 노후, 질병 등의 사회적 위험에 대비하는 공공 영역의 사회안전망이 취약하기 때문에 불행한 사람이 증가한다. 교육과 의료의 시장화는 국내총생산을 높일 수는 있어도, 높아지는 교육비와 의료비는 사람들의 행복감을 떨어뜨린다. 자유시장의 논리가 사회를 지배하면서 계층 격차와 사회적 배제가 계속 증가하고 있다. 수도권과 지방, 서울 소재 대학과 지방대학, 도시와 농촌의 격차가 점차 커지며 주변화된 사회집단은 중심부에서 배제되고 있다. 한국의 기업 규모별, 성별, 학력별 임금 격차는 선진 산업국가들 중 최고 수준이다.

사회 최상층에서 기득권을 갖고 있는 엘리트 집단은 개인의 능력에 따른 보상의 차이를 당연하게 생각한다. 기업, 보수 언론, 대학은 더 높은 소득과 사회적 지위를 얻기 위해 끝없이 경쟁하는 것이 당연하다고 주장한다. 사회적 불평등이 만드는 과잉경쟁과 사회적 불안은 우리 모두의 행복감을 떨어뜨리고 있다. 다른 한편에서는 세계 최장 노동시간과 극심한 정신적 스트레스로 삶을 파괴당한 사람들을 위로하면서 막대한 돈을 버는 사람들이 등장한다. 사회의 낙오자를 위한 힐링과 자기계발이 거대한 산업으로 변화하고 권위와 카리스마를 가진 저자와 강사들은 모든 문제의 원인을 개인의 차원으로 축소시킨다. 공공영역의 시장화와 사회문제의 개인화가 만든 우리 사회의 슬픈 자화상이다. 사적 시장의 지배와 공공영역의 쇠퇴는 곧 정치의 실종을 의미한다. 정치가 사회에서 사라지면 곧 시장이 사회를 지배한다. 이는 곧 한국 정치의 실패와 무능을 그대로 보여주고 있다.

3. 새로운 진보 정치를 찾아서

지난 50년간 한국의 민주진보 세력은 시민적 자유, 절차적 민주주의, 한국 사회의 발전에 크게 공헌했다. 김대중 정부와 노무현 정부가 추구했던 민주화와 분권화의 가치는 아직도 중요한 의미를 가진다. 그러나

21세기의 새로운 진보주의는 전통적인 관치경제와 무책임한 자유시장 만능주의가 한계에 부딪힌 이 시점에서, 새로운 시대를 이끌 대안을 모색해야 한다. 지속가능한 경제성장을 위해서는 새로운 성장 동력의 강화뿐 아니라 사회통합 역시 필요하다. 앞으로 새로운 미래를 준비하는 한국의 민주진보 세력은 지속가능한 진보를 실현하기 위해 사회정의, 평등, 사회통합, 환경 보호의 가치를 더욱 강조해야 한다. 한국의 민주진보 세력은 새로운 힘과 생각을 모아 지속가능한 미래를 위한 담대한 목표를 제시해야 한다.

한국의 민주진보 세력은 과거의 민주정부가 추진한 민주주의, 복지, 평화를 뛰어넘는 새로운 가치와 전략을 제시해야 한다. 진보 정치가 사회경제적 불평등이 증가하는 새로운 시대에 대응하려면, 새로운 진보적 가치와 이념의 재발견이 필요하다. 지금도 한국 사회의 정책 논쟁은 경기 부양, 국가 채무, 복지 재정에 집중되어 있다. 한국의 민주진보 세력은 더 넓게, 더 멀리 보아야 한다. 성장에 치우친 보수주의 이념이 추구하는 과거의 낡은 정책 목표를 뛰어넘어야 한다. 경제성장을 촉진하는 혁신적 기업을 지지하는 동시에 모든 국민이 번영을 공유하는 적극적인 공공정책을 고안해야 한다. 한국 사회에서도 역동적 경제, 사회적 연대, 민주주의 등 세 가지 목표를 통일할 수 있는 새로운 사회경제 패러다임을 수립해야 한다. 시장, 경쟁, 효율성만 강조하는 보수주의 세력의 가치와 철학의 문제점을 날카롭게 비판하면서 새로운 대안을 제시해야 한다. 사영화, 탈규제, 감세를 주장하는 보수 세력의 시장만능주의에 맞서 새로운 진보적 정책 의제와 전략을 수립해야 한다.

정보시대의 새로운 진보 정치에는 시민의 참여와 논쟁이 필수적이다. 정부 정책은 힘든 결정을 내려야 할 때가 많으며, 이때마다 사회적 합의를 끌어내야 한다. 복지국가 논쟁에서 필수적인 조세정책은 광범위한 대중의 지지를 얻어야만 한다. 경제민주화가 성공하기 위해서는 대기업과 중소기업, 정규직과 비정규직, 기업과 노조 사이의 사회적 대화와 합의가 필수적이다. 지속가능한 정책 대안을 만들기 위해서는 더 많은 시민이 참여하는 개방적·중층적 의사결정 과정을 강화해야 한다. 2008년의 촛불시위는 새로운 진보 정치의 가능성을 상징적으로 보여준 중요한 사건이다. 정부와 국회가 아닌 거리와 가상공간에서 새로운 민주주의의 잠재력이 표출되었다. 정부와 국회에 대한 신뢰의 저하와 무관심의 증대가 곧 정치의 종말을 의미하는 것은 아니다. 정치는 정당과 투표장이 아니라 사회운동과 거리에서 폭발할 수도 있다. 당시 이명박 정부는 국민의 생명과 안전을 지킨다는 자신들의 책무를 다하기보다 광우병의 위험을 지적한 언론과 인터넷을 맹렬하게 비난하는 데 집중했다. 인터넷 논객을 전기통신법 위반으로 구속하고, 정부를 비판하는 언론인을 직장에서 쫓아내고, 광화문에 '명박산성'을 쌓았던 이명박 정부는, 새로운 시대의 등장을 제대로 이해하지 못했다.

이제 무책임한 보수주의 정치 세력의 독선과 무능으로 고통을 겪는 일반 시민의 삶을 개선하기 위해 새로운 진보 정치의 재구성이 필요하다. 민주주의와 시민의 권리를 보호하는 정치적 제도를 강화해야 한다. 이런 점에서 2010년 민주당이 '보편적 복지'를 강령에 포함하고, 2013년 '원전 제로 시대'를 강조한 것은 주목할 만하다. 복지국가의 강화는 단순한 사회지출의 증가를 의미하지 않는다. 그것은 지속적 경제성장과 사회통합을 위한 투자가 될 것이다. 원자력 개발 대신 대안 에너지를 개발하는 담대한 시도는 안전하고 살기 좋은 환경을 미래 세대에 물려주어야 하는 우리 시대의 책임을 보여준다. 이러한 목표를 달성하기 위해서는 새로운 진보 정치가 활성화되어야 한다.

새로운 진보주의 운동이 하나로 결집해 성공하려면 일관성 있는 가치와 체계적인 철학을 가져야 한다. 지난 역사에 볼 수 있듯이 진보주의는 항상 새로운 사고와 대안을 제시할 때 성공할 수 있었다. 국회에서 농성하고 촛불을 들고 거리에 모이는 행동이 곧바로 우리의 문제를 해결하는 것은 아니다. 개인의 항의와 사회운동의 행동주의는 정치적 차원의 구체적 대안과 연결되어야 한다. 정당은 사회 속에서 분리된 섬으로 고립되는 대신 항상 시민사회와 연계해 시민운동의 문제제기에 반응해야 한다. 정당과 시민사회운동은 어깨를 걸고 앞으로 나아가야 한다. 하지만 정당과 시민사회운동의 연결은 그저 기술적 문제를 해결한다고 실현되지 않는다. 텔레비전, 인터넷, SNS는 단지 수단일 뿐이다. 정말로 중요한 것은 바로 가치의 공유이다. 정치인과 정당이 대중의 참여를 유발하려면 가치에 호소하는 효과적인 메시지를 전달해야 한다. 메시지가 없다면 참여도 없다. 진보 정치는 그 가치와 메시지의 힘을 이해하기 위해 노력해야 한다. 이러한 노력 속에서 새로운 진보가 출발할 것이다.

4. 진보 정치의 근본적 가치

자유, 평등, 박애는 프랑스 혁명의 구호였으며, 현재도 전 세계 민주적 정치 세력의 핵심 가치로 인정받고 있다. 이 세 가지 가치는 군주제가 무너지고 공화국이 출현하면서 널리 확산되었으며, 20세기 이후 전 세계적 차원에서 민주주의의 핵심 가치로 수용되었다. 새로운 사고는 1948년 유엔이 제정한 '세계인권선언'이라는 인류의 이상을 담은 국제협정을 통해 전 세계에 천명되었다. 이 선언은 "모든 사람은 생명, 자유, 안전에 대한 권리를 가지며, 그 누구도 노예가 되거나 타인에게 예속되어서는 안 된다"라는 문구로 새로운 인식의 지평을 열었다. 이 선언은 전 인류의 보편적 권리를 정의할 뿐 아니라 인권을 추구하는 세계적 차원의 합의를 표현했다. 1689년 영국의 권리장전과 미국의 독립선언문, 프랑스의 인권선언문, 그 밖에 노동자, 여성, 소수인종의 참정권을 위해 싸웠던 수많은 인권 운동가들의 정신을 계승한 이 위대한 문서는, 마침내 새로운 역사의 이정표를 세웠다고 평가할 수 있다.

세계인권선언의 중요성은 인간의 권리를 시민적·정치적 권리에 제한하지 않고 사회적·경제적·문화적 권리 등 일반적으로 인정된 인간의 모든 권리를 옹호했다는 점에 있다. 인간의 다양한 권리는 결코 분리될 수 없으며 서로 긴밀하게 연결되어 있다고 지적한 이 표현은, 인간의 이성이 냉전의 시대를 뛰어넘어 이룩한 위대한 통찰이었다. 결국 세계인권선언은 이념의 대립을 초월해 시민적·정치적 권리와 식량과 주거, 의료, 교육, 노동의 권리와 같은 인간다운 삶을 위한 사회경제적 권리를 모두 아울렀다. 세계인권선언문은 모든 시민의 인권을 보호할 '국가의 의무'를 밝혔다는 점에서도 중요하다. 이것은 모든 국가에게 "세계의 자유, 정의, 평화의 기초"가 될 인간적·시민적·경제적·사회적 권리를 증진할 것을 촉구했다.

1987년 민주화 이후 제정한 한국의 헌법도 바로 시민적 자유, 민주주의, 저항권, 경제민주화, 사회복지라는 가치의 토대 위에서 탄생했다. 헌법 34조는 국민에게 사회복지를 제공하는 국가의 의무를 명시했으며, 인권과 민주주의를 헌법의 궁극적 가치로 천명했다. 그러나 한국 사회에서 보편적 인권의 궁극적 성취는 아직 이루어지지 않았다. 인권과 민주주의의 가치는 정치적 세력의 부침에 따라 무시되거나 왜곡되었으며, 새로운 시대의 변화를 제대로 반영하지 못했다는 평가도 받는다. 민주주의와 인권은 고정적 개념이 아니며, 지속적으로 변화하는 시대에 따라 다시 정의되어야 한다. 21세기에 살고 있는 우리에게는 과거의 보수와 진보가 생각하지 못한 새로운 정치적 기획이 필요하다. 새로운 진보주의는 가치의 혁신을 추구해야 하며, 이를 통해 우리는 좌나 우가 아닌 앞으로 나아가야 한다.

5. 포용의 민주주의

한국의 민주진보 세력은 권위주의 정부에 맞서 한국의 민주주의와 정치적 권리를 위해 오랫동안 투쟁했다. 그러나 민주적 정치제도의 발전이 투표할 권리를 강조하는 형식적 민주주의에 그친다면 민주주의가 시민의 삶과 직접 관련이 없는 것이라는 비판에 직면할 수 있다. 이를 방치하면 대의민주주의는 '위임 민주주의'로 변화되어 소수의 정치계급이 다수의 대중을 통치하는 상황이 야기되거나, 대다수 시민이 청중으로 전락해 정치 무대에 있는 엘리트의 결정 과정에 수동적으로 반응하는 '청중 민주주의'가 등장할 수 있다.

정보통신 기술의 급속한 발전은 집단지성을 활용하는 대중을 출현시켰고, 이제 21세기 민주주의는 새로운 '시민정치'의 등장을 목도하고 있다. 새로운 민주주의는 새로 출현하는 시민사회의 다양한 개인들과 사회집단들을 광범위하게 포용하고 그들과 지속적인 대화와 협상을 추진해야 한다. 이런 점에서 전통적 대의민주주의는 많은 한계를 가지고 있기 때문에, 참여민주주의와 심의민주주의의 요소를 포함한 새로운 민주주의의 발전이 필요하다. 대의민주주의의 한계를 뛰어넘어 사회적 약자, 소외 계층, 외국인 노동자 등 주변적 집단과 개인들을 포용하고 그들에게 동등한 기회를 부여하며, 그들이 자율적 능력을 확대할 수 있도록 도와주어야 한다.

미국의 사회학자 디트리히 뤼시마이어(Dietrich Rueschemeyer)는 『자본주의 발전과 민주주의』에서 지속가능한 민주주의를 유지하는 기본적 조건은 다양한 사회 세력의 '권력 공유'라고 지적했다. 민주주의는 다양한 사회 갈등 속에서 타협과 조정을 이끌어내는 대표적인 정치제도이다. 한국의 민주진보 세력은 사회의 여러 이해관계자의 참여와 토론을 촉진하는 '포용의 민주주의'를 강화해야 한다. 국회에서 표결을 통해 다수결을 따르는 것이 민주주의의 원칙으로 알려져 있지만, 이러한 '다수결의 원리'는 많은 문제점을 가지고 있다. 맹목적인 다수결의 원리는 타협보다 정쟁을 격화시켜 끝없는 정치적 반목과 사회갈등을 불러올 수 있다. 사회통합을 강화하기 위해서는 사회갈등의 해결을 제도화하는 정부와 시민사회의 협력이 필요하다. 특히 정부와 정당이 정책 결정 과정에서 시민사회와 다양한 의견을 교환하고 주요 정책을 공동으로 협의하는 것은 매우 중요하다. 이를 위해 먼저 행정부는 정보공개법 제정과 행정조직의 개혁 등을 통해서 국가정책에 관해 적극적으로 시민사회와 협력할 수 있는 제도적 틀을 마련해야 한다.

포용의 민주주의는 대의민주주의와 참여민주주의가 대립적 관계가 아닌 상호 보완적 관계가 되어야 한다고 강조한다. 정부의 정책 결정 과정을 독점하는 권력을 분산시키고 광범위한 이해관계자가 참여할 수 있는 프로그램을 마련해야 한다. 지방자치제도에도 주민의 자발적 참여와 자율적 협상을 유도하는 시스템을 도입해 지방정부와 시민사회의 갈등을 효율적으로 관리할 필요가 있다. 그러기 위해서는 중앙정부와 지방정부에서 참여행정의 폭을 넓히고 주민들과 이해관계를 조정·협상하는 전담기구 구성, 합의회의, 주민투표, 시민배심원 제도, 공론조사 등 심의민주주의를 활용한 다양한 협치 모델을 만들어 참여적 의사결정과 사회적 통합을 확대해야 한다.

1) 사회정의

한국의 민주진보 세력은 사회정의(social justice)가 사회를 구성하고 유지하는 가장 기본적인 원리라고 믿는다. 사회정의는 평등을 향한 민주주의의 열망이 담긴 근본적 원칙이다. 정의로운 사회는 모든 시민들에게 균등한 기회를 부여하기 위한 기본 조건이다. 사회정의가 실현되지 않는 곳에서 기회는 소수에 의해 독점되며, 이는 결과적으로 사회 통합을 저해할 것이다. 한국 사회가 가진 소중한 인적·물적 자원은 소수의 특권 세력의 독점에서 벗어나 모든 계층에게 골고루 혜택을 제공해야 한다. 개인과 집단이 성, 연령, 인종, 지역, 장애, 종교, 신념의 차이와 따른 차별을 받지 않고 공정한 대우를 받는 사회를 지향해야 한다.

무책임한 보수주의 세력은 시장에서 이루어지는 개인의 능력에 따른 차등적 분배를 당연한 것으로 간주한다. 반면 전통적인 진보주의는 모든 사람의 개인적 특성을 무시한 기계적 평등을 강조했다. 사회정의를 강조하는 새로운 민주진보 세력은 보편적 평등의 원칙을 존중하는 동시에 구성원들에게 더 많은 기회를 부여하는 방향을 추구해야 한다. 사회정의는 모든 사회제도에서 가장 중요한 원칙이며, 모든 사람들이 가지고 있는 동등한 가치를 실현할 수 있도록 도울 것이다. 또한 모든 사람에게 평등한 기회를 제공하려면 그들에게 필요한 보편적 사회복지 제도를 확대하기 위해 노력해야 한다. 사회정의를 강화하는 정치적 기획에서 특히 중요한 것은 특권을 갖고 있지 못한 서민과 중산층의 삶의 질을 높이려는 노력이다. 모든 사람을 위한 보편적인 사회의 복지를 확대하는 동시에, 특별히 사회의 혜택을 가장 적게 받는 사람들을 도우며 사회의 공정성을 강화해야 한다.

미국의 정치철학자 마이클 왈쩌(Michael Walzer)가 『정의와 다원적 평등』에서 지적한 대로 기계적 평등을 추구한 구 소련 공산주의 체제는 유토피아주의의 오류에 빠졌다. 사유재산의 철폐를 통한 기계적 평등은 시민의 모든 생활을 통제하는 공산당 관료의 독재를 제대로 막을 수 없었다. 그러나 다른 한편으로 개인의 능력 차이에 따른 보수의 차이를 당연하게 여기는 개인주의적 보수주의의 사고는 자유시장이 지배하는 다른 형태의 독재를 정당화한다. 시장의 기능을 절대시하는 시장 근본주의는 결국 불평등을 정당화시키는 이데올로기가 되었다. 만약 보수주의자들이 강조하는 일자리가 단순하게 개인이 시장에 참여하는 것이라면, 노동시장의 소득불평등은 자연스러운 현상으로 간주될 수 있다. 그러나 최근의 현실을 보면, 각 개인은 시장에서 차지하는 위치에 따라 얻는 소득이 지나치게 크며, 이것은 사회적 불평등을 심화시키는 원인으로 작용하고 있다. 보수주의자들이 말하는 대로 기회의 평등만으로 사회적 불평등을 제대로 해결하기는 어렵다. 결과의 평등을 추구하는 적극적인 재분배 장치가 작동하지 않는다면 결국 공정한 사회를 이룩하기는 불가능하다.

그러나 시장이 만든 불평등의 결과를 단순하게 국가의 개입만으로 해결하기는 어렵다. 인도 경제학자 아마티아 센(Amartya Kumar Sen)은 『자유로서의 발전』에서 빈곤에서 벗어나기 위해서는 개인과 사회의 '역량'을 강화해야 한다고 주장했다. 이는 중앙정부의 하향식 평등주의가 아니라 개인과 사회의 능력을 강화하는 상향식 평등주의를 추구한다. 이러한 관점은 사회적 불평등을 해결하기 위한 개인의 자발적 참여를 더욱 강조한다. 모든 시민이 교육, 재산의 소유, 문화에 접근할 수 있는 능력을 가져야 한다. 국가는 효과적 재분배 장치의 단순한 작동뿐 아니라 인적 자본과 사회적 자본에 대한 투자를 중시해야 한다. 새로운 진보주의는 기회의 평등과 결과의 평등을 결합해 개인과 사회의 역량을 강화하는 정책을 추진해야 한다.

2) 사회적 연대

사회적 연대는 퇴행적 보수주의의 시장만능주의와 낡은 사회주의의 국가 통제를 뛰어넘는 새로운 가치이다. 새로운 진보주의는 경제주의적 개인주의에 입각해 사회적 가치를 외면하는 보수적 자유주의와 낡은 계급적 관점에 입각한 기계적 평등주의에 반대해야 한다. 민주진보 세력이 추구하는 가치는 무엇보다 국가, 시민사회, 시장의 균형을 위한 사회적 연대이다. 우리는 한국 국민이 흩어진 개인의 총합이 아니라 하나의 운명공동체라고 믿는다. 다양하게 연결된 공동체와 강고한 사회적 연대는 경제를 성장시키고 삶의 질을 높이기 위한 발판이 된다.

사회적 연대는 모든 사회 구성원에 대한 신뢰와 존중을 통해 발전한다. 사회적 가치를 외면한다면 만인에게 균등한 기회가 부여되는 대신 이기적 특권을 위한 전쟁이 벌어질 것이며, 상호책임의 윤리 대신 책임의 회피와 무임승차가 만연할 것이다. 한국의 민주진보 세력은 한국 사회가 개인의 이기심에서 비롯된 끝없는 경쟁의 각축장이 아니라 더불어 잘 사는 사회가 되어야 한다고 믿는다. 사회의 공동체 정신과 상호협력의 시민문화를 강화해 사회적 신뢰를 높여야 경제성장과 사회발전의 장기적 토대를 강화할 수 있다. 사회적 신뢰에서 성장한 사회적 자본을 통해서만 사회갈등의 비용을 줄이고 사회적 안전과 삶의 질을 높일 수 있다. 사회의 다양성을 통해 역동성을 이끌어내고, 소수집단의 차별을 방지하며, 공통의 시민정신과 관용의 문화를 확대해야 한다. 이것은 또한 사회적 약자를 돕고 지역사회의 발전을 위해 노력하는 다양한 봉사단체, 종교단체, 시민사회 조직의 활동을 촉진한다.

강한 시민사회는 민주주의의 발전을 위해 필수적이다. 강한 시민사회는 개인들이 이기적 욕심을 버리고 공동선을 위해 희생하는 미덕을 요구한다. 사회문제에 관심을 가지고 투표에 참여하며, 다양한 시민단체에 자발적으로 참여하는 사람들이 많아야 공동선을 실현할 가능성이 커질 것이다. 가족과 이웃, 학교, 종교단체, 그리고 인터넷 공동체에 이르기까지 공동체는 우리 삶의 기반이다. 여기에서 상호의존, 상호책임, 상호존중의 시민정신이 구현된다. 이러한 시민 문화는 소극적 차원에서 타인을 인정할 뿐 아니라 적극적으로 상대를 존중하고 환대하는 행위를 수반한다. 강한 시민사회는 문화적 개방성과 다원성을 지지하며 외국인과 이주노동자, 난민에 대해 포용적 태도를 취한다. 성숙한 시민사회의 공동체 정신은 상호부조와 협력의 사회적 관계를 강화할 것이다.

6. 세계적 차원의 진보 정치의 혁신

지난 20여 년 동안 선진 산업국가가 도입한 정책과 프로그램은 특히 정보화, 탈산업화, 지식경제의 확대와 밀접한 관련을 가진다. 이제 유럽 대부분의 중도진보 정당은 정부를 재구성하고 복지국가를 개혁하며 교육훈련과 기술개발을 위한 투자의 확대를 강조한다. 하지만 새로운 진보 정치는 나라별로 다양한 차이를 보인다. 시장경제를 지향하는 영국과 미국, 사회민주주의 복지국가의 영향이 강한 스웨덴, 노사 합의의 기반이 강한 네덜란드는 서로 다른 정책과 프로그램을 도입했다. 영국과 미국에서는 노사정 협의와 사회협약이 발전되지 않은 반면, 네덜란드, 덴마크, 아일랜드에서는 사회적 대화가 산업평화와 사회보호 시스템의 확대에 큰 기여를 했다. 이 나라들의 제도와 정책 변화는 탈규제를 주장하는 신자유주의와 국가 통제를 주장하는 전통적 사회주의에 대한 새로운 대안으로 부각되었다.

1990년대 후반 유럽의 중도진보 정부의 정책은 서로 모순적인 특징을 결합하는 경우가 많았다. 선진 산업국가의 중도진보 정당의 강령의 변화를 보면, 경제적 효율성과 사회정의를 동시에 추구하는 특징이 나타난다. 정부는 정책의 기조로 완전고용을 추구하지만, 케인스 경제학의 거시경제 관리는 축소하거나 포기한다. 재정 건전성을 위해 긴축 정책을 유지하는 반면에 공공투자는 확대한다. 노동시장의 유연성을 확대하는 반면에 저소득층의 조세는 감면하며 최저임금제를 강화한다. 국영기업의 역할을 축소하는 한편 보편적 공공서비스를 확대한다. 공공부문과 민간부문의 동반자 관계와 경쟁을 동시에 확대한다. 중앙정부의 권력을 분산하고 지방자치 민주주의를 확대하는 한편 중앙정부를 더 효율적으로 개혁한다.

하지만 모든 나라들의 정책성과가 동일한 것은 아니다. 유럽 국가들 가운데 눈에 띌 만한 경제발전과 고용 확대를 이룩한 나라들로는 덴마크, 스웨덴, 독일이 있다. 2000년대 초반 아일랜드, 영국, 포르투갈, 에스파냐의 경제성장률은 높았지만, 2008년 금융위기 이후 심각한 경제침체에 직면했다. 최근 성공적인 진보를 이룩한 국가들은 대개 공통적인 정책을 추진했다. 노동시장의 유연성을 확대하고, 기업가 정신을 강화하며, 연구개발을 위해 많은 돈을 투자했다. 급속하게 변화하는 경제조건에 대응하기 위해서 인적 자본의 개발에 투자하고 사회보호 장치를 확충했다. 특히 북유럽의 국가들은 사회지출과 미래투자를 위해 다른 나라에 비해 더 많은 재정을 쓰고 있다. 결과적으로 이 나라들은 더 높은 고용률과 더 많은 사회지출의 '선순환'을 이룩했다. '유럽 사회 모델'을 개혁해 경제적 성공을 이룩하려는 시도는 유럽 전역에서 이루어지고 있다. 이는 나라마다 차이가 있지만, 대개 유연성과 개방성을 추구하는 동시에 효과적인 사회보장제도를 유지한다.

한국의 개인주의적 보수주의 세력은 한국 사회가 미국식 모델을 따라야 한다고 주장한다. 조세를 감면하고 정부의 복지 재정을 축소하며 경쟁을 촉진해 지속적인 기술혁신을 추구해야 한다는 주장이다. 그러나 미국 경제학자 제러미 리프킨(Jeremy Rifkin)이 『유러피언 드림』에서 지적한 대로 효과적인 사회복지 제도가 없고 불평등의 수준을 낮추지 못한다면 경제의 경쟁력은 약화될 것이다. 사회복지 제도가 발전된 국가의 사람들은 교육의 기회를 활용해 과감하게 새로운 사업을 시도한다. 반면 한국에서는 초등학생들도 미래의 직업으로 과학자와 기업가가 되기보다 평생 '철밥통'을 보장하는 공무원을 선호한다. 한국은 유럽의 선진국들보다 보편적 복지제도와 사회안전망이 취약하기 때문에 고용 불안이 더욱 크다. 개인의 갑작스런 위험에 대비하는 사회복지 제도와 직업 훈련을 제공하는 적극적 노동시장이 없다면 위험을 회피하는 철밥통만 남게 될 것이다.

선진 산업국가의 경제적 성과에 대한 비교도 주목할 만하다. 많은 경우 미국 경제의 성장률이 높다는 주장은 과장되어 있다. 미국 경제가 젊은 노동력에서 나오는 역동성을 갖고 있기는 하지만, 유럽에서 사회서비스가 낮은 가격으로 공급되는 현실도 무시해서는 안 된다. 특히 미국 경제가 월스트리트와 금융체제를 통해 막대한 이익을 얻고 있는 조건을 고려하지 않은 채 무조건 미국 모델을 따라가는 것은 비현실적이다. 현재 '워싱턴 합의'가 주장하는 자유시장경제와 유연 노동시장을 그대로 따르는 라틴아메리카와 아프리카의 국가들의 경제는 과거보다 나빠졌고, 이를 따르지 않는 중국, 인도, 베트남은 더 빠른 성장을 하고 있다. 세계 경제를 단일한 모델과 글로벌 스탠더드로 바꾸어야 한다는 주장은 현실적인 주장이 아니다.

지속가능한 진보를 향한 새로운 길은 경제적 효율성, 사회적 형평성, 환경 보호를 동시에 추구한 다른 나라 진보 정당의 역사적 경험에서 중요한 교훈을 얻을 수 있다. 사회적 평등을 강조하는 북유럽 국가의 노동시장과 아동에 대한 적극적 투자는 중요한 시사점을 준다. 제조업의 경쟁력이 강한 독일, 스웨덴, 덴마크의 적극적 산업정책과 사회적 합의를 중시하는 노사관계에서도 교훈을 얻어야 한다. 최근 경제성장을 추진하면서 불평등을 해결한 일부 라틴아메리카 국가들도 중요한 사례를 제공한다. 브라질은 빈곤율 감소를 주요 정책으로 내세우고 공공부조를 확대하는 복지제도를 도입해 성공을 거두었다. 지속가능한 경제성장을 추진하기 위해서 진보 정치는 막연한 정치적 슬로건이 아니라 고용률 상승, 빈곤율 감소, 산업경쟁력 강화를 위한 기술개발 투자 비율의 상승, 탄소 배출 비율 규제를 실현하기 위한 구체적 정책 목표를 제시해야 한다. 목표가 분명하지 않다면 구체적인 성과를 만들 수 없다.

최근 선진 산업국가에서 볼 수 있는 정부와 정당의 정책 변화는 한국 민주진보 세력에게 중요한 교훈을 준다. 첫째, 세계화와 경제 자유화의 변화 속에서도 정부의 역할이 매우 중요하다는 진보 정치의 원칙은 여전히 효력을 갖는다. 시장이 제대로 작동하지 않을 때 정부의 개입정책은 경제를 살리고 시민을 보호하는 역할을 수행해야 한다. 2008년 미국 금융위기에서 볼 수 있듯이 국가가 최악의 결과를 막을 수 있는 전략적 능력을 갖지 못한다면 자유시장은 해결책이 아니라 무책임한 재앙을 선사할 것이다. 만약 진보적 정치 세력이 공적 영역에서 적극적 역할을 수행하지 못한다면 결국 보수적 정치 세력에게 권력을 내줄 수밖에 없다. 둘째, 진보 정치의 대안은 전 세계적 협력을 통해 성과를 얻을 수 있다. 기후변화와 금융위기는 한 국가가 아니라 모든 나라가 공동으로 대처해야 하는 문제이다. 또한 기후변화와 같은 새로운 지구적 위험에 대처하기 위해서는 시민의 참여를 촉진하는 정책과 연결되어야 한다. 이런 점에서 전통적인 진보 정치의 원칙과 전략으로 현재의 문제를 모두 해결할 수는 없을 것이다.

7. 진보 정치의 새로운 프로젝트

21세기의 새로운 진보주의는 19세기의 자유주의와 20세기의 사회민주주의를 뛰어넘는 새로운 상상력을 요구한다. 개인의 자유와 사유재산권은 이제 진보의 절대적 기준이 아니다. 산업의 국유화와 관료적 통제는 진보의 궁극적 목표가 아니다. 여성의 사회적 지위가 변화하면서 여성주의는 남녀평등의 새로운 사고를 제시한다. 기후변화의 위험이 커지면서 생태학은 과거의 좌우 구분을 뛰어넘는 전략을 강조한다. 국제적 금융위기가 확산되면서 일개 국가 중심의 진보주의를 벗어난 새로운 국제주의의 필요성이 커지고 있다. 현대 사회의 다양한 변화는 진보주의의 새로운 이념과 전략을 요구한다.

자유시장을 맹신하는 신자유주의의 확산은 자연적 진화나 기술변화에 따른 불가피한 결과가 아니다. 지난 30년 동안 전 세계적 차원으로 진행된 재분배의 악화와 사회적 불평등의 증가는 신자유주의의 지속적인 특징으로, 신자유주의를 신봉하는 정치 세력의 프로젝트가 만든 정치적 결과라 할 수 있다. 즉, 경제적·사회적 불평등은 일시적인 과정이 아닌 수입과 권력을 강화하려는 자본소유자 계급의 최종 목표인 것이다. 미국의 정치학자 로버트 달(Robert Dahl)은 『경제 민주주의에 관하여』에서 미국 민주주의가 후퇴하고 점점 기업이 정치를 지배하고 있다고 비판했다. 1970년대 후반부터 미국의 상위 소득자 1%가 전국 소득에서 차지하는 비중이 급상승해 1990년대 후반에는 제2차 세계대전 이전 수준인 15%에 달했다. 같은 시기 기업의 최고경영자의 급여는 노동자 평균 급여의 30배에서 2000년에는 거의 400배로 상승했다. 노동자의 평균 소득은 거의 변화가 없었지만, 사회 최상위층에 대한 소득과 부의 집중은 급속히 진행되었다. 이러한 현상은 미국에만 국한된 것이 아니다. 영국, 러시아, 동유럽 등 신자유주의 경제개혁이 진행된 나라들에서도 비슷한 결과가 나타나고 있다. 이는 투자를 통한 소득과 자본이득에 대한 조세 및 재산세가 감소한 반면, 임금과 급여에 대한 조세는 그대로 유지되었기 때문이다. 그 결과 '세습 사회(inheritance society)'가 등장했다. 최근 프랑스 경제학자 토마 피케티(Thomas Piketty)는 『21세기 자본(Capital in the Twenty-First Century)』에서 21개 국가의 자료를 활용해 미국뿐 아니라 캐나다·영국·호주·뉴질랜드·중국·인도·인도네시아· 남아프리카공화국 등에서도 최고 소득자가 나머지 계층보다 훨씬 많은 수입을 얻게 되면서 지난 25년 동안 불평등이 빠르게 확대되었음을 증명했다. 그는 '세습된' 부와 권력에 의해 과두제가 만들어지고 있다고 경고했다. 개인의 능력에 따른 자유로운 사회이동은 사라지고 가문의 자본축적에 따른 경직된 계급구조가 출현하고 있는 것이다.

신자유주의 확산에 따른 사회경제적 양극화는 오늘날 진보 정치에 심각한 도전이 되고 있다. 새로운 진보 정치는 무엇보다도 급속하게 악화되는 사회적 형평성을 강화할 수 있는 새로운 접근법을 모색해야 한다. 그러나 사회적 형평성을 강화하는 전략은 자본주의 경제의 변화에 맞춘 새로운 전략을 요구한다. 단순히 기계적 평등을 위한 부의 재분배 장치가 아니라, 개인의 능력을 강화하고 상호협력의 사회적 기반을 강화하는 전략이 필요하다. 시장경제는 성장을 위한 효율적인 제도이지만, 시장에서 부자들만 이익을 얻을 수 있다면 더는 효과적으로 작동하지 못할 것이다. 복지국가를 강화하려면 취약계층을 위한 사회안전망을 제공할 뿐 아니라 지속적 경제성장을 위한 교육과 직업훈련 등 사회투자를 확대해야 한다. 복지정책의 기본방향은 미래의 경제와 사회발전을 이끌어갈 사회투자로서 교육과 직업훈련 확충, 공공보육 전면화 및 아동복지 확대, 의료보장 확대에 초점을 맞추어야 한다.

새로운 진보주의자들은 현금 급여를 통해 빈곤을 사후에 감소하기보다 개인의 능력을 키워 사전에 빈곤에 빠져들지 않도록 도와야 한다. 이는 전통적인 재분배를 즉각 철회하라는 지적이 아니다. 복지국가의 새로운 과제는 불평등을 사후적으로 완화하는 소득재분배 장치가 아니라 사전적으로 불평등을 줄이는 기회균등의 장치를 마련하는 것이다. 새로운 진보주의는 단순히 경제적 수준의 개선만이 아니라 더 높은 도덕적 이상을 지향해야 한다. 새로운 진보주의는 최소한의 복지를 제공하는 차원을 넘어서 더 높은 차원의 평등주의를 실현해야 한다. 진보주의는 경제적 효율성만 주장할 것이 아니라 평등과 사회정의, 개인의 자율성의 확대, 사회적 통합과 연대를 추구하는 새로운 대안을 제시해야 한다.

경제적 효율성과 사회적 형평성을 통합적으로 바라보는 시각이 새로운 관심을 불러일으켰다. 1996년 미국의 진보정책연구소(Progressive Policy Institute)가 제시한 '제3의 길'이 대표적이다. '새로운 민주당(New Democrat)'을 내세운 민주당 지도자 협의회(Democratic Leadership Council)는 전통적인 자유주의와 보수주의 구분을 뛰어넘는 중도노선을 제시했다. 제3의 길은 기회의 평등, 개인의 책임, 공동체를 강조했으며, 클린턴 행정부가 추진한 정책의 중요한 지적 자원이 되었다. 그러나 이 노선은 개인의 책임을 강조하고 노동시장의 진입을 촉진하기 위해 복지급여의 수급 조건을 강화하면서 사회복지의 기반을 약화시켰다. 특히 노동시장에 진입하지 못하는 사회적 약자를 위한 사회보호 체제가 심각하게 약화되었다. 또한 지구화의 효과를 과소평가하고 금융산업의 규제완화를 추진해 훗날 금융위기의 원인을 제공하는 실책을 저질렀다. 결국 2000년대 이후 제3의 길을 주창했던 클린턴 행정부가 물러나면서 제3의 길 정치에 관한 논의는 급격하게 약화되었다. 유럽에서도 영국, 독일, 네덜란드, 스웨덴 등 잇달아 중도진보 정당이 선거에서 패배하면서 제3의 길 정치의 영향력이 쇠퇴했다.

이제 제3의 길이라는 정치적 용어는 거의 사라졌지만, 제3의 길 정치가 추구했던 주요 정책은 다른 형태로 변화했다. 시장의 효율성과 공공서비스를 동시에 강화하는 것은 진보 정치에서 언제나 중요한 과제이다. 2006년 미국 부르킹스 연구소(Brookings Institution)가 출간한 『해밀턴 프로젝트(Hamilton Project)』는 '기회, 번영, 성장'을 위한 경제 전략을 강조했다. 『해밀턴 프로젝트』는 지속가능한 경제성장을 위해서는 세 가지 원칙을 고려해야 한다고 제안한다. 첫째, 경제성장은 폭넓은 계층을 포괄하는 방식으로 이루어져야 경제가 더욱 튼튼해지고 지속가능해진다. 둘째, 경제 안정과 경제성장은 상호작용을 통해 더욱 강해질 수 있다. 셋째, 효율적인 정부가 경제성장을 촉진할 수 있다. 이러한 제안은 경제성장과 사회 복지의 선순환을 통한 발전을 강조한다. 이러한 성장과 복지의 이분법을 통합하는 관점은 다른 선진 산업국가의 정책 방향에서도 나타난다.

유럽의 진보 정치도 경제성장과 사회적 형평성을 동시에 추구하는 효과적 전략을 둘러싸고 심각한 논쟁을 벌인 바 있다. 2000년 유럽연합(EU)에서 결정한 '리스본 전략(Lisbon Strategy)'은 역동적 지식기반경제, 지속가능한 경제성장, 일자리 창출을 통한 사회통합 등 유럽 차원의 새로운 전략적 목표를 제안했다. 유럽 각국의 사회정책도 '개방적 조정'을 통해 상호조율하기로 결정했다. 이러한 변화는 진보 정치의 현대화를 통해 유럽의 새로운 사회모델을 만들려는 노력으로 볼 수 있다. 그러나 고용 확대와 사회통합을 동시에 추구했던 리스본 전략이 설정한 대부분의 목표는 제대로 달성되지 못했다. 북유럽을 제외한 유럽 국가들의 고용률과 기술개발 투자 비율은 충분하게 상승하지 않았으며 부자와 빈자,

정규직과 비정규직의 사회경제적 격차는 점점 커졌다. 특히 일하는 복지, 제3의 길, 활성화 정책을 적극적으로 추진한 영국, 독일, 네덜란드는 고용률을 높이는 긍정적 효과를 거두면서도 증가하는 사회적 불평등에 직면하게 되었다.

2010년 유럽연합은 새로운 장기 전략으로 '유럽 2020(Europe 2020)'을 수립해 '똑똑하고 지속가능한 포용적 성장(smart, sustainable and inclusive growth)'을 장기 목표로 강조했다. 최근 유럽연합의 대부분의 국가들에서 집권한 중도보수 정당들 역시 리스본 전략과 비슷한 정책 방향을 제시했다. 그 주요 내용은 고용률의 증가(75%), 기술개발투자(국내총생산 대비 3%), 탄소배출 감소(1990년 기준 20%), 빈곤율 감소(20%)이다. 그러나 이러한 정책 목표를 달성하기 위한 구체적 정책 수단과 국제적 합의가 필요하다는 지적이 제기되고 있다. 진보 정치의 프로젝트에서 부의 재분배는 정치적으로 매우 민감한 주제이다. 피케티와 같은 학자는 자본에 대해 '세계세(global tax)'를 부과하고 최고 75% 수준으로 소득세와 상속세 세율을 인상하지고 제안하지만 정치적 합의 없이 이를 실행하기는 힘들다. 프랑수아 올랑드(Francois Hollande) 프랑스 대통령도 이것을 대선 공약으로 내세웠지만, 취임 직후 포기해야 했다. 역사적으로 부유층에 대한 과감한 증세는 두 차례의 세계대전이라는 전쟁 상황에서 만들어졌다. 그러나 소득불평등이 더 악화할 때까지 아무 일도 하지 않는다면, 천문학적 부와 소득을 가진 강력한 초부유층(super rich) 세력과 부딪치게 될 것이다. 이들은 다른 사람들에게 자신들의 부가 정당하다고 설득할 수 있는 강력한 수단을 가지고 있으며, 다수의 보수적 싱크탱크, 대학, 언론을 장악하고 있다. 이 때문에 조세정책의 개혁은 뒤로 미룰수록 어려운 일이 된다. 최근 '해밀턴 프로젝트'의 요청을 받은 예일대학교의 로버트 실러(Robert Shiller) 교수, 부르킹스 연구소의 연구원 레너드 버먼(Leonard Burman)과 제프리 로핼리(Jeffrey Rohaly)는 소득불평등이 증가하면 최고 소득자에 대한 한계 세율을 자동으로 인상하는 '밀물 조세(rising tide tax) 제도'를 제안했다. 이러한 아이디어는 점차 증가하는 소득불평등의 위험을 줄일 수 있는 효과적인 조세정책에 많은 영감을 줄 수 있을 것이다.

오늘날 경제성장과 사회적 형평성을 동시에 추구하는 나라들은 조금씩 차이가 있을지언정 대개 유연성을 추구하는 동시에 효과적인 사회보장제도를 유지하고 있다. 시장의 효율성과 사회적 형평, 개인의 자유와 사회복지 등 서로 갈등관계에 있는 것들이 함께 존재해야 건강하고 더 나은 사회를 유지될 수 있다는 것이다. 물론 한국의 이념 지형과 정치 담론의 구조는 유럽의 경험과 매우 다르다. 하지만 유럽의 경험은 세계의 다른 나라에서도 일반화될 수 있는 일정한 정책 방향을 제시할 수 있다. 특히 산업자본주의와 자유민주주의가 발전한 나라들이 공통적으로 갖고 있는 문제를 해결하기 위한 매우 유용한 시사점을 가지고 있다. 한국에서도 효율적 정부 개혁, 역동적 시민사회와 사회적 자본의 강화, 다자주의와 평화국가 건설, 환경보호를 추구하는 지속가능한 경제를 실현하기 위해서는 유럽의 경험이 유용할 수 있다.

한국의 경우, 유럽의 경험에서 많은 것을 배울 수 있겠지만 한국적 특성을 고려할 필요도 있다. 유럽의 많은 나라들은 지식기반경제와 서비스경제로 이행하는 단계에서 중소기업의 역할을 강조하며, 지난 수십 년 동안 계속 발전한 복지국가를 개혁하고 연구개발과 교육 등 사회투자의 비중을 점차 확대하고 있다. 한국적 현실을 고려하면 앞으로도 대기업의 경쟁력을 강화하는 한편 대기업과 중소기업의 동반자 관계를 강화하려는 노력이 상당 기간 필요할 것으로 보인다. 또한 보편적 복지제도를 확대하는 정책과 사회투자를 강화하는 정책을 병행하는 '이중전략'이 필요하다. 이와 함께 그동안 한국의 경제성장을 주도한 제조업과 새로운 지식경제를 동시에 강화해야 한다. 제조업의 경쟁력을 강화할 첨단기술을 개발하는 동시에 지식경제의 토대를 강화할 수 있는 과학, 기술, 혁신, 교육 분야에 대한 핵심적인 공적 투자를 확대해야 한다. 한국에서 가장 현실적인 전략은 미래를 위한 전략과 항상 결합되어야 한다.

시장만능주의와 신자유주의적 경제정책의 여파로 경제적 격차와 사회적 불안정성이 커지는 현상은 일부 국가만의 문제가 아니다. 전 세계적 차원에서 비슷한 현상이 발생하고 있다. 한국에서도 유럽연합 및 미국과 자유무역협정을 체결하면서 이익을 얻는 기업이 있는 반면, 손해를 보는 취약계층도 발생한다. 이 때문에 새로운 진보주의의 미래를 위해서 지구적 차원의 협력이 필요하다. 국제 금융시장의 불안정, 단기 투기자본의 위험, 국제적 노동 기준의 부족은 지속가능한 경제와 사회정의에 심각한 위협이 되고 있다. 그러나 우리는 아직 세계적 차원의 진보적 거버넌스를 마련하지 못했다. 지금 우리가 살고 있는 세계적 차원의 경제위기의 시대에서 벗어나고 새로운 교훈을 얻기 위해서는 국경을 초월해 서로 의견을 교환하고 협력하는 노력이 절실하게 필요하다.

8. 한국 정치와 새로운 진보주의

한국은 짧은 시기에 산업화와 민주화를 이룩했다. 1960년대 세계 최빈국 중 하나였던 한국은 국민적 노력으로 괄목할 만한 경제성장을 달성했다. 또한 군사통치의 학정에 맞선 시민의 저항을 통해 민주주의를 성취했다. 그러나 고도성장의 이면에 사회의 경제격차가 확대되고, 민주화 시대를 거치면서 다양한 사회갈등이 심화되는 문제가 발생했다. 더욱 심각한 것은 과거의 산업화를 추진했던 경제 관리 방식은 이미 낡은 것이 되었고, 정치적 민주화가 이룩한 새로운 질서는 새로운 사회문제를 다루기에 역부족이라는 점이다. 이제 과거의 개발독재의 한계를 뛰어넘는 새로운 시대의 가치와 전략이 필요하다.

한국의 민주진보 세력은 과거의 낡은 보수주의도 사회주의도 아닌 새로운 진보주의를 추구해야 한다. 소모적 이념 논쟁이 아니라 국민의 생활을 실질적으로 향상시키기 위한 새로운 가치를 추구해야 한다. 전통적 좌파가 주장하는 국가의 통제와 보수주의가 주장하는 기득권의 옹호는 한국의 새로운 미래를 이끌 수 없다. 새로운 진보주의는 국가를 효율적으로 개혁하는 동시에 시민과 개인의 능력을 강화하도록 도와야 한다. 이제 민주진보 세력은 과거와 단절하고 낡은 정치이념과 사고방식을 새롭게 개혁해야 한다. 민주진보 세력은 변화하는 시대에 맞게 새로운 가치와 전략을 제시해야 한다. 민주진보 세력은 거대한 국가의 관료주의와 무조건 정부의 역할을 공격하는 신자유주의를 동시에 상대해야 한다. 좌우 이념 대결을 거부하고 한국의 미래를 위한 새로운 계약을 제시해야 한다.

지금 세계화와 정보화가 주도하는 새로운 사회가 등장하고 있다. 국가들 간의 경계가 점점 사라지고 세계를 자유롭게 이동하는 개인, 기업, 시민이 이끄는 새로운 사회가 출현하고 있다. 거대한 경제력과 권력이 집중되었던 20세기의 산업질서는 사라지고 지식경제가 주도하는 새로운 정보시대가 등장하고 있다. 세계화와 정보화가 확대되면서 과거의 낡은 국가 운영의 패러다임을 변화시킬 것을 요구하고 있다. 정부는 국가 경쟁력을 높이고 시민의 생활을 보호하기 위해 세계 경제의 통합에 능동적으로 대처해야 한다. 거대한 정부와 경제력의 집중보다는 다양한 개인과 민간 분야의 창의력이 더 중요해지고 있다. 권위주의적 정부의 일방통행식 행정이 아니라 정부, 기업, 시민사회의 협력이 더욱 필요하다. 정부는 노동자, 농민, 사회적 약자를 배려하는 동시에 한국 사회에 더 많은 중산층이 성장하도록 지원해야 한다. 궁극적으로 한국 사회의 새로운 주도 세력이 될 시민의 주도성을 강화해야 한다.

한국의 민주진보 세력은 과거 진보주의 운동의 성과를 계승하는 동시에 새로운 시대를 이끄는 진보주의 정치 세력이 되어야 한다. 낡은 정치의 기준으로 소모적인 정쟁과 당리당략을 추구하거나 유권자의 좁은 이기심에 호소하는 대신, 더 많은 사람들이 새로운 정치를 만드는 일에 동참하도록 호소하고 공동선을 위해 더 노력해야 한다. 민주화 이후의 시대에서는 투명한 정당 운영과 정책 대안을 생산하는 능력이 한국 정치에 더욱 필요하다. 정당의 현대화를 위해 시민의 정치 활동 참여를 더욱 확대하고 민의의 대표 기능을 확대해야 한다. 정치를 국민에게 돌려주기 위해서 개방적 예비경선 제도를 전면적으로 확대하고 선거구제 개혁을 국회가 독점하지 못하도록 법률을 개정해야 한다. 더 많은 당원들이 정당의 정책 결정에 직접 참여할 수 있도록 토론의 광장을 적극 확대하며 전당대회가 명실상부한 정책 결정의 장이 될 수 있도록 해야 한다. 새로운 선거 공약을 만들기 위한 국민적 정책참여 제도를 새로 도입해야 한다. 유권자의 민주적 대표성을 확대하기 위해 비례대표제를 확대하고 선거구제 개혁을 추진해야 한다. 지역주의 정치구조를 혁파하기 위해 권역별 정당명부 비례대표제를 시급히 도입해야 한다.

진보의 개념은 지속적인 혁신을 통해 사회정의, 연대, 공공선을 추구하고 인간의 삶의 질을 향상하는 과정으로 정의할 수 있다. 19세기와 20세기의 민주주의는 일정한 진보적 역할을 수행했다. 하지만 과거의 패러다임으로 현 시대의 문제를 제대로 해결할 수는 없다. 새로운 진보 정치는 정부와 공공부문의 적극적 역할을 통해 더 많은 기회와 경제적 번영, 사회통합과 도덕적 개선을 추구해야 한다. 시장경제, 정부, 시민사회의 역동성이 긴밀하게 결합해 지속가능한 민주주의를 실현할 수 있는 국가를 재창조해야 한다. 이 글은 21세기 한국의 새로운 진보 정치를 위한 '6대 전략'으로 사회통합적 성장, 복지국가의 건설, 사회투자 전략, 공공서비스 개혁, 한반도의 평화와 통일, 민주적 국제주의를 제시한다.

1) 사회통합적 성장

한국의 민주진보 세력은 무엇보다도 지속가능한 경제성장을 추구한다. 경제성장은 환경 지속성 및 사회적 지속성과 함께 고려되어야 한다. 경쟁, 효율성, 개방은 역동적 시장경제를 강화한다. 성공한 기업가를 격려하고 창의적인 기업문화가 더 발전하기를 기대해야 한다. 부를 확대하고 경제성장을 강화해 경제적 번영을 주도해야 한다. 한국 경제에서 대기업과 중소기업은 경제성장을 주도하는 쌍두마차이다. 대기업과 중소기업의 긴밀한 협력과 장기적 동반자 관계는 기술혁신과 산업발전을 위한 필수적 효소이다. 대기업의 독과점 체제를 혁파하고 공정한 경쟁을 촉진하며 창의적 경제의 기반을 강화해야 한다.

미국식 주주자본주의의 문제점을 보완하고 '사회적 책임성을 가진 자본주의'의 효율적 운영이 필요하다. 경영자와 노동조합의 생산적·협력적 관계를 통해 기업의 장기적 목표를 달성하는 데 기여할 수 있다. 노동자의 경영참여와 산업민주주의를 강화하는 다양한 제도적 장치를 도입하고 노사협력과 산업평화를 강화해야 한다. 기업에 참여하는 모든 사람의 동반자 관계를 강화하는 동시에 전국적·지역적·업종별 다양한 노사정 협의를 활성화해야 한다. 사회적 대화는 임금과 경제문제뿐 아니라 교육, 의료, 주택, 연금 등 복지정책을 포함해야 한다. 무엇보다도 노동 능력의 강화를 지원하는 적극적 노동시장정책을 실행할 수 있는 제도적·물적 토대를 만들어야 한다.

2) 복지국가를 위한 초당적 기구

산업화와 민주화를 넘어서 더불어 잘 사는 복지국가의 건설은 한국 사회의 가장 중요한 과제이다. 복지국가는 사회정의, 포용의 민주주의, 사회적 연대를 이룩하는 가장 강력한 수단이다. 한국의 민주진보 세력은 산업사회가 만든 사회적 위험인 실직, 산재, 질병에 대비해 모든 시민을 위한 사회보장 제도를 강화해야 한다. 동시에 최근 탈산업사회가 만든 신사회적 위험인 비정규직의 증가, 일과 가정의 균형 붕괴, 돌봄 서비스의 공급 부족에 대응하는 복지개혁이 시급하다. 향후 30년 동안 복지국가를 강화하기 위한 대통령 직속 초당적 기구로 '복지국가위원회'를 구성하고, 국민적 합의를 모아 한국판 '베버리지 보고서'를 만들고, 복지 예산을 획기적으로 증액해야 한다. 정부와 개인의 책임이 균형을 이루는 사회보험체제를 강화해 모든 국민이 혜택을 받도록 해야 한다. 누진적 소득세를 강화하고 조세 정의를 실현해 지속가능한 복지 재정을 확충해야 한다. 복지국가는 세대를 계승해 불평등이 이전하는 사회적 대

물림을 제거하고 사회적 이동을 촉진하는 사회정책을 우선적으로 강조해야 한다.

세금을 통해 부의 재분배를 추구하는 전통적인 진보 세력의 정책은 사회적 불평등을 해소하기 위해 충분하지 않다. 동시에 개인주의적 보수주의자들이 주장하는 적절한 재분배 장치가 없는 시장의 경쟁과 무책임한 능력주의는 사회통합을 악화시킬 수 있다. 한국의 민주진보 세력은 기회의 평등을 확대해 사회적 위험을 분산하는 동시에 빈곤과 사회적 배제를 없애고 결과의 평등을 추구하는 정부의 적극적 정책도 강화해야 한다. 사회적 시민권은 복지의 권리를 제공해 노동시장에서 실패하거나 실직한 사람들이 재기하고 자활할 수 있도록 두 번째 기회를 제공하고 지원해야 한다. 특히 빈곤가정이 사회적으로 배제되지 않도록 가족정책을 강화해야 한다. 빈곤을 해결하는 정책은 한 부모 가정, 미혼모, 청년실업, 노동능력이 없는 노인과 장애인, 절대적 빈곤층 등 사회의 혜택을 가장 적게 받고 있는 취약계층에게 적극적 우대조치를 제공하는 방향으로 이루어져야 한다.

3) 사회투자 전략

한국의 민주진보 세력은 교육이 한국 사회의 위대한 힘의 원천이라고 믿으며 모든 공교육의 질이 높아지도록 노력해야 한다. 양질의 공교육은 균등한 기회와 상향이동을 위해 가장 중요한 전제조건이다. 교육의 기회를 확대해 모든 국민이 대학교육을 받을 수 있도록 지원해야 한다. 공부를 잘하고 사회봉사를 위해 노력하는 학생이 돈이 없어 교육을 받지 못하는 일이 없도록 보장해야 한다. 공교육을 강화하는 동시에 지역사회가 자율적으로 학교를 선택할 수 있는 권리를 부여해야 한다. 우수한 질을 가진 교사를 선발하고 적극적으로 지원해야 한다. 학생들이 수업에 대한 의견을 개진할 수 있고 교사가 학교 운영에 참여할 수 있는 제도적 장치를 마련해야 한다.

미래 경제를 주도할 첨단기술 연구개발과 평생학습을 위해 적극적으로 투자해야 한다. 지식기반경제의 토대를 강화할 수 있도록 과학, 기술, 혁신, 교육 분야에 대한 공적 투자를 확대해야 한다. 가난과 질병으로 고통을 받는 서민을 소극적으로 돕는 것으로는 충분하지 않다. 우리는 서민들이 스스로 일어나서 더 나은 삶을 살아갈 수 있도록 지원해야 한다. 실업계 고등학교와 전문대학 등 전문적 직업교육을 강화해 고숙련 노동을 강화해야 한다. 노동시장에 처음 진입하는 청년과 일자리를 잃은 사람들을 위해 재교육과 취업훈련의 기회를 대폭 확대해 노동 이동성을 높여야 한다. 직장에서 근로시간을 단축하고 여가의 질을 높이는 동시에 평생학습체제를 강화해야 한다. 유아보육을 전면적으로 지원하고, 일하는 여성의 가정과 일의 균형을 이룰 수 있도록 말이다. 아동교육에 대한 지원을 확대하고 부모의 빈곤으로 고통을 받는 아동이 없게 해야 한다. 모든 사람이 갖고 있는 존엄한 가치와 잠재 역량이 실현될 수 있는 사회를 만들어야 한다.

4) 공공서비스 개혁

정부는 모든 국민을 위해 최선의 공공서비스를 제공해야 한다. 큰 정부와 작은 정부의 논쟁을 뛰어넘어 효율적이며 적극적인 정부를 재창조해야 한다. 정부를 개혁하는 과정에서 민주주의, 탈관료주의, 분권화는 지속적으로 추진할 과제이다. 정부의 투명성을 높이고 부정부패를 척결하는 제도적 장치를 강화해야 한다. 국가는 시장과 시민사회를 지배해서는 안 되지만, 적절하게 개입하고 규제해야 한다. 정부는 기업 및 시민사회와 동반자 관계를 구축하고 다양한 협력을 추구해야 한다.

시장이 제대로 작동하지 못할 때 경제를 회복하고 시민을 보호하기 위한 정부의 적극적 역할이 중요해진다. 거대정부의 관료제가 아니라 시민과 지역사회가 스스로 문제를 해결할 수 있도록 지원해야 한다. 정부는 공공 이익을 지키기 위해 선택과 경쟁의 원리를 적절하게 활용할 수 있어야 한다. 사회적 기업, 비정부조직, 시민사회조직이 다양한 사회문제를 해결하기 위한 사회적 역량을 강화해야 한다.

5) 한반도 평화통일

남북 간 화해와 협력을 통한 한반도의 평화는 한반도의 장기적 번영의 필수조건이다. 한국의 민주진보 세력은 남북 간 화해와 협력관계를 주도하고 한반도 평화체제의 구축을 이루기 위해 노력했다. 그러나 최근 남북 간 군사적 긴장과 충돌이 발생하면서 한반도에 전운이 감돌고 있다. 이제 남북한의 화해와 협력을 기반으로 한 군사적 긴장완화와 평화적 분위기의 조성이 절실하게 필요한 시점이다. 민주진보 세력은 튼튼한 안보를 중시하는 동시에 전쟁이 아닌 평화를 통한 통일의 원칙을 잃지 않아야 한다. 남북한의 체제경쟁과 군사적 대치상태에서 벗어나 한반도의 평화정착을 위한 진지한 대화와 협력이 필요하다.

장기적인 남북 협력은 한반도의 평화적 통일과 동북아의 안정을 이룩하는 토대가 될 수 있다. 무엇보다 남북 화해와 협력을 위해 인적 교류,

경제 협력, 당국 회담이 신속하게 실현되도록 해야 한다. 남북한 당국자의 대화가 난관에 처할 때에도 북한 주민을 돕는 인도주의적 지원은 지속되어야 한다. 또한 인권을 보편적 가치로 인식하고 북한의 인권 개선을 위해 지속적으로 노력해야 한다. 빠른 시간 내에 국제적 협상을 통한 북핵문제 해결과 한반도 비핵화를 실현하고 남북한과 주변 4개 국가의 외교관계 정상화를 통해 동북아시아의 안정과 평화를 추구해야 한다.

6) 민주적 국제주의

세계 경제의 통합은 경제를 이끄는 정부의 능력에 커다란 변화를 요구했다. 한국의 민주진보 세력은 세계 경제의 자유방임주의와 보호주의가 아니라 세계화에 능동적으로 대응하는 정부를 만들어야 한다. 개방경제가 곧바로 종속경제와 매판자본을 만드는 것은 아니다. 그러나 무책임한 시장개방은 국가 경쟁력을 약화시킬 수 있으며 세계 경제의 위기에 지나치게 취약한 경제를 만들 수 있다. 지속가능한 경제발전을 위해서는 세계 경제의 안정과 단기투기자본의 규제가 중요하다.

세계 경제가 통합될수록 경제성장과 더불어 근로자의 기본권, 환경보호, 식품안전을 보장할 수 있는 새로운 규칙과 제도가 필요해진다. 세계무역기구, 세계은행, 국제통화은행에 더 많은 나라들이 참여하고 다양한 경제정책이 논의될 수 있도록 해야 한다. 지구 환경의 보호와 기후 변화에 대처하기 위해 다국적 협력체제에 적극 참여해야 한다. 탄소배출을 줄이기 위한 구체적 정책 목표를 설정하고 환경의 지속가능성을 강조하며, 원자력 의존도를 신속하게 낮추고 태양열, 풍력 등 대안 에너지 개발을 적극적으로 추진할 필요가 있다. 세계 평화와 안보를 위해 국제

사회의 다자간 안보 협력을 지지하고 민주주의와 인권의 확산을 위해 노력함으로써, 세계가 새로운 민주적 거버넌스로 전환될 수 있도록 노력해야 한다.

9. 새로운 정치 전략과 복지국가

1987년 이후 한국 정치에서는 정치적 지역주의가 가장 강력한 선거 변수였다. 18대 대선에서 거대한 인구를 가진 영남은 박근혜 후보에게 압도적인 지지를 보냈고, 이러한 지역주의 투표는 사실상 투표 결과를 좌우했다.『민주화 이후 민주주의』에서 최장집 교수가 지적한 대로, 지역주의는 1990년 '3당 합당' 이후 영남 지역을 정치적 기반으로 장악한 보수 정당이 정치적 패권을 그대로 유지할 수 있도록 하는 지배적인 정치 요소이다. 2012년 대선에서도 영남은 보수, 호남은 진보라는 공식이 무너지지 않았다. 대선 후보의 지지율을 들여다보면 지역주의가 다소 완화된 것으로 나타났지만, 지역주의 균열을 그대로 반영하는 투표 결과는 아직도 지역주의 정치구조가 건재하다는 사실을 보여준다.

한국의 민주진보 세력의 앞을 가로막는 결정적인 장애물은 바로 지역주의 정치 구조이다. 1990년 3당 합당 이후 새누리당은 영남에서 절대적 지배권을 행사하고 있는 데 비해 민주당은 '호남당'이라는 굴레에 갇혀 있다. 이런 점에서 보면 지난 대선에서 '지역 연합론'과 '영남 후보론'은 선거 승리를 위한 어쩔 수 없는 전략이었는지 모르지만, 진보 정치의 발전에는 큰 도움이 되지 않았다. 동진론, 전국정당론, 대연정론 등 탈호남주의 정치공학의 실험은 대부분 실패로 끝났다. 과거의 전략으로 다시 돌아갈 수는 없다. 민주진보 세력은 변화하는 현실을 정확하게 이해하고 새로운 전략을 찾아야 한다. 새로운 전략은 현재의 사회정치적 조건에 대한 정확한 이해에서 출발해야 한다.

한국 민주진보 세력의 효과적 선거 전략을 위해서는 왜 가난한 사람들 중 부자의 이익을 대변하는 보수 정당을 찍는 사람들의 비율이 압도적으로 높은지를 제대로 이해해야 한다. 저소득층, 저학력층 유권자들이 보수 정당을 지지하는 역설은 외국 정치의 사례에서도 찾아볼 수 있다. 1960년대 유럽 국가에서도 육체노동자가 줄어들고 서비스노동자가 많아지면서 보수 정당에 표를 던지는 노동자의 수가 증가했다. 1980년대 미국 공화당이 흑인에 반대하는 백인 노동자의 표를 사로잡으면서, 민주당은 흑인과 백인 노동자의 표를 동시에 얻기 힘들게 되었다. 1988년 조지 부시는 대선에서 흑인 범죄를 부각하는 인종 공포 전략으로 백인 노동자의 지지를 얻어내는 데 성공했다. 여기에서 교훈을 얻은 빌 클린턴은 1992년 선거에서 인종 쟁점을 몰아내고 '바보야, 경제가 문제야'라는 구호를 부각시켰다.

2000년대 이후 미국 정치에서 종교가 새로운 이슈로 부상했다. 미국 역사학자 토머스 프랭크(Thomas Frank)는 『왜 가난한 사람들은 부자를 위해 투표하는가』에서 1990년대 미국의 네오콘 보수 세력이 부자, 보수 기독교, 영향력 있는 언론사와 '가치의 연합전선'을 구축해 보수적 가치를 전파했다고 분석한다. 이 과정에서 가난한 사람들이 빈곤의 원인인 경제문제를 외면하고 낙태와 동성애 등 보수적 가치관에 사로잡혀 공화당을 노동자, 농민을 위한 정당으로 믿게 되었다는 것이다. 이와 반대로 버락 오바마는 2008년 금융위기 이후 '중산층의 즉각 복원'을 주장하며 사회경제적 이슈를 주도한 덕분에 대선에서 승리할 수 있었다.

미국에서 인종과 종교가 가난한 사람들을 사로잡은 데 비해 한국에서는 반공주의와 지역주의가 민심을 좌우했다. '빨갱이'와 '전라도'는 한국 정치의 배제를 상징하는 용어가 되었다. 누구도 좌경용공 시비와 전라도 출신이라는 덫에 걸려들면 권력의 중심에 접근할 수 없었다. 이러한 정치적 상징조작은 지역주의 정치 구조를 유지하는 핵심 요인으로 작동했다. 소선구제와 결합된 지역주의 정치구조는 유권자가 계급과 계층에 따른 사회적 균열에서 눈을 돌려 오직 지역의 정체성과 소속감의 지배만을 받도록 강요한다. 정치권의 복지정책 등 사회경제적 의제와 정책은 설 자리를 잃고, 국회의원은 지역개발 공약과 예산 확보에 골몰하게 된다. 이 가운데 가난한 사람들은 자신의 이익을 대변하는 정당보다 출신 지역이 같은 정당이 서민과 중산층을 위한 정당이라고 굳게 믿는다. 지역주의 정치구조야말로 한국의 민주주의를 가로막는 질곡이 되었다.

　다른 한편, 지역주의 정당 체제가 시민사회의 계층적 균열을 제대로 대표하지 못하면서 무당파층이 증가했다. 거대 양대 정당을 불신하고 기득권 정치에 대한 불만을 가진 유권자들이 늘어갔다. 이들은 수도권의 고학력 젊은 세대가 많으며, 주로 대학생, 화이트칼라층으로 이루어져 있다. 이러한 정치적 변화는 지속적으로 '제3의 후보'의 등장으로 표출되었으며, 최근 '안철수 현상'으로 카르텔 정당(cartel party)을 위협하고 있다. 고학력 젊은 세대 유권자의 당파심이 쇠퇴하는 원인은 지역주의 정당 구조가 고착화되면서 사회적 균열과 정당의 대표 체계가 일치하지 않기 때문이라고 볼 수 있다. 정당 체제에서 지역주의 정당의 '당파 정치'가 강해질수록 유권자의 정당일체감(Party Identification)과 충성심이 쇠퇴하고 무당파성이 증가했다. 다른 한편 무조건 기성 거대 정당을 거부하는 비정당적 또는 반정당적 선호의 증가도 지적할 수 있다. 고학력 젊은 세대 유권자는 점점 정치권에서 태풍의 핵이 되고 있다. 정당 정체성과 충성심이 사라지고 무당파가 증가할수록 투표율은 저하되고 대중의 삶의 의제가 정치화될 가능성은 점점 줄어들게 된다. 지역갈등이 사회경제적 갈등을 은폐하거나 왜곡하는 한국 정치의 현실은 민주주의에 대한 심각한 위협이다.

사회의 새로운 갈등을 만들어 기존 갈등을 대체하는 것은 정치 전략의 핵심적 과제이다. 1930년대 미국의 루스벨트 행정부는 경제와 복지 이슈로 전국적 지지 연합을 만들어 1970년대 닉슨이 등장하기까지 사실상 40년 동안 미국 정치를 지배했다. 하지만 미국 정치 역시 지역을 기반으로 하는 분파주의 정치의 역사를 가지고 있었다. 20세기 초반 미국 공화당은 동부와 서부에 기반을 둔 지역 정당인 데 비해, 민주당은 남부에 기반을 둔 지역 정당이었다. 남부의 민주당 보수파는 남부 지역을 확고히 장악하는 대가로 전국적 권력을 획득하려는 야심을 포기했다. 이러한 전략은 민주당을 극도로 약화시켰을 뿐 아니라 30년 이상 전국적 야당이 될 가능성을 봉쇄했다. 극단적 지역주의는 공화당 보수파의 우위를 유지하는 정치적 토대가 되었다. 양대 지역의 1당 정치가 장기화되면서 양대 지역은 더욱 보수화되었다. 지역주의는 정당 조직을 더욱 약화시켰으며, 유권자들이 유효한 정당 대안을 가질 수도 없었기 때문에 투표의 가치도 하락했다. 이러한 현상은 마치 1980년대 후반 이후 30년을 지배하는 한국의 지역주의 정치와 유사하다.

대공황의 정점이 지나던 시기인 1932년 미국 정치에서는 거대한 전환이 이루어졌다. 1932년 선거에서 루스벨트의 민주당은 미국의 정치적 의제를 근본적으로 바꾸었다. 루스벨트 행정부가 노동조합의 권리를 확대하고 복지국가를 강화하는 정책을 추진함으로써 사회경제적 갈등을 전국화하는 전략을 추진했다. 미국의 저명한 정치학자 E. E. 샤츠슈나이더(Elmer Eric Schattschneider)는 『절반의 인민주권』에서 "1932년 선거는 미국 역사상 가장 큰 갈등의 치환을 만들었으며, 정당 경쟁의 범위를 대폭 확장시켰다"고 주장했다. 그 후 미국 사회의 극단적인 지역 갈등 구도가 전국적 차원의 갈등 구도로 대체되었다. 루스벨트 대통령이 중산층과 노동조합을 기반으로 한 '뉴딜 연합'을 형성하면서 민주당은 지역 정당이 아니라 광범위한 계층에 기반을 둔 전국 정당으로 발전했다. 정치의 전국화가 이루어지면서 집권 정당의 교체 가능성이 커졌으며 선거와 선거운동을 주도하는 정치조직의 중요성도 크게 증가했다. 이 시기의 주목할 만한 투표율의 증가는 전국적 정당 간 갈등 구도에 따른 경쟁 영역의 확대와 관련이 있다.

한국의 지역 갈등은 지역주의 정치의 원인이 아니라 그 결과이다. 이것은 1990년 3당 합당 이후 보수 정당의 정치 전략에 의해 더욱 강화되었다. 한국의 지역주의 정치의 가장 심각한 문제는 영남과 호남의 반목이 아니라, 영남의 중산층과 노동자들이 민주진보 세력을 지지하는 대신 보수 정당인 새누리당을 지지하는 결과를 만들었다는 점이다. 정치 지도자와 정당은 갈등의 수준과 강도를 높이고 갈등의 방향을 제시하는 이슈를 제기해 갈등을 조직하는 역할을 수행한다. 그러나 이념적 기반이 없는 낡은 정당은 갈등의 사회화에 실패했다. 한국 국민 대다수가 관심을 두는 공공성에 관한 이슈를 제기하지 않았기 때문에 점점 유권자들은 투표를 무시하기 시작했다. 한국의 투표 불참자는 주로 청년층, 빈곤층에 집중되어 있다. 이들이 투표율이 낮아지면서 민주진보 세력이 투표장에서 승리를 거둘 가능성은 더욱 작아지고 있다. 돌이켜보면, 민주정부가 탈지역주의 정치공학 대신 민주진보 세력을 망라하는 연합정치를 추진하고 사회경제적 의제를 전국적 갈등으로 확대했다면 한국 정치는 새로운 갈등의 질서를 만들었을 것이다. 왜냐하면 효과적인 탈지역주의 전략은 선거제도를 바꾸거나 위로부터 보수 정당과 연합하는 전략이 아니라 아래로부터 영남의 중산층 및 노동자와 연대하는 계층연합의 전략이기 때문이다.

1) 연합정치의 중요성

정당은 사회 균열을 대표하고 갈등을 일으키는 동시에, 사회통합을 위해 정치적 합의를 만드는 역할을 수행하기도 한다. 먼저 한국의 민주진보 세력은 스스로 누구를 대표하는지 분명하게 인식해야 한다. 한국의 양대 정당은 계급 정당이 아니라 국민 정당을 자처한다. 물론 양대 정당은 지역주의적 정치 기반을 갖고 있지만, 모든 계층의 대변자를 표방하고 있다. 하지만 최근 수년간 여론조사를 보면 보수적 정치 세력은 고소득 관리직, 자영업자의 지지를 많이 받는 반면, 민주진보 세력은 화이트칼라 사무직, 블루칼라 노동자, 대학생의 지지를 많이 받는다. 보수 세력의 지지자들은 주로 고령 세대, 영남 지역, 저소득층에서 많이 나타나는 데 비해, 민주진보 세력은 청년 세대, 호남과 수도권, 중간소득층에 주로 나타난다.

많은 정치학자들은 지지 정당과 이념 성향의 상관관계가 크다고 본다. 일반적으로 새누리당은 보수와 중도 성향 유권자를 대변하고, 민주당과 정의당은 진보와 중도 성향 유권자를 대변하는 것으로 알려져 있다. 문제는 바로 무엇이 보수이고, 진보이며, 중도인지를 구분하는 것이다. 사실 한국 정치에서 보수와 진보가 제대로 구분되지 않는 경우가 많다. 보수적 유권자가 무역 자유화와 개방 경제를 지지하는 경우도 있고, 진보적 유권자가 시장 경제와 재정 균형을 지지하는 경우도 있다. 보수와 진보 성향 유권자는 일관된 정책 선호를 보이기보다 상황에 따라 지지하는 정당과 후보의 정강정책의 영향을 받기도 한다.

특히 '중도' 유권자의 경우는 매우 복잡한 특징을 보이며, 종종 혼란스럽게 보이기까지 한다. 이들 중에는 양대 정당을 거부하고 제3의 후보를 지지하는 경향이 강한 무당파 유권자들이 많다. 하지만 중도 유권자와 무당파 유권자가 반드시 일치하는 것은 아니다. 무당파 유권자 가운데에는 뚜렷하게 진보 성향을 가진 이들이 많다. 최근 '안철수 현상'의 진원지도 무당파층에 있었다. 하지만 탈물질주의 가치와 삶의 질을 선호하는 서유럽의 무당파와 달리, 한국의 무당파는 뚜렷하게 일관된 정책 선호를 보이지 않는 경우가 많다. 또한 중도 유권자의 성향은 보수와 진보의 한가운데라 말할 수 없는 경우도 많다. 최근 중도 유권자의 정책 선호를 보면, 사회경제 정책은 진보적인 데 비해, 외교안보 정책은 보수적인 성향을 보이는 경우가 많다. 여기에 바로 민주진보 세력의 딜레마가 존재한다.

2008년 촛불 민심이 폭발하면서 야권의 이념적 지형에 새로운 변화가 발생했다. 같은 해 세계 금융위기가 발생하면서 민주당의 이념은 과거의 '중도개혁주의'에서 벗어나는 동시에 진보주의를 적극적으로 수용하며 '중도진보주의'를 표방했다. 이는 결국 민주당이 중도와 진보 유권자의 지지를 모두 얻어야 한다는 것을 보여준다. 이런 점에서 최근 2012년 대선 평가를 둘러싸고 나오는 좌클릭이냐 중도화냐 논쟁처럼 모든 것을 양자택일의 문제로 보는 것은 오히려 지지층을 축소하는 결과를 만들 수 있다. 결국 민주당은 기본적으로 중도의 정치적 포지셔닝을 유지하는 동시에 적극적으로 진보 유권자의 지지를 획득해야 한다는 과제를 가지고 있다. 비슷한 의미에서 민주진보 세력은 중도와 진보 성향 유권자의 연합을 강화하는 정치 전략을 선택해야 한다.

전반적으로 유권자의 이념 지형에서 중도와 진보가 비슷한 비중을 차지하기 때문에 민주당은 두 가지 이념 성향의 유권자를 모두 포용할 필요가 있다. 중도 유권자를 단순화시킴으로써 사회경제 정책의 진보성을 약화시켜서도 안 되겠지만, 중도 유권자를 단순히 부동층으로 평가절하하고 무시해서도 안 된다. 이제 유권자의 이념 지형을 볼 때 중도 또는 진보 어느 한쪽의 지지만으로는 정권을 획득할 수 없다. 이런 점에서 민주당은 연합정치의 가능성을 고려하면서 정치의 예술을 발휘해야 한다.

민주진보 세력을 대표하는 모든 정당과 시민사회 세력을 광범위하게 포함하는 야권의 재구성은 진보 정치의 혁신을 위한 필수적 요소이다. 1987년과 2012년 대선에서 볼 수 있듯이, 야권의 분열은 곧 보수 세력의 승리를 위한 보증수표가 될 것이다. 또한 새로운 진보 정치는 제도권 정당을 초월한 더 광범위한 세력의 참여가 필요하다. 군사독재에 저항하며 과거의 민주연합에 참여했던 정당, 노동조합, 시민단체, 지식인, 다양한 싱크탱크, 새롭게 등장하는 인터넷 가상공동체와 연합할 필요가 있다. 새로운 진보 정치는 보수적 정치 세력과 달리 시민사회와 수평적 네트워크를 형성하며 더 많은 사람의 참여를 이끌어야 한다.

새로운 진보주의의 가치와 전략을 실현하기 위해서는 다양한 사회계층의 정치적 지지를 동원하는 연합정치(coalition politics)를 추진해야 한다. 복지국가를 추진하는 정치동맹을 강화하기 위해서는 무엇보다도 서민층과 중산층의 연대가 필수적이다. 세계화와 정보화가 급속하게 진행되면서 점차 유권자의 파편화와 사회적 균열이 심화되었고, 이는 서민층과 중산층의 연대를 어렵게 만들고 있다. 비록 자유시장 접근법이 중산층의 기반을 불안하게 만들고는 있지만, 점점 개인화되는 중산층은 시장 자유화를 지지할 수도 있다. 정규직과 비정규직, 대기업과 중소기업, 제조업과 서비스업, 여성과 남성, 국내 노동자와 이주 노동자는 점차 분열되고 파편화되고 있다. 현재 보수적 정치 세력은 사회구성원을 사회적 연대와 공동체보다 개인주의의 방향으로 이끌고 있다. 이러한 경향은 장기적으로 복지국가를 위한 정치적 지지를 약화시킬 수 있다. 진보 정치는 이러한 경향에 맞서야 한다.

최근 박근혜 정부가 집권 후 경제민주화와 복지국가의 공약을 취소하고 사실상 자유시장 접근법으로 회귀하는 경제혁신 계획을 발표했다. 박근혜 정부가 추진하는 탈규제와 자유화 정책은 경제성장을 이룩하지도 못할 뿐 아니라 더 큰 사회적 불평등과 빈곤을 만들 것이다. 새로운 진보주의는 보수적 가치에 맞서 새로운 대안을 제시해야 한다. 보수적 가치인 균형 재정, 사영화, 탈규제, 감세, 무역 자유화를 비판하고 정부의 공공투자, 효과적 규제, 누진세, 국익 우선 통상정책을 추진하는 전략적 방향을 강조해야 한다. 만약 보수적 가치와 구별되는 이념과 생활 밀착형 정책을 준비하지 못한다면 집권의 가능성은 영영 사라질 것이다.

10. 진보 정치와 국가권력

2012년 대선 이후 한국의 민주진보 세력은 커다란 혼란에 빠졌다. 새로운 진보의 목표가 불분명해지고 정당과 시민사회의 역량은 심각하게 약화되었다. 진보적 이념과 정책이 더 광범위한 대중의 지지를 얻기 위해서는 새로운 진보의 방향이 현시대의 변화에 맞게 새롭게 정의되어야 한다. 새로운 민주진보 세력은 낡은 좌우 이념 대결을 거부하고 한국의 미래를 위한 국가의 개혁 방안을 제시해야 한다. 전통적 좌파가 주장하는 국가의 통제와 보수주의가 주장하는 자유시장의 맹신은 한국의 새로운 미래를 이끌 수 없다. 좌파냐 우파냐의 진영 가르기 논쟁이 아니라 국민의 생활을 실질적으로 향상시키기 위한 새로운 정책과 프로그램을 제시해야 한다. 과거의 보수와 진보가 생각하지 못한 국가권력의 혁신으로 미래를 위한 새로운 개혁을 추구하는 진보주의가 필요하다.

새로운 진보주의는 무엇보다도 국가를 효율적으로 개혁하는 동시에 시민과 개인의 능력을 강화하도록 도와야 한다. 경제성장을 촉진하는 자유기업을 존중하면서도 모든 국민이 번영을 공유하는 적극적인 공공정책의 역할을 지지해야 한다. 경제와 고용의 위기에 대응해 기계적 재분배 장치만 강조한다면 현실적인 대안이 될 수 없다. 경제의 효율적 관리와 적극적 고용정책을 추진할 수 있는 새로운 방안을 제시해야 한다. 새로운 민주진보 세력은 자유시장을 무조건 신봉하는 대신 '사회적 역량'을 강화하는 전략을 제시해야 한다. 지식경제의 시대에서 사람들의 능력을 강화하는 과업은 개인과 경쟁의 논리만으로는 이룰 수 없다. 새로운 민주진보 세력은 사회투자와 공적 투자를 강화하는 정부의 적극적 역할을 더욱 지지해야 한다. 사회적 차원에서 개인의 교육기회를 확대하고 고등교육을 강화해 노동시장의 변화에 적응하는 개인의 능력을 강화해야 한다. 정부는 경제기반시설뿐 아니라 과학기술의 연구개발을 비롯해 미래를 위한 공적 투자를 적극적으로 확대해야 한다.

새로운 민주진보 세력은 경제 관리에 유능한 세력이라는 평가를 받아야 한다. 지난 대선에서 연거푸 경제가 최대의 이슈로 부각되었다. 그러나 낙수경제 이론을 추종한 이명박 정부의 엠비노믹스(MBnomics) 5년도 장밋빛 '747' 공약이 실패로 끝나면서 거품경제만 잔뜩 키우는 결과를 가져왔다. 이제 다시 박근혜 정부가 '474' 공약으로 그 실패를 답습하고 있다. 보수 정부의 경제정책에 맞서 민주진보 세력은 부자를 위한 감세와 재벌 편향의 경제정책을 비판하고 중소기업, 중산층, 서민을 위한 구체적인 정책대안을 제시해야 한다. 경제성장을 통한 세원 확대와 공공투자, 사회투자의 선순환을 주장해야 한다. 공기업을 효율적으로 개혁하고 불필요한 규제를 혁파하는 경제개혁을 추진하는 대안이 필요하다. 동시에 고용을 확대하고 노동력의 질을 향상하기 위한 교육과 훈련에 더 많은 노력을 기울여야 한다. 또한 체계적인 조세정책과 교육정책을 제시하지 않는다면 대중의 지지를 얻을 수 없을 것이다.

서비스 경제가 확대되고 국제경쟁이 날로 격화되는 가운데 노동시장의 유연성을 확대해야 한다는 요구가 커지고 있다. 우리는 노동시장의 유연화가 저임금 비정규직 노동자의 확대를 만들지 않도록 노동자의 이동가능성과 고용가능성을 확대하기 위해 노력해야 한다. 또한 최저임금제를 강화하고 일하는 저소득층 가정을 위한 감세를 지속적으로 확대해야 한다. 최근 최저임금제의 인상은 중요한 정치적 의제가 되고 있다. 미국 오바마 대통령과 영국 캐머런 총리가 최저임금의 인상을 주장하면서 소득불평등이 다시 관심을 끌고 있다. 2014년 오바마 대통령은 국정연설에서 "최상층에 있는 사람은 그 어느 때보다 잘 살고 있지만, 미국 노동자의 평균임금은 거의 제자리걸음을 하고 있다"고 지적했다. 자유시장의 힘으로 소득재분배가 충분하게 일어나기는 어렵다. 조세제도와 복지제도를 통해 소득불평등을 완화해야 한다.

민주화의 시대는 끝나지 않았다. 민주주의의 지속적 발전을 위해 더 많은 사회적 시민권을 실현해야 한다. 복지국가의 등장이 필수적이라고 생각하는 광범위한 세력이 참여하는 '복지연합'을 추진해야 한다. 사회에 빈곤층이 증가하도록 방치한다면 민주주의의 토대가 취약해질 수 있기 때문에 무엇보다도 빈곤 퇴치를 위한 적극적 노력이 필요하다. 더 평등한 사회를 만들기 위한 노력을 중단해서는 안 된다. 신자유주의식의 사회안전망 복지체제가 아니라 복지국가 자체를 강화해야 한다. 특히 미래 세대의 인적 자본과 사회적 자본을 강화하기 위한 교육, 의료, 보육의 보편적 서비스를 확대해야 한다. 정부는 공공서비스의 개선을 위한 공공투자와 교육과 훈련을 지원하는 사회투자를 강화해야 한다.

새로운 진보주의의 전략적 과제는 광범위한 주제를 다루는 동시에 보수주의와 구별되는 가치, 정체성, 제도를 추구해야 한다. 동시에 새로운 전략적 실천의 차원에서 국회의 입법 과정과 시민사회의 역동성이 긴밀하게 결합되어야 한다. 한국 정치의 새로운 정책 대안은 의회정치에서 현실적인 방안으로 만들어질 수 있다. 시민사회는 다양한 사회문제를 제기하는 중요한 역할을 수행하지만, 입법의 주체인 의회의 역할을 과소평가해서도 안 된다. 정당 역시 시민사회의 새로운 요구에 항상 주목하면서 기민하게 대응해야 한다. 현재 극도로 약화된 정당체제를 신속하게 강화하고 시민사회와 긴밀하게 협력해야 한다. 새로운 민주진보 세력은 정당과 시민사회의 풀뿌리 정치에서 출발해 더 광범위한 대중과 결합해야 한다. 새로운 진보주의는 사회경제적 형평성을 강화하는 동시에 풀뿌리 차원의 사회참여를 확대·강화하기 위해 노력해야 한다. 지속가능한 민주주의는 '더 많은 민주주의'를 요구한다.

제2장

시민사회와 정당의 변화
대의정치 황금기의 쇠락과 시민정치의 모색

이영제

영국 사회학자 마셜(M. H. Marshall)은 시민권이 공민권에서 정치권으로, 다시 정치권에서 사회권으로 발전한다고 주장했다. 시민권과 마찬가지로 민주주의 역시 한번 정착하면 지속적으로 확대, 발전하는 경향이 있다. 한국의 민주주의는 1987년 6월 항쟁 이후 일시적으로 퇴행할 때도 있었지만 큰 틀에서는 지속적으로 발전해왔다. 특히 2012년 대선 이후에는 과거와 달리 사회권에 해당하는 '복지' 문제가 가장 중요한 주제로 다루어지고 있다.

장기적 관점에서 한국의 민주주의는 발전하고 있지만 단기적으로는 어느 때보다 심각한 위기에 직면해 있다. 시민사회의 위축과 언론 자유의 후퇴, 부와 지위의 세습, 세계화와 역사상 유례를 찾아볼 수 없는 빈부격차 증가 등은 위기의 중요한 징후들이다. 특히 2012년 대선에서의 국정원 선거개입과 2014년 드러난 국정원·검찰의 간첩 사건 증거조작, 또 그것을 은폐하기 위한 국가기관의 거짓말 공세는 민주와 비민주가 첨예하게 대립하고 있는 한국 민주주의의 현실을 적나라하게 보여준다.

그럼에도 한국 사회의 가장 큰 위기는 시민의 위기이다. 지난 10년간 OECD 31개국 경제활동인구의 평균 자살률이 2000년 17.2명에서 2010년 15.3명으로 감소한 반면, 한국은 15.6명에서 30.9명으로 2배나 증가했다는 보건사회연구원의 발표는 한국 사회에서 시민들이 맞닥뜨리고 있는 생존의 위기를 적나라하게 보여주고 있다. 성장과 발전, 효율, 경쟁 우선주의에서 비롯된 삶의 위기는 민주주의의 주체인 시민의 소외와 배제에서 출발한다. 따라서 '삶의 위기'는 민주주의의 가장 큰 위기이다.

1. 민주주의의 위기와 정치의 변화

민주주의는 단선적으로 발전하지 않는다. 민주주의는 지속적으로 발생하는 위기를 극복하며 발전하는데, 위기를 누가, 어떻게 극복하느냐는 향후 민주주의의 방향과 내용을 결정하는 중요한 변수이다. 민주주의의 위기가 민주주의와 대립하는 인물, 가치, 문화를 추종하는 정치 세력의 집권에 의한 것이라면 향후 있을 선거에서 의회의 다수당을 교체하거나 정권을 교체해 극복할 수 있다. 그러나 위기가 세계화와 같이 외부로부터의 충격에 의한 것이거나 아래로부터의 변화에 의한 것이라면 단순한 정치적 역학관계의 변화만으로는 극복할 수 없다. 이탈리아 정치학자인 네그리(A. Negri)가 정보사회의 도래에 따른 새로운 주체로 제시한 '다중'의 등장, 딕 모리스가 『VOTE.COM』에서 주장한 인터넷의 발달에 따른 직접민주주의와 쌍방향 대화 가능성의 증대는 아래로부터의 변화의 대표적인 사례이다. 현재의 변화들 중 과거부터 진행되어왔던 '현상'의 변화나 점진적인 변화들 같은 경우는 큰 정치적·사회적·경제적 비용을 들이지 않더라도 충분히 '적응'할 수 있다. 반면 구래의 시민사회와 정치체제에 대해 근본적인 문제를 제기하며 재구성을 요구하는 변화들의 경우, 소극적 대응은 그 간극을 확대시켜 향후 더욱 큰 비용을 발생시킬 수 있다. 다른 한편, 민주주의의 위기는 새로운 변화에 적응하지 못하는 정치체제와 시민사회 내적인 한계와 모순에 의해 발생하기도 한다. 즉, 변화의 능력에 따라 위기의 정도는 다르게 나타나는 것이다.

민주화 이후 도래한 한국 민주주의의 위기는 정당과 시민운동과 같은 민주주의의 매개체 중 어느 하나의 발전이 다른 하나의 발전을 이끌었던 민주주의 이행기와는 다르다. 제도로써 민주주의가 안착한 상황에서 정당과 시민운동 양자가 위기에 처함에 따라 어느 하나의 발전이 다른 하나의 발전을 추동할 것을 기대하기 어려운 상황이다. 오히려 어느 하나의 저발전이 다른 하나의 발전을 가로막는 악순환이 반복될 가능성이 높다. 한국 정치발전의 중핵을 담당했던 정당과 시민운동이 동시에 위기에 처했다는 사실은 양자가 함께 발전하기 위한 공동의 전략 수립이 필요하다는 것을 잘 보여준다. 시민사회가 활성화된다 하더라도 결국 그것을 제도화하는 것은 제도 정치의 몫이다. 촛불시위에 참여한 시민들이 그 자리에서 토론을 하고 문화를 만들 수는 있지만 법을 만들 수는 없다. 반대로 시민사회의 감시가 없다면 정당은 현역 의원들의 입맛에 맞게 선거구를 재단하는 '게리맨더링(Gerrymandering)'의 예에서와 같이 자신의 이해관계 실현에 골몰하거나 재벌, 언론 등 압력집단의 특수한 이해관계 실현을 위한 로비에 노출될 가능성이 높아진다. 따라서 기존과 같이 정치에 대항하는 '운동적' 시민사회가 아니라 일상적으로 정치에 참여하는 시민들로 구성된 새로운 시민사회와, 정치적 자원을 적극적으로 공유하는 분권적이고 개방적인 정당 사이의 새로운 관계 설정이 필요하다.

이 글의 목적은 새로운 정치를 출현하게 하는 환경의 변화가 한국 정치, 특히 정당과 시민사회에 어떤 영향을 미쳤는가를 살펴보고 대안을 모색해보는 데에 있다. 이를 위해 우선 대표의 위기와 유권자 변화의 원인과 방향을 살펴볼 것이다. 그다음에는 정당과 시민단체라는, 한국 민주화 이후 소위 '대의의 시대'를 만개시킨 두 축이 만들어낸 대의정치 황금시대의 쇠퇴를 살펴볼 것이다. 정당과 시민사회를 둘러싼 환경의 변화가 근본적인 정치의 재구성을 요구하는 변화인지에 대해서는 논쟁의 여지가 있다. 그러나 현재의 변화가 정치 행위자와 정치조직 변화의 수준을 넘어 새로운 정치의 모색과 실천으로 이어지고 있다는 점은 자명하다. 이 글에서는 그러한 흐름을 '시민정치'라는 이름으로 분석하고 있다. '시민정치'는 비단 기존 정치체제에 대한 불신, 정보통신 기술의 발전 등에서만 기인한 것이 아니라 정치 주체, 즉 시민의 변화에 따라 출현한 것이다. 따라서 그 변화의 폭은 민주주의의 형성 과정 못지않게 크고 불확실할 가능성이 높다.

2. 대표의 위기와 유권자의 변화

민주사회에서 시민사회의 다양한 요구와 이로 인한 갈등은 보통 정당을 통해 집약, 표출된다. 시민들은 유권자로서 주기적으로 진행되는 선거에서 자신을 대표할 정당을 지지하거나 그렇지 못한 정당에 대한 지지를 철회함으로써 자신의 이해를 실현할 수 있다. 심지어는 자신들의 이해를 대표할 정당을 직접 조직하거나 당원으로 참여할 수도 있다. 정당들 사이의 경쟁 격화와 환경 변화에 대한 정당의 대응으로 시작된 포괄 정당(catch-all party)화 경향은, 정당들로 하여금 시민사회의 이해와 요구에 한층 민감하게 반응하도록 이끌었다.

그러나 정당은 시민사회의 요구를 일방적으로 대변하거나 시민사회의 요구에 기계적으로 반응하는 단순한 조직이 아니다. 정당은 아래로부터 시민사회의 의견을 수렴해 정책을 결정하기도 하지만 자신들의 정책을 시민들에게 설득하거나 또는 그것을 실현하기 위해 시민들을 동원하기도 한다. 선거에서 '승리만 하는 정당'이 존재하지 않는 것은 아무리 훌륭한 정당이라 할지라도 시민사회의 이해와 요구를 항상 성공적으로 반영하거나 동원하는 것이 불가능하다는 것을 잘 보여준다. 따라서 대표의 위기는 그 정도의 차이가 있을 뿐 항상 존재해왔다.

대표의 위기와 관련해서 상호 연관되어 있는 두 가지 문제가 있다. 하나는 '대표되지 않는' 이해와 요구이고, 또 하나는 유권자의 변화이다. 이 두 가지는 대표의 위기를 야기하는 주된 원인이다.

1) 대표되지 않는 이해와 요구들

수많은 정당들이 다양한 형태로 존재하지만 대표되지 않는 이해와 요구는 항상 존재한다. 어떤 이해와 요구들은 다수 정당에 의해 대표되는 반면 어떤 이해와 요구들은 어떠한 정당에 의해서도 대표되지 못한다. 그 이유는 전체의 한 부분이라는 정당의 본질적 성격, 높은 진입관문에 따른 소수정치 세력의 의회 진입 실패, 다수의 지지를 획득함으로써 권력을 획득하려는 정당의 전략 등과 관련되어 있다.

첫째, 정당은 본질적으로 전체가 아니라 부분을 대표하는 정치조직이다. 에드먼드 버크(E. Burke)의 고전적인 정의에 따르면 정당이란 "어떤 특정한 주의에 동의하는 사람들이 그 주의에 따라 공동의 노력으로 국가이익을 증진하고자 결합한 조직체"이다. 비록 정당이 포괄 정당화 경향을 보인다 하더라도 그것은 '모든' 이해와 요구를 대표하겠다는 것이 아니라 '주의'의 확대 또는 약화를 의미하는 것이다. 즉, 현실적으로 존재하는 몇 개의 정당들이 시민사회의 모든 이해와 요구를 집약, 표출하는 것을 불가능한 것이다.

둘째, 소선거구제 단순다수제, 소수정당의 난립을 방지하기 위한 봉쇄조항은 다양한 정당의 출현을 제한하고 있다. 프랑스의 유명한 정치학자 모리스 뒤베르제는 특정한 선거구제도는 특정한 정당제로 귀결될 가능성이 높다고 주장했다. 예외가 없는 것은 아니지만 소선거구제가 양당제를 형성하고, 비례대표제가 다당제를 형성한다는 것은 양자 간의 높은 상관성으로 인해 뒤베르제의 법칙(Duverger's law)으로 불리고 있다. 또한 국회의원 선거에서 의석을 얻지 못하거나 유효투표총수의 2% 이상 득표하지 못한 정당은 해산하도록 되어 있다(정당법 제44조 1항 3호). 이 외에도 지역구 국회의원 선거에서 5석 이상 당선되거나 정당 투표에서 3% 이상 득표해야 비례대표의 배분 대상이 되는 선거법상의 기준, 선거기탁금 등의 진입관문은 다양한 이해관계를 대표하는 정당의 출현을 제도적으로 봉쇄하고 있다.

따라서 한국의 경우 많게는 10개에 가까운 정당들이 선거를 앞두고 만들어지지만, 선거과정과 선거 이후 영향력을 갖는 정당은 몇 개에 지나지 않는다. 일반적으로 유효 정당의 수(effective number of parties)를 계산하는 데 이용되는 마커스 락소와 레인 타케파라(Markus Laakso and Rein Taagepera)의 지수에 따르면 1988년 13대 총선 이후 한국에서 선거 정당의 유효 수는 4개 내외이고, 의회 정당의 유효 수는 이보다 적어 평균 3개 내외이다. 설령 높은 진입 관문을 넘어선다 하더라도 20인 이상의 국회의원이 소속되어 있지 않으면 의회에서 실질적으로 운영에 참여할 수 있는 교섭단체를 구성하지 못한다. 이러한 '비교섭단체' 의원들은 의사 진행, 위원회 구성 등에 참여할 권한을 갖지 못한다. 그리고 10인 이상의 의원이 찬성하지 않으면 법률안 발의조차 불가능하다.

이처럼 시민사회의 활성화에 따라 환경, 핵, 청년, 노동, 실업, 지방자치, 장애인, 성소수자, 동물보호 등 과거에 드러나지 않거나 존재하지 않았던 다양한 이해관계가 표출되고 있는 반면 이를 대표해야 하는 정당의 개수, 특히 실효 정당의 개수는 매우 제한적이다.

셋째, 정당의 포지셔닝(positioning), 득표 전략 등의 이유로 인해 어떤 것들은 그 중요성과 상관없이 반영되지 않고 배제되기도 한다. 정당은 특정한 갈등은 축소하고 특정한 갈등은 부각시키는 경향이 있는데 미국의 저명한 정당학자인 E. E. 샤츠슈나이더는 이것을 '편향성의 동원(mobilization of bias)'이라고 했다.

정당이 현재 대변하고 있는 특정한 이해와 요구는 대변하고 있지 않은 다른 이해와 충돌할 가능성이 높으며, 새로운 이해와 요구를 대변하는 일은 정당에 이미 확고하게 자리 잡은 유인(incentive)의 분배구조를 훼손할 수 있다. 그리고 다수의 지지를 획득함으로써 권력을 획득하려는 정당은 다수 지지자들의 이해에 반하는 소수의 이해를 대표하는 것을 꺼리기 마련이다. 물론 소수정당들이나 정책 추구(policy-seeking) 정당의 경우 소수의 이해를 대변하는 경우도 있지만 그것이 실제 정책으로 실현되기는 매우 힘들다.

배제된 이해와 요구 또는 새로운 이해와 요구는 중요한 균열로 부상할 수 있고, 다른 정당에 의해 대표되거나 새로운 정당의 출현으로 이어 질 수 있다는 점에서 정당의 잠재적 위기요인이라는 공통점을 갖는다. 그러나 예측할 수 있고 통제할 수 있으며, 실제로 지금까지 잘 통제해왔 던 배제된 요구는 새로운 기술과 환경의 변화에 따라 주요한 이슈로 부 상할 수 있게 되었다. 새로운 요구는 변화의 폭과 방향을 가늠하기 어렵 다는 점에서 정당에게 한층 큰 위기요인으로 작용하고 있다.

2) 경쟁하지 않는 정당 체계

경쟁하지 않는 정당 체계에서는 필연적으로 대표의 위기가 발생한다. 경쟁하지 않는 정당 체계란 비단 권위주의 정권하에서의 단일 정당 체 계만을 의미하는 것이 아니다. 민주적인 정치체제에서도 경쟁하지 않는 정당 체계는 존재한다. 2013년 터키에서 발생한 반정부 시위는 민주적 인 절차를 거쳐 선출된 정부라고 하더라도, 특정한 정치 세력이 압도적 이어서 대항 세력 또는 대안 세력이 존재하지 않거나 매우 미약할 경우 권위주의로 흐를 가능성이 높다는 것을 보여주는 사례이다.

제도적으로 새로운 정치 세력의 진입을 가로막는 높은 장벽이 존재하 는 경우나 지역주의, 안보 문제 등 위로부터 동원된 갈등이 시민사회의 균열을 왜곡하는 경우에도, 정당들 사이의 경쟁은 제한된다.

예를 들면, 지역주의가 동원될 경우 정당 간의 구별은 정책이 아니라 그 정당이 어느 지역에 뿌리를 내렸는가를 기준으로 이루어진다. 이 경 우 근거를 둔 지역에 따른 경쟁만이 존재할 뿐, 여타 정책에 대한 경쟁은 부각되지 않는다. '보수 정당 체계'에서와 같이 정당들의 이념이 다양하 지 못하고 이념의 거리가 좁을 경우에도 '노동'과 같은 균열은 대변되지 않을 가능성이 높다. 이와 같이 '경쟁하지 않는다'는 것은, 정당들 사이에 어떠한 경쟁도 없는 상태가 아니라 시민사회의 이해와 요구와 관련된 경쟁이 진행되지 않는 상태를 의미한다. 단일 정당 체계 또는 패권적 정당 체계로 대표되는 권위주의적 체제와 달리, 민주적 정치체제는 갈등이 벌어지는 사항에 대해 최소한 두 개 이상의 '경쟁'하는 정당이 존재하는 체제이다. 이와 같은 관점에서 경쟁하지 않는 정당 체계는 사실상 정당 체계가 작동하지 않는 것과 별반 다르지 않다.

한국에서는 1987년 민주화 이후 두 가지 방향으로 경쟁하지 않는 정당 체계가 형성되었다. 우선 민주화 이후 정당들의 지역주의적 동원으로 인해 사실상 다른 주요한 이슈들이 선거과정에서 주요한 균열로 발전하지 못했다. 여기에 이어 민주화 이후 현재까지 진행된 '민주 대 반민주'라는 구도, 즉 '비판적 지지'에 대한 강요는 다양한 대안 또는 대안 세력의 형성을 억제해왔다. 여기서 개혁적 정치 세력은 자신의 정체성을 드러내는 긍정적인 방식이 아니라 상대편에 반대한다는 소위 '반○○'와 같은 부정적인 방식으로 자신의 정체성을 드러냈다. 동시에 선거에서 다양한 가치와 대안의 추구는 '적'을 이롭게 하는 행위나 '사표'로 간주되기도 했다. 그리고 이 두 가지 방향은 상호 결합되어 호남 - '반○○'세력이라는 지역기반과 반대의 독점으로 보장된 이익의 분배방식에만 골몰하는 이른바 개혁적 정당의 근간을 형성했다.

경쟁하지 않는 정당 체계의 문제는 비단 국민의 요구가 정당 체계에 반영되지 않는다는 문제에 국한되지 않는다. 정당이 권위주의화 되거나 정당 간의 카르텔(cartel)이 형성되는 문제가 발생할 수도 있고, 안정적으로 확보된 자원의 분배를 둘러싼 경쟁 속에서 당내정치만 활성화될 수도 있다. 결국 경쟁하지 않는 정당체제는 자신의 이해만을 따지는 정당

체계를 형성함으로써 정당의 위기를 가중시킨다.

3) 유권자의 변화

정당에게 가장 중요한 변화는 유권자의 변화이다. 국제 환경이 변화하고 새로운 기술이 도입된다 하더라고 유권자의 선택이 변하지 않는다면 정당은 위험을 감수하면서까지 변화를 꾀할 이유가 없기 때문이다.

정당은 외부 환경의 변화라는 압력으로부터 위기를 느끼게 될 경우 압력을 해소하는 방향으로 변화해왔다. ① 계급적 기반과 이념 지향성이 강한 대중 정당(mass party)이 특정한 계층과 집단이 아닌 모든 계층과 집단의 지지를 획득하고자 포괄 정당으로 변화한 것, ② 이해집단과 전문가들이 주도적으로 참여해 선거의 승리를 노리는 선거전문가 정당(electoral-professional party)이 등장한 것, ③ 당원의 충성심 약화와 정치 자금 기부 감소 등으로 인해 카르텔 정당(당비가 아닌 국고보조금에 의존하며 정당끼리의 공생을 도모하는, 국가 기관의 성격을 갖는 정당)이라는 새로운 유형의 정당이 출현한 것 등이 거시적 차원에서 나타나는 정당의 변화이다. 미시적인 차원에서 정당은 일반적으로 정책을 수정하거나 새로운 정치인을 영입, 공천함으로써 변화의 압력에 대응한다. 물론 다른 당과 합당하거나 연합하는 경우도 있다. 국민경선과 외부인으로 구성된 공천 심사위원제의 도입 및 당내 개혁 또한 한국 정당의 주된 대응 방식이다.

일반적으로 시민들은 유권자로서 선거에서 지지 또는 지지 철회를 통해 자신의 요구를 정치체제에 반영한다. 유권자의 지지 또는 지지 철회의 대상은 특정 정치인부터 정당, 정당 체계, 정치체제 일반에 이르기까지 광범위하다. 정치인, 정당에 대한 지지 철회는 개인적인 차원에서 이루어지기도 하지만 낙천·낙선운동에서와 같이 조직적인 차원에서 진행되기도 한다. 정당에 대한 불신은 다수당의 교체나 2004년 진보 정당인 민주노동당의 원내진출과 같은 새로운 정당의 출현 또는 같은 의회 내 세력관계의 변화로 해소될 수 있다. 문제는 특정 정당 체계 전반, 정치체제 전반에 대해 지지 철회 또는 선호변화가 발생하는 경우이다. 이른바 정당에 대한 의존의 축소, 즉 직접민주주의 가능성의 증대에 따른 정당의 쇠락이 그것이다.

신자유주의의 확산과 같은 국제 환경의 변화도 유권자에게 큰 영향을 미쳤지만 '인터넷'으로 대표되는 '정보통신 혁명'은 유권자 혁명을 예견케 할 정도로 큰 영향을 미치고 있다. 인터넷의 확산에 따라 유권자는 과거와 달리 언론을 통하지 않고도 많은 정보를 직접 습득할 수 있으며, 정당을 통하지 않고도 자신의 의견을 표출할 수 있게 되었기 때문이다. 중요한 것은 인터넷 공간이 정보의 일방적 전달이 아닌 쌍방 소통을 가능케 한다는 점이다. 전자공회의 대표적인 사례인 '미네소타 전자민주주의 프로젝트(http://www.e-democracy.org)', 오바마 대통령에 의해 진행된 'e-타운홀 미팅', 영국의 '영국 시민 온라인 민주주의(UK Citizens Online Democracy, http://www.democracy.org.uk)'는 지역의 현안과 공공정책 등과 관련된 정보를 제공하고 시민들이 토론에 참여할 기회를 제공하고 있다.

이와 같은 변화는 시민들이 '언론'과 '정당'으로부터 자유로워지는 계기가 되었다. 심지어 일부 유럽 국가들에서는 인터넷에 기반을 둔 정당이 출현하기도 했다. 정보화 사회에 역행하는 정부의 규제와 기성정치에 대해 염증을 느낀 젊은 세대의 '정치적 행동'으로 표출된 스웨덴과 독일의 '해적당'의 경우, 비록 '정당'이라는 형태로 귀결되었지만 구성이나 표출방식 등이 기존의 정치 세력들과는 근본적으로 상이했다. 해적당은 지방의회에서 적지 않은 지지를 획득함으로써 주목을 받았는데, 더 중요한 것은 해적당의 흐름이 기존의 정치를 변화시키는 새로운 정치적 실험이었다는 사실이다.

현재 이미 진행되었고 진행되고 있는 다양한 변화들 중 어느 것이 근본적인 변화를 초래할 것이고 어떤 것이 현상적인 변화에 국한될 것인가는 여전히 논의되는 중이다. 그럼에도 변화의 충격이 기존 정당과 정당 체계뿐 아니라 그동안 전성기를 구가했던 시민단체들을 포함해 정치체제를 구성하는 모든 주체들 전반에까지 영향을 미치고 있다는 것은 명확하다. 특히 정당과 시민운동의 동시적 위기는 이 양대 축을 중심으로 민주주의가 전개되었던 이른바 '대의의 시대'가 쇠락하고 있다는 결정적 징후이다. 이러한 점에서 새로운 변화는 정치인, 정당, 정당 체계의 변화를 뛰어넘어 새로운 정치의 출현과 확장을 포함하는 정치체제 변동 가능성을 내포하고 있다고 할 수 있다.

3. 대의정치 황금시대의 종언

1) 정당의 배반: 이기적인 정당체제

한국 민주화의 출발점인 1987년 6월 항쟁의 '대통령 직선제 쟁취' 구호가 보여주듯이 시민들은 민주화 과정에서 대표를 직접 선출하고 제도정치를 복원함으로써 시민사회의 이해와 요구를 정치체제에 반영하고자 했다. 시민들이 직접 선출한 지도자는 민주적 지도자이고, 시민들의 지지를 받는 정치 세력은 시민들을 대표해 민주주의를 발전시켜줄 것이라고 믿었기 때문이다.

민주화는 '거리의 정치'가 정당에 의해 주요한 갈등이 반영, 해소되는 '의회 정치'로 정착하는 것을 의미한다(윤상철, 2001). 민주화 과정은 주요한 정치 행위자가 사회운동 세력에서 제도 정치 세력으로 교체되고, 시민사회가 활성화되는 동시에 그에 기초한 정당정치가 활성화되는 과정이다. 따라서 정당의 제도화와 시민사회의 균열에 근거를 둔 정당 체계의 형성이 중요하다.

6월 항쟁 이후 한국 정당들은 민주화 이행이라는 특수한 역할을 요구받았다. 아니, 한국의 정당 체계는 민주화 이행을 위해 출현한 것이었다. 정당 체계의 복원을 가져온 1987년 6월 항쟁은 권위주의 세력의 즉각적인 퇴진을 의미하는 '단절적 이행'이 아니라 선거라는 경쟁에 의해 민주주의의 속도, 방향, 내용이 결정되는 연속적 이행의 성격을 갖고 있었다. 따라서 시민사회가 요구한 정당 체계는 권위주의 세력인 여당과, 이에 대항해 민주주의를 실현하고자 하는 한 개의 야당이 양극을 형성하는 정당 체계였다. 그러나 형성된 정당 체계는 지역주의에 의해 원심력을 갖는, 다수의 정당이 다극을 형성하는 체계였다.

비록 1987년 대선은 분열된 민주화 세력의 패배로 귀결되었지만, 1988년 총선에서 야당이 다수의 의석을 차지하는 여소야대 정국이 형성됨으로써 대의제 민주주의의 핵심이라고 할 수 있는 의회와 정당정치가 활성화된다. 여소야대 정국에서는 시민사회의 이익과 요구가 의회에 크게 반영될 수 있었다. 의회는 시민사회의 요구를 반영해 '광주 청문회', '5공 청문회'를 개최하고 반민주적 법률을 개정하는 등 개혁정책을 추진했고, 시민사회는 제도 정치를 통해서도 민주주의의 발전을 이룰 수 있다는 생각을 갖게 되었다. 비록 불완전했지만 정당 체계의 활성화는 민주화운동 세력이 '저항'에서 벗어나 분화·재편의 과정을 거쳐 '시민'으로서 정치에 참여할 수 있는 계기를 제공했다.

그러나 이는 오래가지 못했다. 1990년 전격적으로 진행된 3당 합당은 정당들이 시민사회의 요구가 아니라 자신들의 이해관계에 더 민감하다는 것을 드러냈기 때문이다. 민주화의 결과 시민사회의 요구가 반영되는 정당 체계가 아니라 오히려 위로부터 시민사회를 동원하는 정당 체계가 형성된 것이다.

정당은 점차 시민사회의 대행자가 아니라 스스로의 이해관계에 따라 정당체제를 변형시키는 자율적 행위자가 되었고, 국민의 통제에서 벗어나기 시작했다. 유일하게 국민의 의사를 반영하는 통로인 선거는 일상적으로 진행되는 것이 아니었다. 그나마도 지역주의는 정당에 의해 위로부터 동원되어 선거에서 가장 중요한 균열로 작용했다. 따라서 선거를 통해서 일단 세력관계가 형성되면 민주주의의 대행자들은 다음 선거까지 고도의 자율성을 획득해 이합집산을 거듭했다. 이와 같이 다수가 참여하는 사회운동이 약화된 상황에서 유일한 참여의 통로인 선거마저 무력화된 것은 대의제 민주주의가 시민사회를 동원하기 위한 수단으로 전락했다는 것을 의미했다(이영제, 2012: 307~309).

2) 시민운동과 대의의 대행

대의제 민주주의의 유력한 통로인 정당에 의해 주권자인 시민이 소외되는 가운데 시민운동이 활성화되었다. 사회주의권 몰락으로 인한 급진적 이념의 쇠퇴, 문민정부의 등장, 경제성장으로 인한 중산층의 증대와 같은 변화들은 시민운동이 활성화될 수 있었던 중요한 기반이었다.

절차적 민주주의의 진전에 따라 합법적 영역에서의 이해표출이 가능하게 되었고, 절차적·형식적 제도와 공간에 대한 중요성이 부각되면서 저항의 주체보다는 참여의 주체로서의 시민운동에 대한 논의가 급속히 전개되었다. 민중운동과의 차별성을 부각시키며 등장한 시민운동은 지역주의에 근거한 폐쇄적 정당체제와 자신의 이해만을 따지는 기득권적 정당체제에 대한 대안 세력으로서 부상했다. 특히, 낙천·낙선운동으로 대표되는 정치 개혁운동은 시민운동의 영향력을 급속히 신장시켰다.

시민사회의 이해와 요구를 반영하지 못하는 정당체제에 비해 양적·질적으로 성숙한 시민운동은 다양한 주체들의 참여와 협력을 통해 문제해결을 모색하는 '거버넌스'를 활성화시켰고, 의사결정에 참여할 수 있는 통로까지도 확보함으로써 한층 강력한 영향력을 갖게 되었다. 시민운동은 이해를 직접 조직하고 조정하는 한편, 정부에 직접적인 압력을 행사함으로써 제도화하는 과정에까지 영향력을 미치게 되었다. 시민운동이 '운동을 넘어서는 정당적 역할'까지 수행하게 됨으로써, 시민단체는 '준 정당'이라고까지 불리게 된다.

시민운동이 정당을 대체할 세력으로 부상했지만 문제는 '시민 없는 시민운동', '대의의 대행자'라는 표현에서 볼 수 있듯 시민운동 역시 주체형성보다는 '호의적인 기회구조하에서(오건호, 2008: 151)' 이슈에 중점을 둔 활동을 전개했다는 점이다. 시민운동의 대표적 성공사례라 할 수 있는 정치 개혁운동의 경우도, 정당 공천 방식과 운영 방식의 변화, 일부 부정·부패인사의 퇴출 등의 성과가 있었지만 정당을 본질적으로 변화시키지는 못했다. 이는 기성정당들에 대한 불신은 높았지만 이들을 대체할 대안 세력이 존재하지 않았거나 성장하지 못했기 때문이다. 따라서 정치 개혁운동에 많은 시민이 지지를 보냈음에도 정작 선거과정에서 얻게 된 선택지는 이전과 다르지 않았다. 이처럼 시민운동은 새로운 민주주의의 주체로서 '시민'을 형성하거나 대안적 세력을 형성하는 역할보다는 이전의 정당들처럼 해체된 민주주의의 주체를 대신하는 '민주주의의 대행자' 역할을 수행했다. 대의민주주의의 왜곡으로 부상한 시민운동이 대의를 매개로 한 또 다른 대행이라는 점에서, 이것 또한 직접민주주의나 참여 민주주의가 아닌 대의제적 요소를 강하게 갖고 있었다.

입법, 사법, 행정, 언론에 이어 '5부'로까지 불리던 시민단체들은 이명박 정부 출범 이후 위로부터는 시민운동에 적대적인 정부와 여당의 존재에 의해, 아래로부터는 일반 시민에 의해 탈제도화 압력을 받는 이른바 '이중의 탈제도화' 압력에 직면했다(홍일표, 2009: 87~93). 그동안 시민운동이 효과적으로 활용했고, 실제로 큰 효과를 발휘했던 다양한 운동 방식들은 정권교체로 인해 더는 효과를 기대하기 어렵게 되었기 때문이다. 민주화 이후 전성기를 누려왔던 시민단체에 대한 탈제도화 압력은 기존의 공고화된 민주주의의 허약성과 시민단체들의 '참여'가 특정한 정치적 조건에서만 가능한 것이었다는 사실을 보여준다. 시민운동은 민주주의의 확장기에는 민주주의의 대행자로써 민주주의의 '교두보' 역할을 수행했지만, 퇴행기나 위축기에는 '보루'로써 민주주의를 지켜내지 못하고 스스로 한층 심각한 위기에 직면했다. 즉, 시민운동이 민주주의와 함께 번성하고 동시에 위기에 처한다는 사실은, 주체 없는 시민운동뿐 아니라 그것이 토대로 삼았던 민주주의의 허약성을 드러내고 있다.

이상에서 살펴본 바와 같이 1987년 6월 항쟁 이후 민주주의는 대행자에 의해 성장해왔다. 이것은 비단 제도 정치 영역의 정당뿐 아니라 시민사회에서의 시민운동에 의한 것이기도 했다. 대의제 민주주의는 공동체의 규모가 커지고 정치 환경이 급변함에 따라 의사결정의 신속성을 기하기 위한 수단으로 도입되었다. 문제는 민주주의의 주체인 시민의 참여가 전제되지 않을 경우 대의제 민주주의는 인민의 지배를 구현하기 위한 수단으로 작동하지 않는다는 점이다. 결국 한국에서 대의제 민주주의의 공고화, 대행자의 활성화와 위기는 설령 좋은 제도가 있다 해도 이를 운영할 주체가 형성되지 못하고 그들의 참여가 뒷받침되지 않으면, 민주적으로 운영될 수 없다는 것을 보여준다(이영제, 2012: 309~311).

4. 시민의 재등장과 시민정치의 모색

"대한민국은 민주공화국이다. 대한민국의 모든 권력은 국민으로부터 나온다". 「헌법 제1조」라는 노래는 촛불시위를 대표하는 노래이다. 그동안 헌법 조문 속에서 선언적으로만 존재했던 대한민국 헌법 제1조는, 촛불시위에서 주권자인 시민들이 자신의 손으로 권력을 위임한 통치자들의 결정을 탄핵하고 스스로가 권력의 원천임을 외치면서 실제화되었다. 촛불시위 과정에서 정당은 물론 시민단체까지도 배척당한 것은 그들이 대표하고 있고 대표할 수 있다고 생각했던 시민들에 의해 '대의 세력'이 탄핵되었음을 의미한다.

한국에서 민주화 이후 전성기를 구가하던 대의정치는 '주체' 없는 대의정치였다. 따라서 '시민' 또는 '국민'이란 이름으로 진행된 대의정치는 정치의 주체, 즉 주권자인 시민 또는 국민이 직접 출현할 때 그 정당성과 영향력을 급속히 상실하기 마련이다. 결국 1987년 6월 항쟁 이후 20여 년 만에 다시 주권자로서 나타난 시민이, 자신들이 직접 참여하고 결정하는 '시민정치'를 중심으로 한 새로운 정치기획을 모색하는 것은 당연한 수순이라 할 수 있다.

1) 주권자로서 시민의 '자기 호명'과 직접행동

시민의 직접행동은 일상적인 상황이 아닌 '예외상태'에서 발생한다. 자신들의 의사가 대표를 통해 잘 반영되고 있다면 시민은 자신들의 일터와 생활공간을 떠나 거리의 정치에 참여할 필요가 없다. 민주주의를 쟁취했던 민주화 과정에서도 시민들의 대규모 분출은 정당 체계가 작동하지 않거나, 직접행동 이외에 다른 수단이 없을 때에 한해 활성화되었다. 주권자인 시민의 실력 행사는 정치체계가 자신들의 의견을 제대로 반영하지 못하는 한계 상황, 또는 긴급 상황에서 주권자가 제도 정치를 탄핵하고 직접 자신의 의사를 관철시키고자 하는 '대의정치에 대한 시민적 수정'의 과정이다.

이같이 권력의 담지자인 '시민'이 주권자로서 자신을 호명하고 권원(權原)을 확인하는 것은, 제도 정치의 문제점에 대한 경각심을 불러일으킴으로써 대의체제의 반응성을 증대시키고, 시민들의 참여를 확대·강화하는 방향으로 정치체제를 변화시킨다.

대의정치의 탈선에 대한 대응으로써 시민들의 직접행동은 다음과 같은 특징을 지니고 있다. 첫째, 시민들의 직접적인 대규모 분출은 최후의 수단으로 다른 해결방안이 존재하지 않는다는 것을 의미한다. 영국 정치학자 에이프릴 카터(April Carter)는 『직접행동(Direct Action)』이라는 저서에서 신자유주의 사회에서는 대의민주주의만으로는 민주주의를 구현하기 어렵기 때문에 '직접행동'이 필요하다고 역설했다. '직접행동 민주주의'는 위기에 처한 민주주의의 후퇴를 막을 최후의 대안이라는 것이다. 둘째, 대규모 분출은 장기간 지속되기 매우 어렵다. 물리력의 차이나 자원동원의 차이로 인해, 시민들은 행정조직 등 여타 체계화된 조직들처럼 장기간 거리의 정치에 참여하기 어렵다. 따라서 시민들은 빠른 시간 안에 직접 확인된 최종 주권자로서의 자신들의 의사표현이 수용되기를 바란다. 셋째, 주권들 간의 충돌 가능성이 존재한다. 주권자의 분출은 다른 의견을 갖는 주권자의 주권과 충돌할 가능성이 있다. 한국의 경우 동시에 두 주권자 집단이 대규모로 분출하는 것을 찾아보기는 힘들지만, 외국의 경우 종종 대규모 충돌이 발생하기도 한다.

시민들은 가장 직접적이지만 불완전하고 위험과 비용을 수반하는 직접행동에만 기댈 수는 없다. 따라서 분출된 시민의 힘과 열정에 기반을 두고 직접행동을 일상적인 것으로 대체할 대안적 수단을 마련하는 데에서 시민정치가 시작된다. 무엇보다 중요한 것은 시민이 정치의 주체로서 일상적으로 정치에 참여할 수단을 마련하는 것이다. 이미 활성화된 온라인 공간을 활용하는 것은 물론, 풀뿌리 민주주의를 활성화하고 새로운 정치 세력에 대한 지지를 형성하는 등 다양한 방식이 모색되고 있다. 이 과정에서 직접거리로 나온 시민들뿐 아니라 온라인 공간에서 지지를 보내는 방식으로 직접행동에 참여한 시민들이 결합한다.

2) 정치 수단의 변화: 관심, 접속, 공유, 행동

대의정치에 대한 불신에서 시작된 주권자들의 정치인 '시민정치'는 시민들이 정치 주체로서 각성하고 대규모로 분출하며 영향력을 급속하게 확장할 수 있었다. 하지만 시민들의 직접행동은 장기간 지속될 수 없기 때문에 결국은 일상에서의 정치로 전환되어야 한다.

혁명이나 민주항쟁 이후의 제도화 과정이 중요하듯이 일시적 분출을 일상적인 정치로 전환시키는 제도화 과정 역시 매우 중요하다. 제도화 과정에 누가 참여하는가, 어떤 의제가 다루어지는가, 제도화 과정에 대한 시민들의 관심 정도는 어떠한가 등은 혁명과 항쟁의 성패를 좌우하는 것이며, 혁명과 항쟁 못지않게 중요한 과정임을 4월 혁명과 6월 항쟁의 제도화 과정이 잘 보여주고 있다. 이른바 '87년 체제'에서와 같이 한 번 형성된 체제는 장기간 지속되면서 '구조'로서 작용하는데, 구조는 주체의 행위를 제약하는 틀로 작동한다.

기존의 항쟁, 혁명과 달리 최근에 진행된 시민들의 분출은 특정한 정치 세력에 반대하거나 그 결과를 특정한 세력에게 위탁하고자 하는 것이 아니라, 정치적 주체의 복원이라는 점에서 과거의 제도화 과정과 상이하다. 즉, 상층부의 협상에 의해 시민들의 권리를 보장받는 것이 아니라 권력의 구성과 작동방식의 재구성부터 시작해 직접적이고 지속적인 참여를 통해 스스로, 그리고 아래에서부터 권리를 지키고 형성해나가는 것이기 때문이다.

그러나 현실 정치 공간에서는 시민들의 불신을 받으면서도 다수의 방관 속에서 여전히 대의조직들이 강력하게 자신의 영향력을 유지하고 있다. '정당', '시민단체', '언론' 등과 같이 기존 정치체제하에서 작동했던 정치 수단들은 자신들이 개혁의 대상이 되거나 기득권을 빼앗길 가능성이 있는 새로운 정치보다는 자신들의 기득권이 강고하게 유지될 수 있는 기존의 정치체제를 유지, 강화하는 방향으로 작동하기 마련이다. 따라서 새로운 정치 기획은 기존의 정치 수단이나 통로가 아닌 새로운 대안적 정치 수단과 통로를 확보하는 것에서부터 시작한다.

정보통신 기술, 특히 인터넷과 소셜 미디어의 발달은 시민정치의 훌륭한 기반이 되고 있다. 중동의 재스민 혁명이 SNS 혁명이라고 불리고, 터키에서의 민주화 시위가 SNS를 통해 전 세계에 알려지고 있는 것처럼 소셜 미디어는 정부의 언론 통제를 무력화할 뿐 아니라 '주체'에서 출발하는 다양한 네트워크 형성을 가능하게 해주고 있다. 시민들은 일상적으로 길거리 정치에 참여할 수는 없지만 온라인 공간에서 일상적으로 이슈를 제시하고 정보를 전달하며, 여론을 형성할 수 있다. 즉, 직접적인 분출이 아니더라도 작업장과 생활공간에서 언제든지 온라인에 접속해 자신들의 의견을 표출할 수 있는 것이다. 심지어는 단순한 관심에서 출발하는 검색이나 '클릭' 행위도 집계되어 실시간 검색어 순위, 실시간 이슈 기사 등으로 전파된다. 다수가 관심을 갖는 주제는 한층 많은 관심과 접속으로 이어지고 '공유'라는 행동이 더해져서 실시간으로 여론을 형성한다. 개인의 관심에서 시작된 개별적이고 단순한 행위가 온라인 공간에서는 이 같은 방식으로 주체들의 집합적 의사표현 행위로 발전한다.

다소 전통적인 수단이자 공간인 온라인 커뮤니티는 동일한 관심사에 대한 정보공유를 넘어 다양한 여론과 의견을 모으고 조정하는 역할을 수행하고 있다. 미국산 소고기 수입개방 반대 촛불시위에서는 관심분야, 취미, 연령 등에 따라 구성된 온라인 커뮤니티 회원들의 참여가 두드러졌다. 2013년 대통령의 방미 중 현지 인턴사원을 성추행한 청와대 대변인의 일은 온라인 커뮤니티가 아니었다면 세상에 드러나지 못했을 수도 있다. 사건의 전개과정에서도 온라인 커뮤니티는 사건을 축소, 무마하고자 하는 정부의 공식 발표에 대항하면서 진실을 밝혀냈다. 음성 파일을 내려 받아듣는 팟캐스트 등 온라인 기반 방송은 대규모 자본과 시설, 인력이 없이도 대안적 방송의 역할을 수행하고 있다. 이미 온라인 언론사는 '시민기자'와 스마트폰 등을 활용해 신속성 등에서 기존의 매체를 앞지르고 있으며, 주요 언론사들도 온라인에서의 이슈에 주목해 기사를 작성하고 있다. 온라인 공간의 발전은 비단 민간 영역에만 국한되지 않는다. 행정 및 대의 체계에 있어서도 획기적인 변화가 발생했는데 예를 들어 서울시장에게 140자 이하로 정책을 건의하면(트위터) 바로 그 처리과정이 실시간으로, 공개적으로 전달된다. 이처럼 온라인 매체들은 기성의 정보독점을 해체하는 동시에 새로운 권력을 형성하는 이중의 기능을 수행하고 있다.

『VOTE.COM』에서 딕 모리스는 "인터넷은 시민권을 다시 정의하게 될 것이다"라고 주장했다. 제4부라 불리는 대중 언론사(신문)는 "인터넷을 통해 직접 데이터를 얻어서 자기의 견해를 표명하는 일반대중들로부터 소외"되고 있으며, "새롭게 권력을 부여받은 다수의 대중이 제5부"라는 것이다. 클린턴 탄핵소추안에 대해 전체 미국인들의 16%만이 공정하게 보도되었다고 대답한 것에서 볼 수 있듯 방송매체의 힘은 확실히 감퇴되고 있고, 의회 역시도 선거 자금을 지원하는 압력단체의 영향력에서 벗어나 언제 어느 때건 의견을 표출하는 대중의 의사에 더욱 민감하게 반응하리라는 것이다.

정보통신 기술의 발전으로 등장한 새로운 매체는 권력과 자본에 비례하는 조직의 크기가 아닌, 자신과 동일하거나 자신에 공감하는 사람들의 규모에 의해 영향력을 획득한다. 각 개인은 쉽게 참여하거나 조직을 결성할 수 있으며, 의제를 설정하거나 이슈를 만들어낼 수 있다. 자발성과 참여, 수평적 소통과 관심에 따른 결합, 유연한 조직구조와 저비용 구조는 시민들의 직접행동으로 촉발된 새로운 '시민정치'의 흐름과 정확하게 일치한다.

온라인 공간의 발전은 직접민주주의의 가능성을 두 가지 측면에서 강화시키는데, 하나는 누구나 일상적이고 손쉬운 참여가 가능하다는 것이며, 다른 하나는 온라인의 활동이 온라인에 머무르지 않고 오프라인으로 확대된다는 것, 즉 오프라인과 결합된다는 것이다. 2013년 한국에서 일명 라면상무나 남양유업 등 소위 '갑'의 만행에 대한 고발과 이슈화는 전통적 매개체가 아니라 온라인 공간을 통해 이루어졌다. 소위 '거대 언론사'들이 외면했던 사건이었지만 온라인에서 이슈가 되었고, 불매운동 등으로 확산되면서 결국 거대 언론사들도 보도를 하지 않을 수 없게 되었다. '나꼼수'의 경우도 수용자가 단지 그것을 수동적으로 청취하는 행위에 머무르지 않고 선거 참여를 독려하거나 당내 경선에 참여한 특정 후보를 지지하는 등 오프라인과 연결시킴으로써 한층 큰 영향력을 갖게 되었다. 촛불시위의 경우도 온라인과 오프라인이 결합된 대표적인 사례인데, 온라인 공간과 오프라인의 결합 또는 상호 전환, 아니 '상호 전환 가능성'만으로도 큰 시너지 효과를 발휘하고 있다.

반대로 대안적인 수단으로서 온라인 공간의 확장은 기존 대의정치의 틀을 두 가지 측면에서 약화시킨다. 우선 온라인 조직의 유연성과 저비용 구조는 조직의 거대화에 따른 유연성 부족과 막대한 운용자금 소요라는 기존 대의정치조직이 갖고 있던 문제점을 더욱 심화시킨다. 다른 하나는 직접적인 참여를 체감하면서 대의조직에 대한 기대 또는 의존성이 약화된 점이다. 온라인 공간을 통해 정보의 획득과 동지의 발견이 용이해지고 다양한 선호의 조직이 쉬워짐에 따라 정당과 시민단체라는 대의 조직은 효용성이 감소하고 동시적 위기에 처하게 된다. 결국 대안적 정치 수단은 정치 독점의 이완과 다른 수단에 의한 정치를 활성화시키는 방향으로 작동할 가능성이 매우 높다.

3) 풀뿌리 자치와 참여: 권력의 다원화

'시민정치'가 가장 활성화된 영역은 '자치', 즉 풀뿌리 민주주의 영역이다. 풀뿌리 민주주의는 '대의정치의 시대'에도 존재했으나 시민들의 자치 공간이기보다는 대의정치의 하위 파트너에 가까웠다. 제헌 헌법에 명문화되어 있었던 지방자치제는 이승만 정권에 의해 정치적으로 보류되고, 무력화되었다가 4월 혁명 이후 정상화되었다. 그러나 그 직후 자행된 5·16 쿠데타에 의해 지방의회가 해산되고 단체장이 임명제로 바뀌면서 지방자치제는 다시 정지되었고, 1987년 민주항쟁에 의해 헌법이 개정됨으로써 비로소 실현될 기반을 마련했다. 그러나 지방자치제는 바로 실현되지 못했다. 1991년 부분적으로만 시행되다가, 1995년에 들어서야 '제1회 전국동시지방선거'가 진행됨으로써 정상화되었다. 지방자치제의 시련은 그만큼 그것이 갖는 민주적 효과가 크기 때문이었다.

'자치'에 기반을 둔 풀뿌리 민주주의는 '대의정치 시대'의 제도인 지방자치제를 넘어서는 개념이다. '시민정치'가 정치적 주체로서의 시민의 복원과 참여를 중심으로 한다고 할 때 풀뿌리 민주주의는 그것의 실현에 적합한 구조와 크기, 자원을 갖고 있기 때문이다. 즉, 풀뿌리 민주주의는 시민정치의 출발점인 시민이 주권자로서 자기결정성과 구성능력을 발휘할 수 있는 공간이다. 따라서 대의정치의 시대에는 정당의 지역조직과 국회의원에 의해 위로부터 관리되고 동원되는 '지방자치', 그리고 풀뿌리 민주주의가 좁은 의미의 제도로서만 이해되는 '지방자치제'는 '시민정치'가 구성하는 '풀뿌리 민주주의'와 필연적으로 충돌한다.

시민으로서의 삶은 자신의 공동체에 대한 책임과 의무, 자기결정성을 토대로 한다. 또한 인민주권과 직접민주주주의가 일상적으로 구현 가능한 공간은 국가공동체가 아니라 생활 정치 수준의 공동체이다. 따라서 시민정치가 추구하는 정치의 재구성은 풀뿌리 민주주의에서 이루어지는 '자치'로부터 출발한다. 풀뿌리 민주주의는 고대 그리스에서 이루어진 민주주의의 경우와 같이 누구나 참여할 수 있으며, 누구나 대표가 될 수 있다는 치자와 피치자의 동일성 원리에 기초한다. 시민들은 자신의 삶과 직결된 결정에 참여함으로써 다른 시민들과 소통하고, 공존하고, 결정하는 법을 배우게 된다. 풀뿌리 민주주의는 면대면 접촉이 가능한 공간에서 이루어지며 온라인 공간과 동일하게 수평성, 개방성, 자발적 참여를 근본 원리로 한다. 이와 같이 시민정치는 시민이 온전한 주체로서 활동 가능한 풀뿌리 민주주의에서 시작한다.

시민들이 참여해 구성하는 풀뿌리 민주주의는 지방자치를 기성 정치의 하위 파트너에서 벗어날 수 있게 해준다. 아래로부터의 정치교육과 훈련, 실천을 통해 '시민'을 양성함으로써 제도 정치의 한계를 보완하는 것은 물론, 시민 없는 시민운동의 빈틈을 메워줄 수 있다. 풀뿌리 민주주의에서 더 중요한 것은 '자치'의 영역에서는 기존의 권력 조직들의 영향력이 제한적이라는 데에 있다. 거대화되고 관성화된 정치권력뿐 아니라 경제, 언론 등 기존의 거대 권력들은 아래로부터 수평적이고 비자본주의적인 연대와 협동에 의해 재구성되는 시민들의 생활 정치에 개입할 여지를 찾기 어렵다.

강요가 아니라 생활적 필요로 인해 수평적으로 구성되는 풀뿌리 생활 정치는 생산자와 소비자 모두가 주인이 되는 생활협동조합의 사례나 공동주택, 공동육아, 대안교육, 다양한 품앗이 활동, 마을극장, 동네 도서관의 사례에서와 같이 기존의 정치, 경제, 사회, 문화적 권력을 기성 정치와 다른 방식으로 구성한다. 이것은 획일적이고 조작된 욕구가 아닌,

시민 본연의 필요와 그들만의 방식으로 생산과 소비를 순환시키고 교육과 문화를 생성한다. 이를 통해서 국가 공동체 수준에서는 불가능한 것으로 보였던 정치, 경제, 사회, 문화적인 권력의 재구성이 가능해진다. 즉, 자치와 참여를 통해 아래로부터 권력의 다원화가 진행되는 것이다.

4) 반대의 독점에서 대안의 조직으로

무상급식과 반값등록금처럼 시민사회가 제시한 어젠다가 선거의 주요 쟁점이 되는 모습을 보면 알 수 있듯, 정치 과정에서 시민사회의 주도성이 두드러지고 있다. 2011년 치러진 서울시장 보궐선거에서 제1야당은 후보를 내지 못했다. 이것은 집권 여당의 정책과 대립되는 시민사회의 어젠다가, 반대를 독점하고 있던 기존의 야당에 대한 지지가 아닌, 양자 모두에 대한 불신으로 표출된 결과라는 점에서 특징적이다. 즉, 과거의 민주 대 독재, 진보와 보수의 갈등과 달리 하나의 정치 세력이나 주의에 대한 반대가 아니라 구 정치체제와 질서에 대한 거부 및 새로운 정치에 대한 요구로 연결되고 있는 것이다.

『조용한 혁명(Silent Revolution)』의 저자로 유명한 잉글하트(Ronald Inglehart)에 따르면 새로운 세대는 부유한 경제적 환경과 복지혜택의 영향으로 이전 세대보다 탈물질주의적 경향을 보임으로써 전통적 이념 정당과 갈등하거나 정치 무관심층을 형성한다. 그러나 한국의 경우 IMF, 양극화, 비정규직 문제 등 경제문제의 지속성, 보편적 복지의 불충분성 등으로 인해 이른바 '물질주의적 경향'이 여전히 중요한 요소로 자리 잡고 있다.

지난 18대 대선에서 2030으로 불리는 젊은 세대의 경우 50~60대에 비해 투표율이 낮은 것으로 나타났다. 50대와 60대는 각각 82%와 80.9% 의 투표율을 보인 반면 20~24세는 71.1%, 25~29세는 65.7%, 30~34세는 67.7%, 35~39세는 72.3%의 투표율을 보였다. 그러나 50~60대가 이전 대선에 비해 5% 내외로 투표율이 상승한 반면 20대의 경우 20% 이상 상 승한 것으로 나타났다. 16대 대선과 비교할 경우에도 고연령층에 비해 저연령층의 투표율이 더 크게 상승한 것을 감안하면 젊은 세대가 정치 적으로 무관심하다는 탈물질주의 가설은 한국에는 적용되지 않는 것으 로 보인다. 세대별 지지후보와 투표율의 변동이 극단적으로 나누어진 것을 고려한다면 오히려 정치적 무관심은 일반적인 탈물질주의의 영향 이라고 하기보다는 '관심 있거나 지지할 만한 정치 세력의 부재'에서 비 롯된 것으로 볼 수 있다.

새로운 정치(세력)에 대한 요구는 다음과 같은 세 가지 원인에서 비롯 되었다. 첫째는 앞에서 살펴본 경쟁하지 않는 정당체제이다. 촛불시위 로 대표되는 시민들의 정치적 분출과 새로운 '시민정치'가 모색되는 상 황에서도, 야당은 새로운 정치에 대한 요구를 적극적으로 받아들이며 변화를 시도하는 대신 시민들에게 '반대의 독점'이라는 무기를 들이대었 다. 이른바 '민주 대 반민주' 구도는 전통적 야당의 이해관계에 중점을 둔 것으로, 새로운 정치를 갈망하는 시민사회의 요구와는 거리가 있는 것이었다. '반대의 독점'이 '정치의 독점'과 다르지 않은 상황에서 새로운 정치 세력에 대한 요구는 야당이라는 여당과 경쟁하는 세력에 대한 지 지가 아니라 새로운 세력에 대한 지지로 표출되고 있다.

둘째는 현존 정당들의 실패이다. 민주화 이후 제도적으로 안착한 정 당은 현실 속에서 위기를 겪고 있다. 2004년 총선에서 50여 년 만에 진 보 정당이 원내에 진출하면서 정치체제에 큰 변화가 나타날 것이라는 기대감이 고조된 적도 있었다. 그러나 진보 정당은 결국 패권적 정파주의에 따른 분당과 이른바 통합진보당 사태 등으로 기성 정치 세력 이상의 실망을 안겨주며 실패의 길을 걷고 있다. 민주당에 뿌리를 둔 개혁적 정치 세력은 이중적 전환의 위기에 직면해 있다. 하나는 외부의 변화에 따른 위기로 정당 일반의 위기이며, 다른 하나는 정당의 내부에서 비롯된 위기이다. 친노와 비노, 정치의 축소를 의미하는 새정치 등 시민들과의 소통이 아니라 자신들의 용어로 당내정치에 골몰하고 있는 상황에서 '정당 지체'가 발생하는 것은 필연적이다.

셋째는 기성 정당, 정치인들 중 새로운 정치에 부합하는 리더는 고사하고 정권교체를 실현할 리더가 부재한다는 것이다. 이 상황은 기존 정치에 대한 불신을 가중시켰다. 소위 '불임정당'이라는 오명의 근원지는 바로 리더, 즉 '인물'의 부재에서 비롯된 것이다.

정당의 실패에도 새로운 정치 세력에 대한 지지의사가 표출되고 있다는 것은 직접행동이 대의정치 일반에 대한 전면적인 탄핵이 아니라 현실 정치 세력에 대한 탄핵이었음을 의미하는 것이다. 즉, 시민들이 요구하는 새로운 정치란 시민이 참여하는 정치의 강화와 아울러 그것을 대표할 정치 세력의 구성을 내용으로 한다. 따라서 새로운 정치에 대한 지지는 '반대를 독점'한 정치 세력이 아니라 '대안을 조직'하는 정치 세력으로 향한다. 문제는 새로운 정치 세력이라 할지라도 그 세력이 제도화되는 순간 제도의 효과로 인해 '새로움'의 효과가 사라질 가능성이 높다는 것이다. 이 점에서 새로운 정치 세력에 대한 요구는 특정 정치 세력에 대한 것이 아니라 '시민정치'에 대한 방향성의 표명이다.

5. 시민정치와 정당의 과제

정당은 지속적으로 변해왔다. 상향식 공천, 진성당원제, 외부공천심사위원 위촉, 합당과 분당 등 다양한 시도를 해왔지만 지금까지 성공적으로 지속되고 있는 것은 거의 없다. 특정한 정당이 소멸할 수는 있어도 정치체제에서 정당 자체가 사라지지는 않는다. 그것은 현대 민주정치에서 정당이 수행하는 고유한 역할과 관련되어 있다. 아무리 새로운 정치세력이라 할지라도, 정당이 아닌 다른 방법으로 정치를 지속할 수는 없다. 정당정치는 두 가지 측면에서 장점이 있다. 무엇보다 중요한 것은 책임성이다. 시민단체를 포함해 정당이 아닌 단체들에게 유권자는 책임을 물을 수 없다. 그다음은 예측 가능성이다. 선거 공보물과 방송 토론회 등이 있기는 하지만 그럼에도 유권자들이 수많은 개별 후보들의 정책, 경력, 정견을 알기 어렵다. 선거 과정에서 정당은 유권자들에게 안정적인 선택지를 제공한다. 따라서 새로운 정치의 중요한 목표 중 하나는 정당을 대체할 다른 수단을 발명하는 것이 아니라 정당을 정상화하는 것이다.

1) 새로운 갈등의 조직화와 다양한 정당성의 획득

시민운동은 지속적으로 정치 개혁에 관심을 갖고 이를 실천에 옮김으로써 많은 성과를 얻을 수 있었다. 그러나 그것이 본질적인 정치변화로 이어지지는 못했다. 제19대 총선에서는 주요 시민단체 출신 인사들이 정당의 공천을 받아 정치에 직접 참여했지만 자신들이 원래 주장했던 정치 개혁을 추동하지는 못했다. 오히려 시민단체 출신 인사들의 정계

진출은 시민단체가 그동안 정당성의 근거로 삼았던 정치적 중립성과 관련된 논쟁을 불러일으키기도 했다.

정치적 변화를 요구하는 새로운 흐름으로 '나꼼수'와 같은 성격의 조직들이 탄생했다. 온라인 공간에 기반을 둔 이들 세력들은 절대적 소수임에도 그 집중도와 결속력, 확장성 그리고 오프라인으로의 전환 가능성으로 인해 정치적으로 큰 영향을 미쳤다. 이들은 19대 총선에서 민주당의 공천에 영향을 미치기도 했고, 당직 선거의 결과를 좌우할 만큼 강력한 영향력을 미쳤다. 그러나 지난 총선과 대선에서 드러났듯이 권력은 댓글과 청취, 트윗이 아니라 투표로부터 나온다. 비록 온라인 공간과 다양한 시민들의 직접행동이 정치와 선거에 큰 영향을 미칠지라도, 권력의 향배를 좌우하는 것은 일상적으로 드러나지 않지만 투표권을 갖고 있는 유권자들이다. 투표로 이어지지 않는 온라인 공간에서의 활동들은 그야말로 가상(cyber)의 활동에 불과한 것이다.

따라서 중요한 것은 결집되고 화려한 몇 개의 조직이 아니라 유권자들을 각양각색의 방식과 이해관계로 연결하고 있는 다양한 개인들과 조직들의 연결망이다. 즉, 정치의 확장을 통해 여러 세력이 갖가지 이유로 정치에 참여하게 만드는 것이다. 샤츠슈나이더는 정치에서 수나 영향력에서 압도적인 존재인 구경꾼을 늘리는 것이 중요하다고 역설했다. 싸움의 결과를 결정하는 것은 싸움의 중심에서 적극적으로 가담하는 소수의 개인들이 아니라 대개 구경꾼들의 몫이기 때문이다. 따라서 다양한 취향의 구경꾼들을 위해 새로운 갈등을 지속적으로 조직해야 한다.

새로운 갈등의 조직화 과정에서 무엇보다 중요한 것은 정당과 시민사회의 파트너십이다. 새로운 파트너십은 정치 영역에서 정당과 시민사회가 동원과 탈정치라는 도식에서 벗어나 상호의 역할과 관계를 재설정하는 것에서 출발한다. 새로운 대안은 정치에 대한 불신 속에서 정치를 축소하거나 우회할 때가 아니라 정치를 다양화하고 확장하며, 정치에 개입할 때 나오기 때문이다. 정치의 다양화와 확장에 있어 시민단체의 역할은 매우 중요하다. 여러 영역에서 활동하는 시민단체들은 고유한 영역과 네트워크를 통해 다양한 어젠다와 정치 영역을 만들어낼 수 있다는 장점이 있다. 이에 더해 시민단체들은 '권력 감시' 또는 '압력단체 감시' 활동을 통해 민주화와 함께 거대화된 언론, 재벌 등 압력단체를 여러 각도에서 감시하거나 대안을 제시할 수 있다. 시민단체의 또 다른 중요한 역할은 풀뿌리에서 발생할 수 있는 특수한 이익을 보편화시키는 것이다. 다양한 풀뿌리에서의 의제들을 특정 지역만의 의제가 아닌 보편적 의제로 확장시키거나 조정하는 역할이 그것이다.

정치의 확장에서 가장 큰 문제는 정당이다. 현재 정당들은 시민사회의 이해와 요구를 보편화해서 실현시키는 것이 아니라, 오히려 보편적인 이해와 요구를 특수화시키는 경향이 있다. 즉, 다양한 사회적 의제를 응집, 표출시키는 대신 그것들을 자기 이해관계에 따라 선별한 후 당파적 색깔을 덧씌워 동원하고 있는 것이다. 정당에 의해 동원된 이슈는 당내 정치와 정당 체계에서 반대 정당과의 갈등을 증폭시키는 매개체로 활용되어 새로운 갈등으로 부각된다. 즉, 정당을 통해 갈등이 해소되는 것이 아니라 확대되는 것이다. 동시에 이런 동원된 이슈는 시민사회의 다양한 요구를 사장시키는 강력한 힘으로 작용한다. 정당에게 필요한 것은 새로운 정당성을 획득할 수 있는 새롭고 다양한 편향성의 동원이다. 하나의 편향성이 아니라 다양한 편향성을 동원하는 것이다. 갈등의 재정의를 통해 그동안 대표하지 않았던 시민들을 정치에 참여시키는 것이 필요하다. 이런 측면에서 2012년 대선에서 다양한 이해관계자들을 엮어내었던 한나라당의 복지정책은 비록 2013년 세법개정 과정에서 드러났듯이 자신들의 정체성과 상충하는 모순적인 것이었지만 대단히 성공적인 선거기획이었다.

　정당과 시민사회의 새로운 파트너십은 일종의 정치의 확장 기획이다. 정치를 소수가 진행하는 거대 담론으로 축소시키는 것이 아니라, 대의제 민주주의와 상호 중첩된 형태로 생활 정치의 영역으로까지 확장시키는 것이다. 이것은 풀뿌리 민주주의 강화기획이자 시민사회 강화기획이며, 정당의 강화기획이다.

2) 일상적인 정치 경험: 풀뿌리에 기반을 둔 정치의 체험

　정당이 민주주의에서 필수적인 제도라 하더라도, 그것이 정치 과정에서 항상 중요한 역할을 수행하는 것은 아니다. 한국의 경험에 비추어보면 시민단체가 정당의 역할까지 수행하기도 했으며, 거버넌스 구조 등을 통해 직접 의사결정 과정에 참여하기도 했다. 지난 2011년 서울시장 보궐선거의 경우 정당이 수행한 역할은 부수적인 것에 지나지 않았다. 심지어 총선과 지방선거에서 해당 정당의 후보임을 드러내지 않는 것이 득표에 도움이 되는 경우도 있었다. 제도적으로 입법권은 주요 정당의 의원들로 구성된 의회에 있지만, 그것은 종종 행정부와 이해관계자들의 압력에 의해 구성되기도 했다.

　새로운 '시민 정치'는 고대 아테네의 민주주의처럼 모든 시민들이 일상적으로 직접 참여해서 결정하는 그런 정치가 아니다. 정치의 규모와 전문성을 따져보아도 그것은 불가능하다. 그렇지만 시민들은 일상적으로 정치에 참여한다. 시민들의 이전과 달리 자신이 주권자임을 확인하기 위해 선거일까지 기다리지 않는다. 시민들은 주기적으로 진행되는 선거가 아니더라도 일상적으로 다소 상이한 공간인 온라인과 풀뿌리 민주주의를 통해 정치를 체감할 수 있다. 풀뿌리 민주주의는 소규모성과 친밀성, 생활 정치의 성격을 갖고 있는 반면 온라인은 그 반대로 대규모성, 익명성, 주제의 포괄성이라는 성격을 갖고 있다. 지방자치단체에서 주민위원회, 참여예산제와 같은 다양한 거버넌스 구조는 시민들의 참여를 일상적인 것으로 만들고 있다. 그리고 온라인을 통한 민원이나 제안은 실시간으로 그 진행과정과 결과가 공개되고 있다. 이 점에서 새로운 정치는 과거와 같이 선거에 모든 것을 거는 '도박'이 아니라 일상적으로 가능한 것부터 하나하나 바꾸는 작은 변화와 관련되어 있다.

정당에게 중요한 것은 지역에서의 풀뿌리 자치를 통해 시민정치를 활성화시킴으로써 정치의 기반을 확보하는 것이다. 풀뿌리 자치에 대한 정당의 투자는 직접민주주의와 대의민주주의, 정당정치와 시민정치의 결합을 촉진시킨다. 풀뿌리에서 활성화된 시민정치의 체험은 결국 정당정치의 활성화로 이어지기 마련이다. 권력의 독점이 아닌 분산이 권력의 양과 질을 증대시키는 것이다. 예를 들면 유력 정치인이 '폼나게' 민원을 해결해주는 것이 아니라 생활 정치 수준에서 시민들이 자신의 삶을 결정할 수 있는 권한을 부여하는 것이다. 정치인과 비정치인을 구분하고 정치를 정치인의 전문 영역으로 구축하는 것이 아니라, 일상적 소통과 참여의 영역으로 개방하는 것이다. 이 과정은 정치를 더 쉽게 만드는 작업과 결부되어야 한다. 복잡하고 어려운 것에는 누구든 선뜻 참여하기 힘들다. 자원봉사, 기부 등이 ARS, 저금통, 지하철 일회용 승차권 기부처럼 부담 없이 쉽게 참여할 수 있는 것으로 바뀌면서 활성화된 것처럼, 정치도 일상적인 곳에서 쉽게 참여할 수 있어야 한다.

3) 구성적 정치로의 전환: 부정의 정치에서 긍정의 정치로

한국 정치의 역사는 지난한 구조조정의 역사나 다름없다. 경제 영역에서 어설픈 구조조정이 위기와 악순환을 불러오듯이 정치 영역에서도 '눈가리고 아웅'하는 식의 변화는 위기와 땜질처방의 악순환 속에서 정치 불신을 가중시킬 뿐이다.

정부의 실패에도 야당을 지지하지 않는 여론조사 결과가 보여주듯이 이제는 폐쇄적 정당구조가 형성한 카르텔 구조 속에 안주하며 자기 몫 챙기기에만 급급한 진보개혁 세력의 정치적 효용성은 점차 쇠퇴하고 있다. 특히 자신의 정체성과 정책이 아닌, 보수 정당의 실패에서 오는 반사이익과 세계 어느 정당에서도 찾아볼 수 없는 희한한 공천쇼를 통해 권력을 획득하려는 개혁적 정당은 한국 민주주의 발전에 천덕꾸러기가 된 지 오래이다. 정당과 시민운동의 동시적 위기가 말해주듯이 부정적 틀에 갇혀 축소된 정치 안에서는 시민사회 역시도 자유롭지 못하다. 정치에 대한 부정적 인식은 정당 자신의 실패에 의해 시작되었고, 시민운동과 언론, 재벌 등이 중립성, 성장, 효율성 등의 논리를 정치에 덧씌움으로써 완성되었다. 새로운 정치로의 전환을 위해서는 무엇보다 정치에 덧씌워진 부정적 인식틀을 넘어 긍정의 정치로 전환하는 것이 필요하다. 긍정의 정치는 구성의 정치, 즉 무언가를 배제하고 반대하는 대신 형성하고 만들어 가는 정치이다.

민주개혁 세력의 구성적 정치로의 전환을 위해서 가장 우선적으로 요구되는 것은 민주개혁 세력이 '~에 반대'하는 부정적 방식이 아니라 긍정적인 방식, 즉 자신의 가치와 지향으로써 정체성을 드러내고 지지를 확보하는 것이다. 여기서는 민주 대 반민주가 아니라 어떤 민주주의를 지향하는 것인지가 핵심이다. 지난 대선에서 보수 세력은 진보의 영역이었던 복지를 자신의 것으로 선취했다. 반면 진보 세력은 자신의 가장 중요한 영역을 보수 세력에게 내줌으로써 진보적인 어젠다들을 정치적 차별성이 제거된 '보편적'인 것으로 만들었다. 구성적 정치의 측면에서 보자면 말만 앞세웠다는 평가를 면하기 어렵겠지만, 보수 세력의 전략이 훨씬 앞섰던 것은 사실이다.

다음으로 구성적 정치에서 중요한 것은 정당과 경쟁하는 탈정치적인 시민운동에서 정치에 참여하는 시민운동으로의 전환이다. 대표적인 사례는 미국의 대통령 선거에서 영향력을 발휘한 '무브온'이다. 무브온은 다수의 힘으로 나쁜 정치를 심판하는 운동이 아니라 다수의 시민이 정치에 참여해서 구성하는 운동이다. 반대로서의 정치, 심판으로서의 정치가 아니라 시민이 요구하는 것들을 하나하나 시민과 함께, 시민의 힘으로 만들어가는 운동이다.

앞의 것에 비해 부차적이긴 하지만, 시민사회와 언론에서 제시하는 강령과 공약 프레임은 정치를 축소시키고 부정적인 것으로 만드는 또 하나의 요인이다. 샤츠슈나이더에 따르면 "정당의 강령이 정당과 일반 대중 간의 계약은 아니다. 그것은 태도의 천명이다 …… 정치적 약속이 당의 손발을 하나의 정책에 결박시키는 결과를 초래할 수도 있다. 새로운 상황 속에서 운신 폭을 좁히고, 해결책 강구의 기회를 박탈해버린다". 실천 가능한 공약을 제시하고 실천하는 것은 매우 중요하다. 그러나 정당이 국가기관이 아닌 이상 모든 일을 세밀한 수준으로 예측하는 것은 불가능하다. 또한 선거는 실현 방향과 그것을 실현하고자 하는 태도를 이야기하는 공간이다. 따라서 정확한 예측과 공약의 정확한 실현이 아니라, 그러한 방향성에 대한 판단이 필요하다. 그렇지 않을 경우 이명박 정권에서 폭력적으로 진행한 4대강 사업의 경우처럼 환경파괴와 더불어 불필요한 자원을 낭비하는 경우가 발생할 수 있다.

맺음말

민주화는 시민단체뿐 아니라 언론, 재벌, 그리고 다양한 압력단체의 능력도 증대시켰다. 시민사회라는 공간은 진보개혁적 시민운동의 전유물이 아니라 다양한 압력집단이 경쟁하는 공간이기 때문이다. 최근 들어 시민사회의 영역에서 두드러지게 확장된 것은 풀뿌리 단체들과 보수단체들이다. 이른바 중앙의 시민단체와 다른 궤적으로 발전한 풀뿌리 단체들은 지역과 주민 속에 뿌리를 내리고 점차 그 영역을 확대하고 있다. 보수 세력에 의해 제조되고 보수정권의 집권에 동원됨으로써 전성기를 누리고 있는 새로운 보수단체들은 다양성과 차이, 참여에 반대하는 '극단적 우익'의 형태를 보이면서 시민사회 영역을 축소, 왜곡시키고 있다. 보수 세력의 정치 기획으로 탄생한 이들 보수 시민단체들은 시민사회 내의 다양한 시민운동과 달리 성찰의 부재와 위로부터의 동원에 대한 순응성 때문에 하버마스(J. Habermas)가 이야기한 '체제에 의한 생활세계의 식민화'를 위한 도구에 지나지 않는다.

정보통신의 발달, 지구화, 환경위기, 새로운 시민의 등장과 같은 환경의 변화는 정당과 시민사회 모두에게 영향을 미쳤다. 변화된 환경은 정치를 축소하는 경향성과 확대하는 경향성 모두를 포함하고 있다. 분단상황과 경제위기, '자유의 만성적 결핍'과 권위주의적 유산이 잔존한 권력기구의 공작 등으로 한국의 시민사회는 언제든 위축될 가능성이 있다. 그리고 시민사회의 위축은 정당의 위기로 이어지고, 정치체제의 위기라는 악순환으로 이어진다.

환경의 변화, 특히 정보통신 기술의 발달과 대의정치에 대한 불신에서 출발한 직접행동은 '시민정치'라는 새로운 정치적 흐름으로 이어졌다. '시민정치'는 완성된 정치가 아니라 시민들의 지속적인 참여와 실천을 통해 확장되고 완성되는 가변적인 정치이다. '시민정치'는 시민들만의 정치도, 그렇다고 시민운동과 정당만의 정치도 아니다. 앞에서 살펴보았듯이 '시민정치'는 시민의 참여와 시민운동, 정당의 활성화를 통해 실현될 수 있다. 그리고 시민의 참여와 시민운동, 정당의 활성화는 개별 주체들의 약진에 의해서가 아니라 상호보완을 통해 시너지 효과를 발휘할 때 가능한 것이다. 따라서 과거의 정치 개혁이 정당과 정당체제 개편이었다면 새로운 정치를 위한 정치 개혁은 시민, 시민운동, 정당의 역할과 관계를 재구성하는 과정을 포함한다.

정치 재구성의 출발점이자 목적지는 정치의 주체이자 주권자인 시민이다. 주권자로서 자신을 불러낸 시민들은 선거 때에만 자유로운 시민으로 퇴각하는 대신 대안적 정치 수단을 통해 지속적으로 정치에 참여하려 하고 있다. 시민들의 정치 참여는 온라인에서의 여론형성과 직접행동, 그리고 풀뿌리 영역에서의 참여 등에만 국한되지 않는다. 제도 정치 세력이 변하지 않는다면 시민들의 정치 참여의 결과는 제도화되지 못하거나 왜곡된 방향으로 제도화되어 시민사회의 발전을 제약할 가능성이 높기 때문이다. 따라서 제도 정치, 특히 정당의 개혁은 시민정치의 중요한 과제 중 하나이다.

정당은 기본적으로 당원에 근거한다. '시민정치'의 확대를 위해서는 전통적인 당원개념에 대한 인식의 수정 또는 새로운 인식이 요구된다.

당원에 대한 전통적인 해석에서 벗어나 정당이나 정책에 대한 지지자, 참여자까지 포괄하는 새로운 '당원'을 만드는 것이다. 노사모의 사례와 같이 새로운 당원들은 이미 기존의 선거에서도 큰 영향력을 발휘했다. 정당의 선거자금에 있어서도 '돼지 저금통', '클라우드 펀딩'과 같이 참여하는 시민들의 역할과 기여가 당원의 역할과 기여를 넘어서고 있다. 선거 과정에서도 당원이 아닌 일반 지지자들의 지지활동이 매우 두드러진다. 당비를 냄으로써 참여하는 전통적인 방식이 아니라 참여함으로써 당의 재정에 도움이 되는 방식으로 정치의 방향이 변하고 있다. 이처럼 정치 개혁과 시민정치 활성화 과제는 이미 정당의 과제로 넘어온 지 오래이다. 문제는 이와 같은 흐름을 정당이 적극적으로 받아들여 '시민정당'으로 거듭날 수 있는가, 아니면 새로운 시민정치의 흐름을 동원해 '한 번 써먹고 말' 것인가 하는 것이다. 새로운 시민정치의 흐름에서 정당의 개방, 즉 개방적 정당으로의 전환은 불가피한 것으로 보인다. 이것은 정당과 정치인이 시민의 위에서 군림하는 것이 아니라 시민과 동등한 정치 파트너가 되는 것에서 출발한다.

제3장

정당 지지율과 대통령 지지율은
정치 지형을 제대로 보여주고 있을까?

윤희웅

대통령 지지율과 정당 지지율은 정치 세력에 대한 대중의 평가를 살펴보는 핵심 지표로 사용되고 있다. 특히 선거를 앞두고 여당과 야당의 성적을 전망하는 데에도 이 두 가지 지표는 빈번하게 활용된다. 여당 지지율과 대통령 지지율이 높을 경우 사람들은 이를 근거로 여당이 더 많은 유권자의 지지를 받고 있으며, 다가오는 선거에서도 승리할 것이라 생각한다. 반면 여당 지지율이 낮고 야당 지지율이 높거나, 대통령 지지율이 낮으면 야당이 승리할 것이라고 전망하는 경우가 많다.

사실 정당 지지율과 대통령 지지율은 지표로서 각기 상당히 다른 성격을 띠고 있다. 하지만 이 두 가지는 모두 '정치적' 지지율로 인식되고 있고, 또 무분별하게 이용되고 있다. 용어에서 지지율이라고 부르고 있으니 별 의심을 하기 어려운 것이다. 하지만 '대통령 지지율'을 대통령에 대한 대중의 '정치적 지지율'이라고 보는 것은 문제가 아닐 수 없다.

정당 지지율을 알기 위해 조사기관들은 '어느 정당을 지지하십니까?'라는 질문을 사용한다. 이를 정당 지지율이라 부르는 것에는 아무런 문제가 없다. 그러나 대통령 지지율을 조사할 때는 '대통령이 (최근에) 대통령으로서 일을 잘하고 있다고 보십니까? 잘못하고 있다고 보십니까?'라고 묻는다. 이 문장을 자세히 살펴볼 필요가 있다. 여기에는 '지지'라는 용어가 결코 들어가 있지 않다. 단지 대통령의 업무에 대한 긍정적 또는 부정적 평가만을 요구할 뿐이다. 그런데도 대통령 지지율이라고 부른다. 이는 적확하지 않는 용어 사용이라 할 수 있다. 지지율이 아닌 것을 지지율이라 부르는 것은 정치적 오해를 낳거나 여론조사에 대한 불신을 강화하는 요인이 된다.

대통령 국정 수행에 대한 긍정적인 평가의 비율을 대통령 지지율로 부르는 것은 부적절하다. 그것은 정치적 지지 여부와 분명한 차이가 있기 때문이다. 당연히 이것은 정당 지지율과도 다른 특성을 지니며, 따라서 정세 분석 및 선거 결과 전망에서 대통령 지지율을 과도하게 활용하는 것에는 신중해질 필요가 있다.

정당 지지율 역시 완벽한 지표는 아니다. 정당 지지율도 한국적 상황에서 정확한 정치 지도(political map)를 보여주지 못한다는 한계가 있다. 한국에서는 대체로 진보적 경향의 야당 지지율이 선거 때는 보수적 경향의 여당 지지율과 비슷한 수준으로 나오다가 선거가 끝나면 낮아지는 현상이 나타난다. 이를 두고 야당의 '지지층이 무너졌다'고 표현한다. 또한 야당은 여당과의 평소 지지율을 좁히기 위해 애를 쓴다. 하지만 좀처럼 좁혀지지 않는다. 이는 야당 지지층이 여당 지지층과 달리 자신들의 정당을 '절대적'으로 지지하는 게 아니라 선거 때 보수적 경향의 여당을 견제해달라는 의미로 '조건부', '상대적' 지지를 보내기 때문이다. 그래서 평소에는 야당을 지지하지 않다가 선거가 되면 야당에 대한 (상대적) 지지를 표출하는 것이다. 이러한 정당 지지율에 대한 이해를 하지 않고 야당 지지율의 상승과 하락을 다른 요인에서 찾는 것은 설명력이 떨어질 수밖에 없다.

1. 한국에서의 대통령 지지율과 정당 지지율의 특성

1) 대통령 지지율에 대한 이해

'지지(支持)하다'라는 말의 의미는 무엇인가? 이의 사전적 뜻은 '어떤 사람이나 단체 따위의 주의·정책·의견 따위에 찬동해 이를 위해 힘을 쓰다'라는 것이다(국립국어원 표준국어대사전). 즉, 단순한 평가가 아니라 의지까지 반영된 내면의 마음을 의미한다. 일상에서는 'A 후보를 지지했다', '당신의 의견을 지지한다', 'ㅇㅇ의 정책을 지지한다' 등 주로 정치적이면서 적극적인 심리를 담는 데 사용된다.

따라서 대통령의 국정수행에 대해 잘하는지, 잘못하는지를 단순하게 평가한 것을 가지고 지지율이라고 부를 수는 없는 일이다. 이는 마치 강렬한 햇빛을 피하기 위해 쓴 '선글라스'를, 눈을 가린다고 그냥 '안경'이라고 부르는 것과 다를 바 없다. 선글라스와 안경은 눈에 쓰는 물건이지만 분명히 용도가 다른 것이다. 대통령에 대한 것이라고 막연히 대통령 지지율이라고 부르면 안되는 것이다. 대통령 지지와 대통령 업무수행평가는 분명히 다르기 때문이다.

대통령 지지율이라는 표현을 고수하고자 한다면 정당 지지율의 질문 문구처럼 대통령 지지율에서도 '대통령을 지지하십니까?'라고 물어야 맞다. 안경이라고 부르려면 선글라스의 색깔을 벗겨내야 하지 않겠는

가. 실제 질문 내용을 모르는 경우에 대통령 지지율이라는 표현을 들으면 당연히 '대통령을 지지하십니까?'라고 물어서 결과를 모은 것으로 오해할 수밖에 없다. 그런데 한국 조사기관들은 여론조사의 초창기부터 대통령이 일을 잘하느냐, 잘못하느냐 또는 직무를 잘 수행하느냐, 잘못 수행하느냐는 물음을 사용해왔다. 사실상 정형화되어 있다 할 수 있다.

정당 지지율의 질문은 '다음 중 어느 정당을 가장 지지하십니까?'로 묻는다. 미국에서는 정당에 대한 지표로 정당일체감을 주로 묻는다. 즉 '지금, 정치적으로 볼 때, 당신은 공화당 성향입니까, 민주당 성향입니까, 무당파 성향입니까(In politics, as of today, do you consider yourself a Republican, a Democrat, or an independent)?'라는 질문을 사용한다.

정당일체감은 어떤 면에서 단순한 정당 지지 이상으로 강렬한 내면의 성향이라고 할 수 있다. 정당에 대한 응답자의 정치적 정향을 더 잘 드러내는 것이기 때문이다. 다만 한국에서는 정당들의 정치 지향성이 분명하지 않고, 미국처럼 안정적 양당제가 정착되어 있는 것도 아니며, 주기적으로 제3당이 출현하기도 하기 때문에 정당일체감 질문이 적절하지 않다. 더구나 정당에 대한 일상적 불신이 존재하기 때문에 정당과의 일체감을 묻기 어렵다.

'어느 정당을 지지하십니까?'라고 묻는 정당 지지율은 정당일체감 보다 내면의 강도가 약하기는 하지만 정당에 대한 정치적 정향과 태도를 알아내는 데 별 부족함이 없다. '지지'라는 것도 사실 매우 강한 내면의 표출이어서 쉽게 변하지 않는다. 게다가 정당 지지율은 대통령 지지율보다 탄력성이 낮으며, 이 때문에 정당 지지율은 선거에서도 제법 강력한 힘을 발휘한다. 분석과 전망을 위한 지표로 사용하는 데 상대적으로 유용한 편이라 할 수 있다.

대통령 지지율처럼 정당이 일을 잘하고 있는지, 잘못하고 있는지 물으면 어떻게 될까. 당연히 애초 정당 지지율과 상이하게 나올 것이다. 새누리당과 민주당의 여당, 야당 역할 평가 조사가 이루어진 적이 있다. 요즘 새누리당이 여당으로서 역할을 잘하고 있는지 잘못하고 있는지 물었는데, 응답자의 31%는 '잘하고 있다', 53%는 '잘못하고 있다'고 답했다. 또 민주당이 야당으로서 역할을 잘하고 있는지 잘못하고 있는지에 대해서는 응답자의 10%가 '잘하고 있다', 78%는 '잘못하고 있다'고 답했다(한국갤럽, 2013.11.25~28).

이것을 같은 조사에서 나온 정당 지지율과 비교해볼 필요가 있다. 당시는 통합 전이었고 안철수 신당을 포함하지 않은 상태였는데, 새누리당 43%, 민주당 20%였다. '새누리당이 일을 잘하고 있다'는 응답은 31%였는데 새누리당의 지지율은 43%였다. 12%p의 격차였다. 이는 무엇을 말하는가. 정당 지지율과 정당에 대한 업무평가는 전혀 다름을 보여주는 것이다. 만약 새누리당 지지율과 여당으로서의 새누리당에 대한 평가가 비슷한 지표라면 결과 역시 비슷해야 할 것이다. 그리고 새누리당 지지층의 대부분이 여당으로서의 역할 수행 평가에서 '잘하고 있다'는

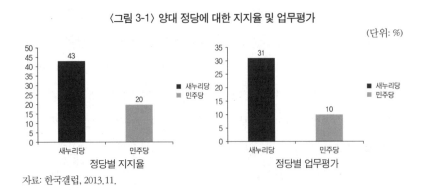

〈그림 3-1〉 양대 정당에 대한 지지율 및 업무평가

(단위: %)

자료: 한국갤럽, 2013.11.

긍정 응답을 내놓아야 한다. 그렇지만 해당 조사에서 새누리당 지지자들 중 56%만이 여당으로서의 역할 수행에 대해 긍정적 평가를 내렸다. 서로 의미가 다름을 여실히 보여주는 것이다.

민주당의 경우 당시 지지율이 20%였지만, 야당으로서의 역할 수행에 대한 긍정적 평가는 10%였다. 마찬가지로 당 지지율과 역할 수행 평가는 서로 다른 의미를 갖고 있음을 보여주는 것이다.

정당 지지율과 대통령 지지율이라고 부르려면, 실제 조사에서 사용되는 질문의 내용도 동일해야 할 것이다. '정당을 지지하십니까', '대통령을 지지하십니까'라고 말이다. 그런데 하나는 '지지하십니까'라고 묻고, 다른 하나는 '일을 잘한다고 보십니까'라고 물어본 다음 나온 결과에 대해서 모두 '지지율'이라는 명칭을 붙이니 문제가 아닐 수 없다.

'대통령 지지율 56.4%, 올 들어 가장 높아', '대통령 지지율 55%로 2%p 상승', '대통령 지지율 순풍 …… 55%', '대통령 지지율 60% 선 견고'. 신문기사의 헤드라인들이다. 사람들은 이를 보며 %로 표시된 만큼의 국민이 대통령을 정치적으로 지지한다고 이해하게 된다. 대통령으로서 일을 잘하고 있다는 단순한 업무평가인데 이를 (정치적) 지지율이라고 하니 국민의 오해를 낳을 수밖에 없는 것이다. 국민만 오해하는 것이 아니다. 정치인들도 '대통령 지지율이 높다'는 표현을 수시로 사용한다. 어쩌면 언론도 제대로 모를 수 있다. 조사에 사용된 질문을 꼼꼼하게 보지 않고 기사를 작성하고 관성적으로 이전에 사용된, 다른 데서 사용하고 있는 '대통령 지지율'이라는 표현을 사용하고 있을 가능성이 높다.

미국에서도 지지율(supporting rate)이라는 용어는 사용하지 않는다. 재선을 앞두고 있는 상황에서 경쟁후보와 대비해 가상대결의 지지 여부를 묻는 경우는 있으나, 대통령 1인에 대한 평가는 '찬성률(approval rate)'이라고 부른다. 실제 사용하는 질문도 '대통령의 업무 방식에 찬성하십니까, 찬성하지 않으십니까(Do you approve or disapprove of the way the President is handling his job as president)?'이다. 처음 질문에서부터 찬성(approval)이라 표현하고 그 결과를 찬성률이라 부르는 것이다. 사실 '찬성'이라는 말은 지지(supporting)보다 호응의 강도가 약한 단어이다. 하지만 한국에서 사용하는 질문인 '일을 잘하느냐'보다는 훨씬 강한 표현이라 할 수 있다. 굳이 우열을 정한다면 우리가 사용하는 단순 업무평가(doing well or bad), 찬성, 지지 순으로 강도가 높아진다고 할 수 있다.

여기서도 우리가 사용하는 '대통령 지지율'의 문제가 부각된다. 가장 비정치적인 표현으로 질문하고서는 이를 미국에서 사용하는 찬성보다 더 강한 의미를 갖는 지지라고 표현하기 때문이다. 질문의 내용과 호칭 의미가 일치하지 않는다는 것을 다시 한 번 확인할 수 있다. 미국의 대통령 직무 평가 양식을 가져와 사용하면서 그 결과를 정치적 평가로 받아들인 것은 아쉬운 전례라 할 수 있다. 애초에 정치적 평가에 맞는 질문 내용을 적용했거나, 해당 질문 내용의 결과를 대통령 지지율이라고 부르지 않았다면 이후 야기되는 문제들을 줄일 수 있었을 것이다.

정치적으로는 대통령을 지지하지만 대통령이 일(직무)은 못한다고 말할 수 있다. 또 지지하지는 않지만 일은 잘한다고 답할 수 있다. 앞서 계속해서 언급했듯이 정치적 지지와 대통령 국정수행에 대한 긍정적 평가는 서로 다를 수 있는 것이다. 그렇기 때문에 여당 지지층에서조차 대통령의 직무에 대해 100% 긍정적인 평가를 내리지 않는 것이다. 사실상 정치적 반대층이라 할 수 있는 야당 지지층에서 어느 정도 긍정적 평가를 내리는 것 또한 같은 이유에서이다.

'대통령 지지율'이라는 표현의 문제를 확인하기 위해 이명박 대통령

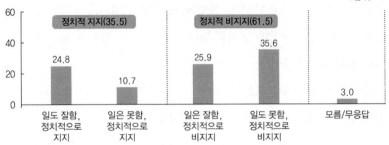

〈그림 3-2〉 대통령 업무평가 및 정치적 지지 여부

(단위: %)

자료: KSOI, 2011.2.20.

재임 기간인 2011년 2월에 다음과 같은 설문을 했다. 우선 '선생님께서는 이 대통령에 대한 다음 평가 중 어디에 해당하세요?'라고 물어본 뒤, 4개의 선택지를 제시한 것이다(KSOI, 2011.2.20). ① 일도 잘한다고 보고, 정치적으로도 지지한다. ② 일은 잘한다고 보지만 정치적으로는 지지하지 않는다. ③ 일은 잘못한다고 보지만 정치적으로는 지지한다. ④ 일도 잘못한다고 보고, 정치적으로도 지지하지 않는다.

결과는 '일도 잘하고 정치적으로도 지지한다' 24.8%, '일은 잘못하지만 정치적으로 지지한다' 10.7%, '일은 잘하지만 정치적으로는 지지하지 않는다' 25.9%, '일도 잘못하고 정치적으로도 지지하지 않는다' 35.6%로 나왔다. 여기서 대통령 직무에 대한 평가와 정치적 지지 사이에 차이가 있음을 뚜렷하게 확인할 수 있다.

만약 지지와 업무평가가 동일하다면 '일은 잘못하지만 정치적으로 지지한다'와 '일은 잘하지만 정치적으로 지지하지 않는다'는 응답이 나오면 안되는 것이다. 그러나 실제로는 각각 10.7%와 25.9%의 사람이 그러한 응답을 했다.

이쯤에서 한 가지 문제를 제기할 수 있다. 그럼 정당 지지율처럼 대통령에 대해서도 지지 여부를 직접적으로 묻고 그걸 대통령 지지율이라고 부르면 되지 않느냐고 말이다. 그렇게 되면 질문 내용과 호칭의 불일치 문제를 해소하고 정확한 정치적 평가를 가늠할 수 있으니 분석에도 유용할 것이라는 주장이다.

대통령제 국가에서 대통령 지지율을 직접적으로 잘 묻지 않는 것은 정치체계가 고려된 측면이 있다. 대통령제 국가에서는 대통령의 (정치적) 지지율이 '실제적 의미'를 갖지 않는다. 지지율이 떨어진다고 대통령을 바꿀 수는 없다는 뜻이다. 임기가 정해진 상황에서 지지율은 상황 변화에 아무런 영향을 주지 못한다. 앞서 본 미국 역시 지지(support) 여부를 묻지 않는다. 재선 도전을 앞두고 있는 경우 경쟁정당 후보와의 가상 대결을 통한 지지율을 묻는 경우는 별도로 있지만 말이다.

반면 일본처럼 내각제 국가에서는 지도자에 대한 지지 여부를 직접 물을 수 있다. 일본의 경우 아베 총리를 지지하느냐, 또는 아베 내각을 지지하느냐를 묻는다. 내각제에서는 지지율이 낮으면 의회는 내각 불신임을 하게 되고, 총리는 의회를 해산하는 방향으로 가기 때문에 대중의 정치적 지지가 매우 중요한 의미를 갖는다고 할 수 있다.

2) 정당 지지율에 대한 이해

앞서도 밝혔듯이 정당 지지율은 '어느 정당을 지지하십니까?'라는 질문을 통해 응답을 받는다. 정당 지지율은 대통령 지지율처럼 표현에 문제가 있는 것은 아니다. 다만 정당 지지율에서는 각 정당 지지층의 특성이 다르다는 점을 이해해야 흐름에 대한 분석이 정확해진다. 한국적 특수성으로 인해 보수 정당의 지지층과 진보 정당의 지지층은 각기 다른 눈으로 자신의 정당을 바라보기 때문이다.

한국갤럽 조사에 따르면, 2012년 대선 직전 야당인 민주당의 지지율은 37%로 39%였던 새누리당과 거의 차이가 없었다. 하지만 같은 해 8월에는 22%에 지나지 않았다. 대선이 끝나고 민주당의 지지율은 다시 20% 내외로 돌아갔다.

과연 4개월 사이에 15%p나 정당 지지율이 상승한다는 게 자연스러운 일일까. '지지한다'는 깊은 내면의 상태가 이렇게 짧은 기간에 변한다는 건 흔한 일이 아니다. 반면 같은 기간 새누리당의 지지율은 35~40% 사이에서 비교적 안정적으로 유지되었다.

대선이 지나고 다시 낮아진 민주당의 지지율을 놓고 '지지층이 붕괴되었다'고 표현하기도 하는데 그것은 정확한 분석이 아니다. 새누리당의 지지층은 정당일체감에 의한 지지경향이 비교적 강하다고 할 수 있다. 50세 이상 및 보수 성향층을 중심으로 하는 새누리당 지지층은 충성도가 높다. '나의 정당'이라는 인식이 작용하고 있다는 것이다.

반면에 야당인 민주당의 지지층은 사정이 다르다. '나의 정당'이라는 정당일체감과, 거기에서 나오는 지지경향이 약하다. 물론 그런 특성의 지지층이 없는 것은 아니다. 선거가 없는 시기에도 지지를 드러내는 사람들의 경우, 정당일체감이 강하다고 볼 수 있다. 그러나 선거 때 유입되는 지지층의 상당수는 민주당을 '절대적'으로 지지해서가 아니라 보수 세력의 확장을 견제해달라는 의미에서 '조건부', '상대적' 지지를 보내는 것이다. 이 때문에 새누리당과 맞붙게 되는 전국 선거가 되면 민주당의 지지율이 상승하는 것이다. 이때 유입된 지지층은 선거가 끝나 새누리당에 대한 견제 필요성이 약해지면서 다시 무당파로 옮겨간다.

이는 여당이 보수 정당으로서 지지층과의 유대감을 긴밀히 형성해온

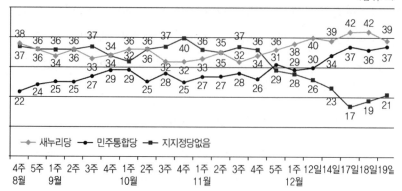

〈그림 3-3〉 대선 직전 정당 지지율

(단위: %)

자료: 한국갤럽.

반면, 진보 경향의 야당은 지지층과의 일체감 형성에 실패하며 견제·심판 선거에 의존해온 결과라고 할 수 있다. 지지자들의 충성도 역시 당연히 낮을 수밖에 없다. 진보 정당은 선거 때마다 보수 정당에 대한 견제와 심판의 '도구'로서만 부각되는 것이다. 이러한 특성을 감안하면, 2012년 대선 이후처럼 전국적 선거가 끝난 다음 민주당의 지지율이 절반 수준으로 빠지는 것을 쉽게 이해할 수 있다.

2. 정당 지지율과 대통령 지지율의 선거 결과 연관성

1) 대통령 지지율

대통령 지지율은 실제 선거 결과와 어떤 상관성을 갖는가? 대통령 지지율은 대체로 임기 초에 비해 뒤로 갈수록 하락하는 경향을 보였다. 그래서 대통령 지지율이 낮으면 여당이 패배한다는 설명이 그럴싸하게 들렸다. 대통령 임기 중반 또는 후반에 실시되는 선거에서는 여당이 패배하는 경우가 많았기 때문이다.

물론 대통령의 업무 수행에 대해 긍정적으로 평가하는 사람들 중에는 대통령을 정치적으로도 지지하는 사람이 많을 가능성이 있다. 또 대통령 업무에 대해 부정적으로 평가하는 사람들 중에는 대통령을 정치적으로 지지하지 않는 사람들이 많을 가능성이 있는 게 사실이다. 이를 부정할 수는 없다. 문제는 현실에서 대통령 지지율을 정당 지지율과 동일한 수준의 정치적 지지라고 받아들이는 사람이 많다는 점이다.

만약 대통령 지지율이 정당 지지율과 마찬가지로 여권에 대한 정치적 지지율이라면, 대통령 지지율 지표를 통해 여당의 승패 여부에 대한 직접적인 설명이 가능해야 한다. 즉, 대통령 지지율이 높을 때는 여지없이 여당의 승리로, 낮을 때는 여당의 패배로 선거 결과가 나와야 할 것이다. 이러한 가설이 엄밀한 법칙성을 지니려면 대통령 지지율이 높으면 항상 여당이 승리한다는 역의 관계도 증명되어야 한다.

대통령 지지율이 높고, 여당이 선거에서 승리한 사례는 제법 존재한다. 대표적으로 1998년 김대중 정부 1년차에 실시된 지방선거와 2008년 4월 이명박 정부가 출범하자마자 실시된 총선에서는 대통령 지지율도 높았고, 선거 결과도 여당의 승리였다. 당연히 임기 초반이었기 때문에 대통령 지지율이 고공행진을 하고 있을 때였다.

하지만 항상 그런 것은 아니었다. 대통령 지지율이 높았음에도 여당의 성적이 썩 좋지 않은 사례 역시 존재한다. 2000년 4월에 치러진 총선이 그 예이다. 승패 기준이 정해져 있지 않기 때문에 단정적으로 말할 수는 없지만, 당시 여당이었던 새천년민주당은 지역구 96석과 비례대표

〈표3-1〉 2000년 총선 정당별 당선자 수

(단위: 명)

정당	지역구	비례대표	합계
한나라당	112	21	133
새천년민주당	96	19	115
자유민주연합	12	5	17
민주국민당	1	1	2
한국신당	1	0	1
무소속	5	-	5
합계	227	46	273

〈표3-2〉 2000년 4월 총선 전 김대중 대통령 지지율 추이

(단위: %)

조사시기	1월	2월	3월	4월
지지도	75.3	71.9	72.6	72.3

자료: 리서치앤리서치.

19석으로 115석을 얻었다. 야당이었던 한나라당은 지역구 112석, 비례대표 21석으로 총 133석을 얻어 제1당이 되었다. 그 외, 자유민주연합은 지역구에서 12석, 비례대표에서 5석 총 17석을 얻었다. 비례대표 의석으로 전환된 정당득표율에서도 여당이던 새천년민주당은 35.9%를 얻는데 그쳤다. 나머지는 다른 야당이 얻은 것이다. 당시 한나라당이 39%, 자유민주연합이 9.8%를 얻었다. 언론은 이러한 선거 결과를 여당의 패배, 한나라당의 승리로 규정했다.

중요한 것은 이때의 대통령 지지율이다. 당시 김대중 대통령은 2000년 4월 총선을 앞둔 3월 시점에 70% 수준의 높은 대통령 지지율을 기록하고 있었다(리서치앤리서치, 2000.3). 이 정도 수치라면 여당이 압도적 승리를 가져와야 말이 된다. 하지만 결과는 여당의 패배였고, 여당의 정당득표율은 고작 35.9%였다. 대통령의 높은 지지율이 곧 여당의 선거 승

<표3-3> 2010년 기초자치단체장 정당별 당선자 수

(단위: 명)

정당	당선자 수
한나라당	82
민주당	92
자유선진당	13
민주노동당	3
국민중심연합	1
미래연합	1
무소속	36
합계	228

<표3-4> 2010년 6월 지방선거 전 이명박 대통령 지지율 추이

(단위: %)

조사시기	1월	2월	3월	4월	5월
지지도	51.1	51.1	52.5	48.3	47.4

자료: 리서치앤리서치.

리를 담보하지 못함을 보여주는 결과라고 할 수 있다. 그리고 대통령 지지율이 대통령을 포함한 여권에 대한 정치적 지지율과는 거리가 있음을 보여주는 결과이기도 한 것이다.

2000년 총선보다는 강력하지는 않지만 2010년 지방선거도 하나의 예가 될 수 있다. 비록 이때 대통령 지지율은 선거 직전 47.4%까지 떨어졌지만, 선거가 있던 6월 이전, 2010년의 전반기에는 대체로 50%의 수준을 유지했다(리서치앤리서치, 2010.1~4). 통상적으로 대통령 지지 여부를 묻는 질문에 모름/무응답으로 답한 경우를 제외하고 재산정하는 방법을 사용하면, 절반 수준을 넘는 지지율이라고 할 수 있다. 하지만 선거 결과는 여당인 한나라당의 패배였다.

광역자치단체장 선거 개표 결과 여당인 한나라당은 6곳에서 승리했다. 무소속을 포함해 야권은 10곳(민주당 7, 자유선진당 1, 무소속 2)에서 승리했다. 기초자치단체장으로 보아도 야권의 성적이 더 좋았다. 당시 전국 228개 기초자치단체가 있었는데 한나라당은 82곳에서만 당선자를 냈다. 전체에서 차지하는 비중으로 보자면 36%로 40%에도 미치지 못했다. 선거 전 대통령 지지율을 고려할 때 선거 성적은 예상보다 좋지 않은 수준이었다.

이렇게 대통령 지지율과 여당의 선거 결과가 유사한 흐름을 보일 때도 있지만 그렇지 않을 때도 있다. 이는 인과관계가 분명한 현상이 아님을 보여주는 것이다.

2) 정당 지지율

정당 지지율은 대통령 지지율보다 설명력이 크다. 실제 정치적 성향을 직접적으로 보여주기 때문이다. 그러나 정당 지지율을 통한 선거예측도 한국적 상황으로 인해 한계가 나타난다. 야당에 대한 야권 성향층의 '조건부' 지지 경향으로 인해 선거가 상당기간 남아 있는 시점에서 지지율로 야당의 성적을 전망하는 데 제약이 있기 때문이다.

선거가 다가올수록 선거연대, 후보 단일화 등으로 지지율을 변화시키는 외부 요인이 작용하기도 했지만, 기본적으로 야당에 대한 지지율을 크게 끌어올리는 것은 보수 정당의 확장을 견제하려는 심리였다. 앞서 예를 든 지난 2012년 대선 과정에서 나타난 야당의 지지율 흐름이 대표적인 예이다. 비록 그것이 보수 경향의 여당 지지율이나 득표율에는 미치지 못하기도 하지만 말이다.

맺음말

불완전하기는 하지만 정당 지지율은 지표로서 상대적 정확성을 지닌다. 한국의 보수 정당에 대해서는 평소 정당 지지율을 통한 정치분석이 매우 유효하다. 다만 지지자들과 정당일체감을 형성하지 못한 진보적 정당의 지지율은 선거시기인지 아닌지에 따라 변화의 폭이 매우 커 선거결과를 예측하는 데 제약이 존재한다는 점을 이해할 필요가 있다.

정작 더 큰 문제는 대통령 지지율에 있다. 대통령 지지율을 인용하고, 선거결과 예측의 근거로 드는 일에는 신중해야 한다. 결과적으로 맞다고 해서 정확한 분석이라 할 수는 없는 것이다. 대통령 지지율은 정당 지지율과는 그 내용과 특성이 분명히 다르다는 점을 인지할 필요가 있다.

정보의 유통자인 언론의 책임도 크다. 대통령의 직무에 대한 긍정적 평가 수치를 지지율로 보도함으로써 혼란을 키우고 있기 때문이다. '○○○ 대통령이 (최근에) 대통령으로서 일을 잘하고 있다고 보십니까, 잘못하고 있다고 보십니까?'라는 질문을 통해 얻어낸 '잘하고 있다'는 응답의 수치는 정확히 표현하자면 '대통령 국정수행에 대한 상대적인 긍정적 평가의 비율'일 것이다. 단순히 대통령 지지율이라고 부르는 것은 문제가 있다. 최소한 대통령 '국정수행' 지지율이라고 부르든가, 아니면 대통령 국정수행 평가라고 불러야 할 일이다.

홍길동처럼 아버지를 아버지라 하지 못하는 현 상황의 변화도 필요하다. 대통령에 대한 정치적 평가를 드러내는 데 현재의 조사 질문에는 한계가 있으니 새로운 질문과 지표가 필요하다. 국정 최고책임자인 대통령에 대한 대중의 인식을 파악하기 위해 향후 입체적이고 다양한 지표가 개발되고 적용되기를 기대한다.

제2부 정치 지형의 변화와 정당정치

제4장

한국 선거 지형의 변화

인구구조와 이념 성향

한귀영

2012년 대선의 최대 화두는 투표율 82%, 박근혜 지지 62.5%로 나타
난 '50대의 습격'이었다. 사실 10년 전 2002년 대선에서도 당시 50대는
진보적 색채의 노무현 후보가 아닌 보수적 색채의 이회창 후보를 더 많
이 지지했다. 그런데 10년의 세월을 두고 반복된 50대의 보수적 선택과
높은 투표율이 새삼 충격적으로 받아들여지고 있는 이유는 무엇인가?

두 가지 이유가 있을 것이다. 지금의 50대(1950년대 중후반에서 1960년
대 초반에 출생한 연령층)가 10년 동안 보인 정치적 변화 과정, 즉 나이가
들어가면서 정치적으로 보수화되고 있는 '연령 효과'가 첫 번째 이유다.
이들은 '산업화 세대'로 불리면서 경제적 성장을 위해 민주주의를 희생
하는 것을 당연시했던 지금의 60대와 달리, 민주주의의 확립에 기여했
고 또 그것을 목도해온 세대이다. 1987년 6월 항쟁 당시 '넥타이 부대'로
변화의 한 축이 되었던 이들이 바로 지금의 50대이다. 이 때문에 이들은
2002년 대선에서도 노무현 48.1%, 이회창 47.9%로 팽팽한 대립을 보였
다. 그런데 이 층들이 10년 만에 보수 후보 지지로 확연히 돌아선 것이

다. 이 같은 50대의 변화를 '보수화'로 규정지을 수 있을지 여부, 그리고 이들의 '보수화'를 가속시킨 요인이 무엇인지는 논외로 하자. 어쨌든 '50대의 보수화' 현상은 연령 효과가 한국 정치에서 중요한 영향을 미치고 있음을 보여주는 징표이다.

2012년 대선에서 50대의 행보가 주목받는 두 번째 이유는 고령화가 급속히 진행되고 있는 한국 사회에서 연령 효과와 고령화가 맞물릴 경우 한국 사회의 보수화가 고착될 수도 있다는 비관적 전망 때문이다. 2002년 대선과 2012년 대선은 모두 세대 대결로 치러졌음에도, 2002년 대선은 진보 진영의 승리, 2012년 대선은 보수 진영의 승리라는 상반된 결과가 나타났다. 여기에는 다양한 이유가 있겠지만 가장 큰 원인은 연령별 인구구조의 변화일 것이다. 2002년 대선에서 유권자의 분포는 20~30대가 48.3%, 50~60대가 29.3%로 젊은 층의 비중이 높았다. 다소 거친 논리로 말해서, 젊은 층의 투표율이 낮았을지언정 절대 인구가 많았기 때문에 진보 진영이 승리할 수 있었던 것이다. 하지만 2012년 대선에서는 연령별 인구 비중이 역전되어 20~30대가 38.2%, 50~60대가 40%였고 이러한 추세는 향후 강화될 전망이다. 고령화가 심화되는 상황은 아무래도 보수 세력에게 유리하게 작동할 가능성이 높다.

대선 이후 야권은 고령화라는 유권자 구조 변화가 차기 대선에 어떤 영향을 미칠지에 대해 고심하는 흔적이 역력하다. 지금의 40대가 386세대로서 지금의 50대와 다르다는 점, 즉 세대 효과에 기대를 걸고 있지만 불확실성은 매우 크다.

사정이 이러하니 고령화라는 인구구조가 대선을 결정한다는 이야기도 나오고 있다. 결국 선거 환경 및 유권자 구조가 매우 중요하다는 의미이다. 흔히 인물, 이슈, 지형을 선거에 영향을 미치는 3대 요인으로 보는 데, 이 중 지형을 구성하는 가장 기본적인 요인이 바로 유권자 구조이다. 예를 들어보자. 아무리 좋은 인물과 이슈(정책)가 있어도 야권 후보는 강남에서 당선되기 어렵다. 또 영남과 호남은 인물과 이슈에 관계없이 각각 새누리당, 민주당 공천만 받으면 당선될 가능성이 매우 높다. 이것이 바로 선거 지형, 유권자 구조가 지닌 막강한 영향력인 것이다.

이 글은 2012년 대선을 선거 지형이라는 가장 기본적인 측면에서 평가하고 점검해보고자 한다. 이를 위해 선거 지형의 핵심을 구성하는 유권자 구조를 연령별·지역별·계층별로 살펴보고 지난 대선에 어떤 영향을 미쳤는지 점검할 것이다. 아울러 유권자 변화를 이념 성향이라는 측면에서도 살펴보고자 한다. 유권자 지형이 과연 진보적으로 변하고 있는지, 그렇지 않은지 여부 등의 문제를 검토할 것이다.

1. 유권자 인구구조의 변화

1) 고령화

유권자 인구구조에서 단연 두드러진 특징은 고령화이다. 〈표 4-1〉이 잘 보여주듯 2002년 대선에서는 20~30대가 전체의 48.3%로 거의 과반에 이르렀으나 2012년 대선에서는 38.2%로 대폭 하락했다. 그리고 50대 이상 고연령층은 10년 사이에 10%p 이상 급증했다. 다만 2012년 대선은 진보적 성향의 40대가 21.8%로 전 연령층 중 가장 높은 비중을 차지하면서 고령화가 대선에 미치는 영향을 일정 부분 상쇄한 면이 있다.

고령화 추세가 지속되면서 2017년 대선에서는 50대 이상 인구 비중이

<표 4-1> 연령별 유권자 비중 변화

(단위: %)

연령	16대 대선	17대 대선	18대 대선	19대 대선(추정)
20대	23.2	21.1	18.1	16.7
30대	25.1	22.9	20.1	18.0
40대	22.4	22.5	21.8	20.2
50대	12.9	15.4	19.2	20.1
60대 이상	16.4	18.1	20.8	25.0
20~30대	48.3	44.0	38.2	34.7
50~60대	29.3	33.5	40.0	45.1

45.1%에 이를 것으로 예상된다. 이 같은 인구고령화 현상은 차기 대선에서 어떻게 작용할까? 아무래도 야권에 불리하게 작용할 가능성이 높지만 반드시 그렇지도 않다는 연구결과 역시 나오고 있다. 그 주요한 근거는 바로 세대 효과이다. 청소년기의 정치적 경험을 통해 형성된 정치의식은 일생에 걸쳐 지속된다는 것이 세대 효과이다. 반면 인간은 시간이 흐르고 나이가 들어감에 따라 정치의식이 보수화된다는 것이 연령 효과 혹은 '생애 주기 효과(life cycle effect)'이다. 연령 효과와 세대 효과 중 어느 것이 더 강력하게 작용하는가에 따라 2017년 대선도 영향을 받을 가능성이 높다.

연령 효과에 의하면 보수 세력에 유리하게 작용할 가능성이 높지만 세대 효과를 감안할 경우 속단하기 어렵다. 관건은 486세대라 불리는 지금의 40대의 선택이다. 16대 이후 대선을 분석한 일부 연구를 보면 지금의 50대 이상 고연령층은 16대 대선 이후 보수적 선택이 강해지는 '연령 효과'가 나타나고 있지만 지금의 40대(486세대)는 16대 대선 이후 일관되게 진보적 선택이 유지되고 있어 '세대 효과'가 강하다(노환희·송정민·강원택, 2013). 따라서 486세대가 50대가 되어도 지금의 50대와는 달리 진

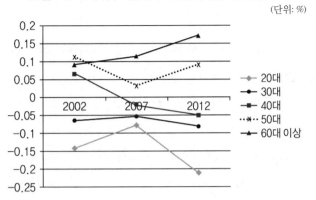

〈그림 4-1〉 16대 이후 대선에서 나타난 세대별 득표율 변화[1]

(단위: %)

주 1): 세로축 수치가 높을수록 보수 후보 지지.
자료: 서울대 한국정치연구소 학술대회 자료.

보적 성향이 유지될 가능성이 높다. 중장년층이라고 다 보수화되는 것은 아니며, 냉전·반공·산업화 시대를 겪은 세대에서 민주화 경험이 있는 486세대로 중장년층의 구성이 서서히 바뀐다면 오히려 그들의 지지에 기대고 있는 보수 진영에 불리하게 작용할 수 있다.

하지만 18대 대선에서 가장 진보적 경향을 보인 30대, 그리고 486세대가 5년 후, 10년 후에도 진보성이 유지될지 아니면 보수화될지의 여부는 매우 다양한 변수가 얽혀 있어 속단하기 어렵다. 이들을 둘러싼 정치사회적 환경으로 인해 진보성이 유지된다 하더라도 지금과 같이 유력한 대안이 부재하거나 진보적 세력에 대한 불신이 높다면 결국 진보적 선택이 유지될 수 없기 때문이다. 따라서 연령 효과와 세대 효과의 문제는 정태적 문제가 아니라 세대 효과를 지속시킬 수 있는 정치적 실천들과 상호작용하는 동태적 현상인 것이다.

2) 지역별 유권자 분포 차이

지역주의는 한국 정치의 상수다. 한국 정치에서 영남에 기반을 둔 보수정치 세력이 압도적 우위를 보이는 것은 여러 요인이 작용한 결과이겠지만 유권자 수의 차이라는 측면을 제외하고 생각하기 힘들다. 2012년 대선을 기준으로 할 때 전체 유권자 중 영남은 26.2%, 호남은 10.2%를 차지해 영호남 유권자 수의 차이가 매우 컸다. 이러한 유권자 구조와 지역주의 투표 경향이 결합하면서 진보 진영이 선거에서 매우 이기기 어려운 구조가 고착화되어왔다. 2002년 대선과 같이 충청, 강원 지역에서 확실한 우위를 점하거나, 1990년 3당 합당 이전과 같이 PK 지역과 TK 지역의 정치적 선택이 분리되지 않을 경우 진보 진영의 승산은 낮다. 현재와 같은 지역주의 투표경향이 지속되는 한 보수가 우세한 구조가 유지될 수밖에 없는 것이다.

한편 수도권, 특히 경기 지역의 유권자가 꾸준히 증가하고 있다는 점도 눈여겨볼 대목이다. 수도권 지역 유권자는 2012년 대선에서 전체의

〈표 4-2〉 지역별 유권자 비중 변화

(단위: %)

지역	16대 대선	17대 대선	18대 대선
서울	21.5	21.6	20.7
인천 · 경기	24.5	26.7	28.6
충청권	10.4	9.9	10.1
호남권	11.4	10.6	10.2
TK 지역	11.2	10.8	10.3
PK 지역	16.6	16.4	15.9
강원/제주	4.5	4.1	4.2

자료: 선관위.

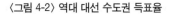

〈그림 4-2〉 역대 대선 수도권 득표율

(단위: %)

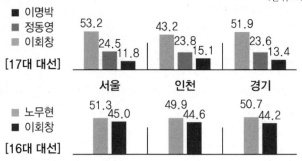

자료: ≪한국일보≫, 2007. 12. 21.

49.3%를 차지했다. 비록 득표율 차이는 10%p 정도로 크지 않았지만, 2002년 대선까지 서울을 포함한 수도권은 야권 지지세가 강한 지역이었다. 수도권은 각 지역 민심의 총화로서 여론의 균형추 역할을 했다. 하지만 2007년 대선, 2008년 총선에서 '서울 지역주의'가 부상하기 시작했다. 수도권에서도 명분과 가치보다 이해관계에 따라 움직이는 경향이 두드러졌다. 2008년 총선의 뉴타운 이슈가 단적인 사례이며, 2012년 대선의 하우스푸어 문제 등도 이에 해당된다. 결국 2012년 대선에서는 경기·인천 지역에서조차 야권이 밀리는 결과가 나타났다.

그 원인은 무엇일까? 수도권에서 민주진보 세력을 지지해왔던 두 축인 수도권 거주 호남 원적자들과 중산층의 변화를 꼽을 수 있을 것이다. 즉, 수도권 거주 호남 원적자들은 과거와 달리 수도권 거주자의 정체성을 지니게 되면서 호남 거주 유권자들과 분리되었다. 또한 노무현 정부의 재산세 인상 등으로 인해 중산층들의 세금 부담이 높아지면서 그들이 자신들의 이익을 내세우기 시작했다는 점 역시 주요 원인으로 꼽을 수 있다. 이 같은 수도권 지역주의화 경향은 수도권의 보수화로 이어질

가능성이 높다는 점에서 주목된다. 이에 대해 한귀영 KSOI 연구실장은
다음과 같이 말한 바 있다.

2005년 행정수도 이전 문제를 놓고 지방권력과 충돌하면서 서울이 지방에 대비되는
지역으로서의 특성을 보이기 시작했다. 2007년 대선을 거치면서 '서울 지역주의'가
확고하게 드러났다.[1]

3) 유권자들의 고학력화

유권자들의 학력은 정치의식과 밀접한 관련을 지닌다. 한국 정치에서
는 대체로 학력이 높은 유권자일수록 정치에 관심이 높고 이른바 '리버
럴'한 선택을 해왔다. 2012년 대선에서 대재 이상 고학력 유권자 비중은
전체의 58.6%에 이른다. 2002년의 40.6%와 비교해 크게 증가했다.

고학력 유권자 비중의 증가는 20대와 30대의 높은 대학진학율 때문이
다. 한국 사회에서 고학력, 중간층이 민주진보 진영의 핵심 지지층임을
고려할 때 고학력 유권자의 증가는 야권에게 유리한 환경으로 작용할
가능성이 높다. 2002년 대선에서도 고학력층에서는 문재인 후보 지지가
높았고, 고졸 이하 저학력층에서는 박근혜 후보 지지가 압도적이었다.
역대 대선에서도 일관된 경향이 나타났다.

1980년대의 대학은 청년들을 진보적으로 정치사회화시키는 중요한
기제였다. 근래에 와서 대학의 이 같은 역할이 약화되고 청년들이 부모
의 영향을 강하게 받으면서 대학생의 보수화가 중요한 의제로 등장하기

---

1) 김영화, "[17대 대선읽기] (2) 수도권 지역주의", 《한국일보》, 2007년 12월 21일자.

<표 4-3> 학력별 유권자 비중 변화

(단위: %)

학력	16대 대선	17대 대선	18대 대선
중졸 이하	22.9	18.1	14.4
고졸	36.5	31.9	26.9
대재 이상	40.6	50.0	58.6

자료: TNS/KSOI.

도 했지만, 그럼에도 대학을 다니거나 졸업한 고학력층은 정치적 정보에 접할 수 있는 기회가 더 많고 정보를 획득할 수 있는 통로도 다양하며, 정치적 대화에 노출되는 빈도도 더 높다. 정치에 노출되는 빈도가 높을수록 정치의식이 활성화되며, 이 경우 보수보다 진보적 방향으로 향할 가능성이 더 높다.

2. 유권자 이념 성향의 변화

1) 주관적 이념 성향

이념의 영향력이 많이 약해졌다 하더라도 유권자들의 이념 성향은 여전히 선거에 영향을 미치는 가장 중요한 변수 중 하나다. 따라서 지난 대선 평가와 향후 정치 지형의 변화를 살펴보기 위해서는 유권자들의 이념 지형을 분석하는 것이 필수적이다.

2012년 대선을 전후해 유권자들의 이념 지형이 전반적으로 진보화되었다는 의견이 제기된 바 있다. 양극화와 불평등으로 인한 삶의 위기가 유권자들로 하여금 기존과는 다른 새로운 가치, 방향으로 향하게 했다

〈그림 4-3〉 2002년 이후 주관적 이념 성향의 변화

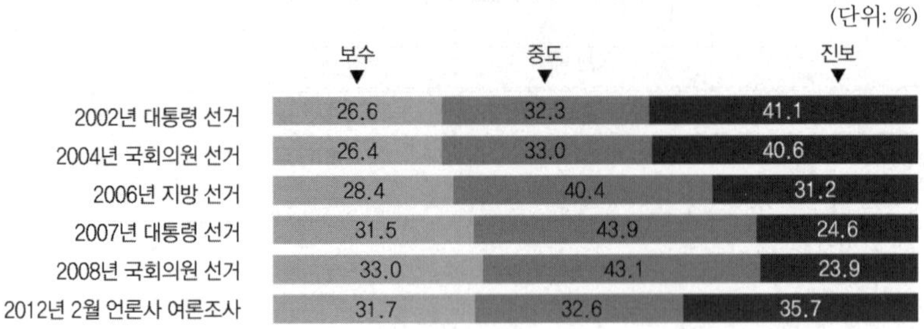

(단위: %)

	보수 ▼	중도 ▼	진보 ▼
2002년 대통령 선거	26.6	32.3	41.1
2004년 국회의원 선거	26.4	33.0	40.6
2006년 지방 선거	28.4	40.4	31.2
2007년 대통령 선거	31.5	43.9	24.6
2008년 국회의원 선거	33.0	43.1	23.9
2012년 2월 언론사 여론조사	31.7	32.6	35.7

자료: 장훈(2012).

는 것이다. 실제는 어떠할까?

먼저 주관적 이념 성향 측면에서 살펴보자. 〈그림 4-3〉에 따르면 유권자가 스스로 판단하는 정치적 이념 성향은 2002년 이후 보수는 꾸준히 증가, 진보는 감소하면서 보수 우위로 역전되었다가 2012년 대선 즈음에는 진보 우위로 변화했다. 〈그림 4-3〉에는 나타나지 않지만 2010년 지방선거 전후로 진보가 우세한 것으로 나타난 바 있다.

하지만 2012년 대선에서 박근혜 후보가 당선된 이후 진보보다 보수가 더 높게 나타나는 경향이 여러 조사에서 나타나고 있다. 경향신문 - 현대리서치 2013년 신년 조사에서는 보수 37.5%, 중도 36%, 진보 21.2%였고, 한겨레신문 - KSOI 신년 조사에서도 보수 38.1%, 중도 31.5%, 진보 26.5%였다. 요약하면, 진보 우위였던 유권자 지형은 2007년 이후 보수 우위로 변화했다가 2010년 이후 다시 진보 우위로 변화했다. 하지만 2012년 대선에서 박근혜 후보가 당선된 이후에는 보수 우위 흐름이 나타나고 있다.

이를 어떻게 해석할 수 있을까? 무엇보다 진보와 보수에 대한 국민의 이미지에서 그 이유를 찾을 수 있을 것이다. 진보에 대한 대국민 이미지

는 과거에 비해 부정적으로 변한 반면, 보수에 대한 이미지는 오히려 부정적 색채를 벗고 긍정적으로 변모하면서 스스로를 보수라고 규정하는 유권자들이 늘었기 때문으로 봐야 할 것이다. 후술하겠지만 실제 가치와 태도의 측면을 보면, 진보적 경향이 여전히 우세하다는 점도 이를 뒷받침한다.

2004~2005년까지만 해도 진보에 대한 이미지는 새롭고 미래지향적, 진취적인 것이었고 보수의 이미지는 낡음, 부패 등이었다. 하지만 진보를 내세운 참여정부의 실패로 진보 이미지의 거품이 빠지기 시작했다. 또한 통합진보당 부정선거 논란과 이정희 후보의 TV토론에 대한 평가가 보여주듯이 진보에 대한 사람들의 이미지는 무례하고 후진적이며, 배타적인 것으로 바뀌고 있다.

반면, 보수(한나라당)는 19대 총선을 거치면서 새누리당으로의 과감한 변화, 김종인 등 중도합리적 인물 포용, 중도노선으로의 유연화(중도화) 전략 선택, 과감한 공천 등 내부 혁신의 모습을 보이면서 '비호감'에서 탈피했다.

2) 객관적 이념 성향

이념 성향을 측정하는 방식은 스스로 판단하는 이념 성향(주관적 이념 성향)과 이념 성향을 측정할 수 있는 몇 가지 지표를 선정하고 이를 통해 이념을 평가하는 방식(객관적 이념 성향)으로 구분할 수 있다. 그리고 이 두 가지는 반드시 일치하지 않을 수 있다. 주관적으로는 진보라고 응답한 사람이 객관적 지표에서는 보수적으로 응답할 수도 있기 때문이다. 그렇다면 유권자들의 객관적 이념 성향은 어떠한가?

객관적 이념 성향은 정치적·경제적·사회적·문화적 이슈에서의 태도로 측정할 수 있다. 정치적 이슈는 남북관계에 대한 태도, 미국에 대한 태도가 주로 꼽히고, 경제적 이슈는 성장과 분배에 대한 태도, 사회적 이슈에서는 교육에 대한 이슈 등이 꼽힌다. 과거에는 정치적 이슈에 대한 태도가 유권자 개인의 이념 성향에 가장 큰 영향을 미치는 것으로 나타났지만 최근에는 경제적 이슈에 대한 태도가 더 중요하게 영향을 미치는 것으로 나타나고 있다. 성장과 분배에 대한 유권자들의 태도를 보면 성장보다 복지, 분배에 대한 요구가 더 높게 나타나 경제적 이슈에서 진보적 경향이 나타나고 있다. 한겨레신문에서 실시한 2013년 1월 신년 조사 결과에 따르면 '일부가 희생되더라도 성장 우선' 36.8%, '전체의 성장이 지연되더라도 복지와 분배 우선' 60.1%로 복지와 분배를 우선해야 한다는 여론이 우세했다. 5년 전인 2008년 이명박 정부 출범 직전에 있었던 KSOI 조사(2008.2.26)에서 '전체의 성장이 지연되더라도 복지와 분배가 우선되어야 한다'라는 응답이 54.0%였던 것을 상기한다면, 5년 만에 복지와 분배 우선 여론이 더 강화되었음을 알 수 있다.

교육 이슈와 관련해 차기 정부 교육정책 방향에 대해 질문했을 때는 '고르고 평등한 교육을 위해 공정한 기회 제공을 확대하는 방향으로 가야' 70.2%, '개인 간 격차를 인정해 자립형 사립고 등 선택권을 보장하는 방향으로 가야' 28.2%로 나타났다. 5년 전 이명박 정부 출범 직전에 실시된 KSOI 조사(2008.2.26)와 비교해 '공정한 기회 제공을 확대하는 방향으로 가야한다'는 응답(63.2%)이 강화된 것이다. 이처럼 5년 전과 비교해도 경제적 이슈와 교육 이슈에서 진보 우위 경향이 나타나고 있다.

그 외에 가치를 평가할 수 있는 주요 이슈에서도 진보적 경향이 일관되게 나타나고 있다. 대선 전에 실시된 한겨레신문 - KSOI 2012년 5월

조사에서 우리 사회의 핵심 화두인 복지 정책의 방향과 관련된 국민의 지지를 보면, 보편적 복지 52.3%, 선별적 복지 45.8%였고, 버핏세 등 부자 증세 도입에 대해서는 찬성이 약 80%로 압도적이었다.

그동안 한국 사회가 보수화되고 있다는 주요 지표는 중도, 중간층의 보수화로 인한 것이었다. 실제로 이 계층은 5년 전까지만 해도 성장주의, 교육경쟁력 강화 등 수월성을 중시했다. 이들은 5년 전 이명박 정부를 탄생시킨 주요 토양이었으며 2008년 총선에서는 수도권 뉴타운 열풍을 불러오기도 했다. 하지만 이명박 정부 이후 중도, 중산층에서도 변화의 조짐이 여러 조사에서 나타나고 있으며 현재는 이 계층이 진보화 경향을 이끌고 있는 것으로 볼 수 있다.

유권자 이념 지형이 진보화되는가 보수화되는가 못지않게 중요한 것이 유권자들의 중도화 경향이다. 실제 〈그림 4-3〉에서 나타나듯이 중도층의 비중은 꾸준히 증가해 40% 전후에 이른다. 중도층은 진보와 보수의 가운데에 있는 층으로 이념적 색채가 없는 층이라는 것이 그동안의 지배적인 가설이었다. 하지만 중도층의 존재에 주목하는 일련의 흐름들은 중도층도 특정한 가치지향과 태도를 지닌다는 점을 지적한다.

중도층의 존재와 관련해 주목해볼 만한 것은 일관된 진보나 일관된 보수가 아닌 이념적 혼재층의 증가이다. 이념적 혼재층이란 정치적 · 경제적 · 사회적 이슈들에서 일관되게 보수적이거나 진보적 태도를 보이는 층이 아닌, 사안에 따라 태도를 달리하는 층을 의미한다. 경제문제에서는 진보적이지만 남북 관계에서는 보수적인 태도를 보이는 경우가 그 예라 할 수 있다.

한겨레신문 2011월 5월 15일 조사에 의하면, 일관된 진보(27.0%)나, 일관된 보수(21.3%)가 아닌 '이념적 혼재층(51.7%)'이 증가하고 있다.

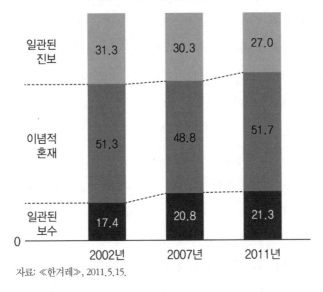

〈그림 4-4〉 객관적 이념 성향의 추이

자료: ≪한겨레≫, 2011.5.15.

'이념적 혼재층' 중 상당수는 이념이 아닌 이슈와 사안에 따라 판단을
내린다. 이 층은 보수와 진보의 중간이나 가운데에 존재하는 층이 아니
다. 대체로 빈곤층 지원, 비정규직 보호 등 약자 배려 차원에서는 진보적
태도를 보이지만, 안보 문제에 대해서는 다소 보수적인 태도를 보인다.
즉, 사회경제적 차원에서는 진보적이지만, 안보 차원에서는 보수적 성
향을 보인다고 할 수 있다.

사실 대중들은 자신의 이념 성향을 규정할 때 서로 다른 기준을 사용
하기 때문에 일관된 보수나 일관된 진보는 소수일 수밖에 없다. 이념은
'좋은 사회'란 어떤 사회인가에 대한 가치 차원, '좋은 사회'를 누가 이끌
것인가에 대한 세력 차원, 그리고 '좋은 사회'를 이끌 세력이 추진해야 하
는 정책에 대한 다층적인 차원으로 구성되어 있는데, 유권자마다 이 세
가지가 반드시 일치하지 않기 때문이다. 특히 '좋은 사회'를 받쳐줄 정책

에 대해서는 진보 및 보수 내에서도 차이가 클 수 있다. 보수 성향 유권자들은 오랜 집권 경험을 통해 보수 세력이 집권했을 때 어떤 정책을 추진할지에 대한 상이 상대적으로 구체적이다. 반면 진보 성향 유권자들은 좋은 세상에 대한 상(가치), 좋은 세력을 이끌 세력에 관해서 어느 정도 합의를 했다 할지라도, 그 세력이 어떤 정책을 추진해야 하는가에 대해서는 사안의 모호성 때문에 합의가 어렵다.

결국, '이념적 혼재층'을 끌어오는 것이 지난 대선의 관건이었으며 차기 대선에서도 매우 중요하다. 이는 각 정치 세력이 중도층을 설득하는 문제이기도 한데, 결국 이들의 일상생활 차원의 이해관계와 요구를 파악하고, 이를 실현시켜줄 구체적·현실적 정책을 제시하는 것이 필요하다고 할 수 있다. 즉, 가치와 노선보다는 설득력이 있는 구체적 정책과 그것을 실현시킬 정치적 리더십 및 신뢰가 더 중요하다고 할 수 있다.

결론

인구구조의 변화는 선거에 필연적으로 영향을 준다. 상당수 분석가들은 고령화가 급속하게 진행되면서 '안정'을 추구하는 흐름이 강화되고, 결국 젊은 세대의 지지를 받는 진보 진영이 권력을 잡기는 점점 어려워질 것이라고 예측한다. 사실 외국에서도 인구구조는 선거에 많은 영향을 미치는데, 미국에서 유색 인종이 증가했기 때문에 오바마 대통령이 재선될 수 있었다는 식의 설명이 그것이다. 하지만 인구구조의 변화에 과도하게 주목하는 경향은 인구구조에 의해 선거가 좌우된다는 결정론적 함정에 빠질 위험성이 있다. 인구구조는 주어진 조건일 뿐, 외부의 힘을 통해 인위적으로 변화시키기 어렵다. 무엇보다 인구구조에 과도하게 의미를 둘 경우 정치가 설 자리는 없어진다. 그럼에도 인구구조에 대한 정확한 파악과 분석은 정치적 실천을 위한 가장 기본적이고 핵심적 요인이기에 매우 중요하다.

한편 이념 성향도 선거에 영향을 미치는 결정적 변수이지만 이는 인구구조처럼 주어진 조건이 아니라 여러 요인이 작용하면서 형성, 변화해가는 조건이다. 특히 사회경제적 변화가 이념 지형에 적잖은 영향을 미치고 있다. 양극화 심화, 사회 불평등 심화라는 환경에서 치러진 2012년 대선은 경제적 측면에서 진보화 경향이 두드러졌다. 당연히 야권에 유리할 것으로 전망되었다. 하지만 민주진보를 표방하는 야권에 대한 불신은 매우 컸고 기존 정당이 아닌 새로운 곳에서 대안을 찾는 무당파 층의 증대가 나타났다. 그리고 이는 안철수 현상으로 이어졌다. 자신들을 대변하는 정치 세력이 부재한다고 느낄 때, 하지만 변화에 대한 욕망은 점점 커져갈 때 제2, 제3의 안철수 현상이 나타날 것이다. 야권에 대한 불신, 그리고 2012년 대선 이후 보수를 표방하는 집권 세력이 보여주는 행태들을 볼 때 차기 대선도 또 다른 안철수 현상에 의해 지배되지 않을까?

제5장

한국 정당의 개혁과 책임형 국민참여경선제

이준한

한국의 정당은 대대로 유권자에 대한 정치적 동원의 핵심적인 기관으로서 기능해왔다. 하지만 전통적인 정당의 산실이라 할 수 있는 서유럽 지역과 달리, 한국에서는 정당이 사회 안의 계급적·종교적 차이나 균열에 바탕을 두지 않았다. 한국에서는 국민국가의 탄생이 외부의 힘으로 이루어졌고, 이에 더해 한국전쟁 이후 냉전시대가 지속되면서 이념적 공백기가 장기간 이어졌다. 또한 한국의 산업화는 권위주의적 국가의 주도로 짧은 기간에 추진되었다. 한국에서 이루어지는 선거가 자유롭고 공정하지 못한 기간에는 당연하게도 집권당을 제외한 모든 정당의 활동도 크게 위축되었다.

1987년 민주화는 한국의 정당이 변화하는 전기가 되었다. 그러나 이러한 변화 후에도 일관된 발전만이 이루어지지는 않았다. 정체와 퇴보를 거듭하는 정당의 문제점은 결국 정당 개혁을 불러일으켰다. 한국에서 정당 개혁은 크게 두 가지 차원에서 추진되었다. 첫 번째는 고비용과 저효율의 정당 운영을 바꾸고 투명성을 강화하기 위해 지구당을 폐지하는 방향으로 정당법을 고치고 정치자금법을 손질하는 것이었다. 두 번째는 선거에서 승리하고 정당민주화를 도모하기 위해 국민참여경선제를 도입하는 것이었다. 그 사이 한국의 정당은 지역적 균열구조에 뿌리를 내리며 점차 이념과 세대의 차이에 영향을 받는 형태로 변모했다.

이 글에서는 한국 정당의 개혁과제를 살펴보고 이에 기여하는 대안으로서 책임형 국민참여경선제에 대해 살펴본다. 2002년 대통령 선거에서 도입된 국민참여경선은 한국 정당에 대한 국민적 지지를 확대시키는 데 실패했고, 당내의 조직이나 위상을 강화시키지도 못했다. 앞으로 한국 정당의 개혁은 일반 유권자의 참여뿐 아니라 당의 정체성과 응집력을 제고하는 것에도 초점을 맞추어야 할 것으로 보인다. 따라서 이 글에서는 먼저 한국 정당의 특징을 살펴본 뒤 한국 정당 개혁의 역사와 성과를 고찰할 것이다. 그다음에는 2002년 이후 국민참여경선제의 의의와 한계를 살펴보고, 마지막으로 그에 대안으로 책임형 국민참여경선제를 제안하고자 한다.

1. 한국 정당의 특징

한국 정당의 특징은 무엇보다도 정당이 지역적인 차이에 기초한다는 점이다. 1963년 대선과 1967년 대선은 모두 박정희 대 윤보선이라는 구도로 경쟁이 이루어졌는데, 1967년의 선거 결과를 앞선 선거와 비교해보면 박정희 대통령의 호남 지역 득표율과 윤보선 후보의 영남 지역 득표율이 떨어진 것을 알 수 있다. 제1, 2차 경제개발 5개년계획이 정당에 대한 지역적 지지기반을 형성하는 데 영향을 주었고, 이것이 1960년대

〈표 5-1〉 영남과 호남의 득표율: 1992~2012년 대통령 선거

후보	부산	대구	광주	울산	전라북도	전라남도	경상북도	경상남도
1992 김영삼	73.34	59.59	2.13	-	5.67	4.20	64.72	72.31
1997 이회창	53.33	72.65	1.71	51.35	4.54	3.19	61.92	55.14
2002 이회창	66.74	77.75	3.57	52.87	6.19	4.62	73.46	67.52
2007 이명박	57.90	69.37	8.59	53.97	9.04	9.22	72.58	55.02
2012 박근혜	59.82	80.14	7.76	59.78	13.22	10.00	80.82	63.12
평균	62.23	71.90	4.75	54.49	7.73	6.25	70.70	62.62
1992 김대중	12.52	7.82	95.84	-	89.13	92.15	9.62	9.23
1997 김대중	15.28	12.53	97.28	15.41	92.28	94.61	13.66	11.04
2002 노무현	29.85	18.67	95.17	35.27	91.58	93.38	21.65	27.08
2007 정동영	13.45	6.00	79.75	13.64	81.60	78.65	6.79	12.35
2012 문재인	39.87	19.53	91.97	39.78	86.25	89.28	18.61	36.33
평균	22.19	12.91	92.00	26.02	88.17	89.61	14.07	19.21

대통령 선거에 반영된 것이라 할 수 있다. 즉, 영남 출신 박정희 대통령이 영남 지역을 중심으로 경제개발을 추진하면서 호남 유권자의 지지가 줄어들기 시작한 것이다. 그러나 유신 시대 이후 실시되었던 대통령간선제는 이러한 지역주의 균열을 수면 밑으로 잠복시켰다.

한국에서 지역주의적 정당의 특징은 민주화 이후 유권자가 직접 투표하면서 더욱 뚜렷해졌다. 〈표 5-1〉은 1992년 이후 대선에서 집계된 여당과 야당 대표 후보의 영남과 호남 지역 득표율을 정리한 것이다. 이 표에서 확인되듯이 영남 지역에 기반을 둔 정당의 호남 지역 득표율이 점차

증가하는 추세이다. 이러한 현상은 최근 지역주의의 약화를 나타내는 증거로 제시되기도 한다. 하지만 같은 기간 영남 지역 가운데 대구, 울산, 경상북도의 표심은 오히려 더욱 응집되는 것으로 나타났다. 한편 2002년과 2012년 대통령 선거에서 출마한 영남 출신 민주당 후보들은 상대적으로 영남 지역에서 표를 많이 획득했다. 반대로 호남 출신 민주당 후보가 출마한 선거(1997년, 2002년, 2012년)에서는 영남 지역에서의 득표율이 낮아졌다. 2012년까지 이루어진 국회의원 선거를 보면 의석 점유율을 기준으로 했을 경우 동서의 지역적 균열이 여전히 뚜렷하게 유지되고 있다. 이러한 사실을 종합적으로 감안할 경우, 한국 정당의 지역주의적 특성이 약화되고 있다는 증거보다는 그 반대의 증거가 더 많이 발견된다고 할 수 있다.

한국 정당의 또 다른 특징은 이념 및 세대 균열이 점차 지역주의와 서로 중첩되어간다는 사실이다. 여기에는 민주화 이후 이념적 공간이 광범위하게 열리고, 2002년 대통령 선거 이후 이른바 '3김 시대'가 종언을 고하며 대통령 선거에서 점차 강력해진 양자 구도가 영향을 주었다. 과거 상당 기간 영남 지역 유권자는 영남에 기초한 지역 정당을 지지했는데, 이 지역 정당은 상대적으로 보수적인 성향이었기 때문에 영남 지역 유권자 역시 보수적인 성향을 띠게 되었다. 마찬가지로 호남 지역 유권자는 상대적으로 진보적인 호남 지역 정당을 지지하면서 진보 성향을 더 강하게 띠게 되었다. 또한 대체로 젊은 세대가 이념적으로 더 진보적이고 기성세대가 이념적으로 더 보수적인 경향으로 인해 세대에 따라 정당의 선호가 달라지는 현상이 굳어졌다. 물론 2007년 대통령 선거에서 젊은 세대가 한나라당의 이명박 후보를 유례없이 많이 선택했고, 2012년 대통령 선거에서 새누리당 박근혜 후보가 호남 지역 일부에서

〈표 5-2〉 국회의원 선거 결과(의석수와 의석점유율): 1988~2012년

역대 선거	제1당	제2당	제3당
제13대 1988년 4월	민주정의당 125석(41.8%)	평화민주당 70석(23.4%)	통일민주당 59석(19.7%)
제14대 1992년 4월	민주자유당 149석(49.8%)	민주당 97석(32.4%)	통일국민당 31석(10.4%)
제15대 1996년 4월	신한국당 139석(46.5%)	새정치국민회의 79석(26.4%)	자유민주연합 50석(16.7%)
제16대 2000년 4월	한나라당 133석(48.7%)	새정치국민회의 115석(42.1%)	자유민주연합 17석(6.2%)
제17대 2004년 4월	열린우리당 152석(50.8%)	한나라당 121석(40.5%)	민주노동당 10석(3.3%)
제18대 2008년 4월	한나라당 153석(51.2%)	통합민주당 81석(27.1%)	자유선진당 18석(6.0%)
제19대 2012년 4월	새누리당 152석(51.0%)	통합민주당 127석(42.3%)	통합진보당 13석(4.3%)

자료: www.assembly.go.kr/index.jsp.

10%가 넘게 득표하는 일도 있기는 했다. 하지만 이러한 변화만 가지고 지역주의가 약화되었다고 단정하기에는 부족해 보인다. 오히려 다음 선거에서도 이러한 변화가 지속되는지 계속적으로 관찰해야 할 대목이라고 하겠다.

양당제로 분류되는 한국의 정당 체계 또한 한국 정당의 특징이라 할 수 있다. 특정 국가에 존재하는 정당의 단순 숫자만으로는 그 국가의 정당 체계를 구분할 수 없다. 이것은 현실적으로 집권이 가능하고, 의회 안에서 경쟁력을 보유하는 정당의 실질적인 숫자를 통해서만 비로소 판단할 수 있다. 민주주의 정당 체계에서는 두 개의 정당이 의석의 80% 이상을 점유하고 있는가의 여부에 따라 양당제와 다당제가 갈린다고 할 수 있다. 〈표 5-2〉를 보면, 1987년 민주화 이후 치러진 1992년 국회의원 선거에서 민주자유당과 민주당이 82.2%의 의석을 확보했으며, 2000년 이후의 국회의원 선거에서도 2008년을 제외하고 언제나 양대 정당이 무려

90% 이상의 의석을 장악했다. 즉, 민주화 이후 2.5 정당 체계라 할 수 있었던 한국의 정당 체계는, 2000년을 기점으로는 아예 확연하게 양당제로 바뀌는 추세가 나타난 것이다.

한국 정당의 또 다른 특징은 정당의 연속성이 매우 약하다는 것이다. 〈표 5-1〉에서도 확인되지만 한국에서는 정당의 이름이 수시로 바뀌었고 정당이 생겼다가 없어지는 일이 반복되었다. 특히 과거의 한국 정당은 이른바 '3김' 등 소수 정치지도자의 명망에 크게 의존했으며, 이들의 거취에 따라 흥망성쇠를 달리했다. 이들 정치지도자들이 창당을 하거나 합당을 하면 그에 따라 쉽게 정당이 만들어지고 사라졌던 것이다. 1988년 국회의원 선거 이후 국회에 진출한 주요 정당 3개의 명칭을 보면 새정치국민회의, 자유민주연합, 통합민주당이 두 번의 선거에 연이어 모습을 보여준 것, 그리고 한나라당이 세 번의 선거에 연속으로 등장했던 것이 최고의 기록이다.

1963년 정당법이 제정된 이래 최대 150개까지 늘어났던 정당이, 2013년 10개 미만으로 줄어든 현실은 한국 정당의 불연속성과 불안정성을 잘 대변해준다. 선거를 앞두고 정당이 집중적으로 탄생했다가 선거가 끝나면 사라지는 일이 반복된 것이다. 한국의 정당은 특히 선거를 앞두고 합종연횡과 이합집산을 빈번하게 경험했고, 선거에 승리하기 위해 멀쩡한 정당 이름만 뜯어고치는 이벤트를 반복했다. 한국 정당의 불연속성에는 현행 정당법 역시 영향을 주었다. 정당법 제44조 1항 3호에 따르면, 4년마다 열리는 국회의원 선거에서 "의석을 얻지 못하고 유효투표 총수의 100분의 2 이상"을 획득하지 못하면 정당 등록이 취소된다.

그러는 사이 한국 정당은 유권자의 지지를 흡수하고 저변을 확대해가는 데 성공하지 못했다. 〈표 5-3〉은 한국 사회과학데이터센터가 매 선

<표 5-3> 선거조사에서 나타난 역대 무당파층의 비율

	무당파	표본수[1]	유형	표현
1991년 지선	4.36%	1,166	Type A[2]	'가까운'
1992년 총선	4.15%	1,206	Type A	'가까운'
1992년 대선	22.72%	1,184	Type A	'가까운'
1995년 지선	40.75%	1,200	Type A	'가까운'
1996년 총선	41.92%	1,200	Type A	'가까운'
1997년 대선	36.86%	1,199	Type A	'좋아하는'
1998년 지선	52.07%	1,494	Type A	'좋아하는'
2000년 총선	72.68%	937	Type B[3]	'가까운'
2002년 지선	29.25%	1,501	Type A	'좋아하는'
2002년 대선	40.53%	1,500	Type A	'좋아하는'
2004년 총선	59.97%	1,195	Type B	'가까운'
2006년 지선	52.71%	996	Type B	'가까운'
2007년 대선	26.99%	1,182	Type A	'좋아하는'
2008년 총선	59.49%	933	Type B	'가까운'
2010년 지선	51.81%	996	Type B	'가까운
2012년 총선	35.98%	2,040	Type A	'지지하는'

주 1): 표본 수는 "모른다"와 "무응답"을 제외한 수치.
주 2): Type A의 질문은 "가깝게 느끼는 정당"이나 "좋아하는 정당"을 "① ○○당, ②××당, ③△
△당, …… ⓧ 지지하는 정당이 없다" 가운데 고르게 한 것.
주 3): Type B의 질문은 먼저 가깝게 느끼는 정당이 있는지부터 물어본 뒤 그러한 정당이 "있다"
고 대답한 경우에 별개의 설문항을 통해 그 정당의 이름을 물어본 것.
자료: 박원호·송정민(2012).

거 직후(2012년 국회의원 선거 제외) 약 일주일 동안 면접조사를 실시해 수
집한 설문조사의 결과로 나타난 무당파층(혹은 부동층)의 비율이다. 이
표를 보면 과거 20년 동안 자신이 지지하는(또는 가깝게 느끼거나 좋아하
는) 정당이 없다고 평가하는 유권자의 비율이 크게 늘지는 않았지만, 줄
어들지도 않은 채 꾸준히 일정 수준을 유지하고 있다. 물론 이 표의 모든
설문항목이 항상 똑같지 않았다는 기술적인 문제에는 유의해야 한다
(〈표 5-3〉의 주 참조).

좀 더 자세히 살펴보면, 가령 1991년 지방선거와 1992년 국회의원 선거에서는 설문항의 선택지 중 '지지하는 정당 없음'이 없었고 추가적으로 '가까운 정당이 없더라도 그중 비교적 가장 가까운 정당을 말씀해주십시오'라는 질문이 있었는데, 이때 무당파층은 4~5% 정도 밖에 되지 않았다. 또한 2002년 지방선거나 2007년 대통령 선거에서도 응답자들이 가깝게 느끼는 정당이 없다고 대답했을 때 추가 질문이 이어지자 무당파층의 비율은 20%대로 떨어졌다. 이러한 예외적인 설문조사를 제외하면, 무당파층의 비율은 2000년 국회의원 선거에서 72.68%를 찍은 것을 포함해 1995년 지방선거 이후 40~50%대를 꾸준하게 오르내리고 있다. 2012년 국회의원 선거에서는 이러한 패턴에서 벗어나 무당파층의 비율이 약간 하락했지만, 이때는 설문조사를 실시한 기관이나 설문항이 과거와 달랐다는 점을 감안할 필요가 있다.

한국 정당은 유권자의 저변을 확장하지도 못했을 뿐더러 당원을 강력하게 결집시키지도 못한 것으로 보인다. 중앙선거관리위원회가 공개한 2000년대 주요 정당의 당원 수 및 당비납부자의 수와 비율(〈표 5-4〉)은 흥미로운 사실을 보여준다. 전체적으로 양대 정당의 당원 수는 2000년대 초부터 감소하다가 중반부터 다시 증가하는 추세로 나타난다. 2000년대 초 양대 정당에서 당비를 납부하는 진성당원의 비율은 매우 낮아 1%대에서 오르내렸다. 그러던 중 2004년부터 2006년 사이에 당비납부자의 비율이 예외적으로 높아졌다가 다시 격감했다. 양대 정당은 소속감을 강화해 당비를 내는 문화를 형성하지 못했던 것이다. 그 후 양대 정당의 진성당원 비율은 등락을 거듭했고, 결국 2011년 기준으로 양대 정당의 진성당원은 10%를 넘지 못하는 수준에 머물렀다. 2002년부터 2006년까지 민주노동당은 100% 진성당원이라는 특징이 있었지만, 이후

〈표 5-4〉 주요 정당의 당원 수와 당비납부자 수 및 비율[1]

연도	새누리당 계열	열린우리당 포함 민주당 계열	민주노동당 계열
2001	2,684,307 13,288(0.50%)	1,824,248 10,453(0.57%)	10,314 6,552(63.53%)
2002	2,778,185 52,559(1.89%)	1,889,337 17,280(0.91%)	25,465 25,465(100%)
2003	2,170,228 15,661(0.72%)	1,544,623 11,802(0.76%)	32,839 35,026(100%)
2004	1,086,329 3,835(0.35%)	276,269 77,697(28.1%)[2]	45,928 45,928(100%)
2005	1,152,167 259,649(22.5%)	1,090,902 496,536(45.5%)[3]	69,888 69,888(100%)
2006	1,108,115 278,111(25.1%)	1,092,126 96,007(8.8%)[4]	79,021 54,816(69.4%)
2007	1,650,011 200,583(12.2%)	1,218,297 86,032(7.1%)[5]	82,262 51,655(62.8%)
2008	1,794,071 199,436(11.1%)	1,643,021 23,233(1.4%)	70,670 40,277(57.0%)
2009	1,952,466 209,769(10.7%)	1,647,895 64,470(3.9%)	67,428 34,483(51.1%)
2010	2,090,976 293,470(14.0%)	1,918,474 160,820(8.4%)	76,053 43,384(57.0%)
2011	2,225,898 212,351(9.5%)	2,072,739 168,741(8.1%)	129,898 61,592(47.4%)[6]

주 1): 각 칸의 첫 번째 숫자는 정당의 당원 수, 두 번째 숫자는 당비납부자 수, 괄호안의 숫자는 당비납부자의 비율.
주 2): 새천년민주당 당원 469,221명, 당비납부자 수 34,356명(7.32%).
주 3): 민주당 당원 300,458명, 당비납부자 수 216,488명(72.1%).
주 4): 민주당 당원 394,035명, 당비납부자 수 114,284명(29.0%).
주 5): 대통합민주신당의 통계. 민주당 당원 436,330명, 당비납부자 수 62,747명(14.4%).
주 6): 통합진보당의 통계.
자료: 정당의 활동개황 및 회계보고(중앙선거관리위원회 각 해당년도) http://elecinfo.nec.go.kr/.

나타난 민주노동당이나 그 후손 정당의 진성당원 비율은 낮아졌다.

그리고 한국의 정당은 여러 가지 성격을 혼합적으로 가지고 있다. 2000년에 등장한 민주노동당과 그 후손 정당들은 대중 정당 또는 그와 유사한 성격을 갖지만, 새누리당과 민주당은 그렇지 않다. 물론 〈표

5-4)를 감안하면 민주노동당의 후손 정당이 표방했던 대중 정당의 모습도 최근에는 약해지고 있는 것으로 보인다. 새누리당과 민주당은 선거에서 승리하기 위해 특정한 계급이나 계층의 이익을 대변하고 지지를 획득하는 대신 다양한 계급과 계층을 동시에 모두 아우르는 포괄 정당의 성격을 갖는다. 이와 동시에 새누리당과 민주당은 군소정당이나 신생정당 등이 기성정당 체제에 들어오는 것을 억제하는 카르텔 정당의 성격도 보인다. 또 새누리당과 민주당은 선거라는 정치 현상에 집중하는 선거전문가 정당으로서, 선거가 없는 평상시에는 정당의 기능과 역할을 축소하는 경향도 보이고 있다.

한국의 정당은 이상에서 지적했던 많은 한계와 문제를 가지고 있음에도, 선거에서 유권자의 이해에 어느 정도 반응해왔고, 집권한 뒤에는 공약을 수행하는 데 중추적인 역할을 해왔다(현재호, 2011). 이를 정당의 반응성이라는 측면에서 보면, 정당과 유권자 사이에서 일정 수준의 상호작용이 이루어졌다고 할 수 있다.

또한 정당의 책임성이라는 측면에서, 집권 뒤 정부의 예산 규모 변화를 추적해보면 공약의 우선순위 및 정부의 색채에 따라 부문별 예산 비중이 바뀌어나가는 것을 확인할 수 있다. 최근 선거 과정에서 복지 분야와 환경에 대한 공약의 우선순위가 점차 높아지면서 그러한 공약에 맞추어 정부의 예산 비중도 커져 가는 것이 드러난다. 정당이 선거에서 공약과 유권자의 표를 서로 교환하고 집권 뒤에 책임 정치를 한 뒤 유권자의 심판을 받는다는 점에서, 한국의 정당도 이제 민주적 게임에 적합한 정치행위자로 성장하고 있다고 평가할 수 있다.

2. 한국의 정당 개혁

1987년 민주화 이후 한국에서는 끊임없이 정당을 개혁하려는 시도가 이어졌다. 현재까지 한국의 정당을 개혁하는 흐름은 크게 두 가지로 구분된다(박경미, 2013). 첫 번째 흐름은 한국 정당의 비생산적이고 비효율적인 정당 운영 방식을 바꾸는 데 초점을 맞춘 것이다. 마치 '돈 먹는 하마'처럼 엄청난 비용을 잡아먹으면서도 국민을 감동시키는 일 없이 이전 투구만 일삼던 정당의 구태를 바로잡기 위한 노력이라 할 수 있다.

이러한 노력은 정당법을 고쳐서 중앙당 등의 인원을 제한하고(2000년 제11차 개정), 연락소를 폐지해 지구당을 축소하며(2002년 제12차 개정), 더 나아가 아예 지구당을 폐지(2004년 제13차 개정)하는 결실을 맺었다. 또한 정당의 자금을 투명하고 생산적으로 사용하도록 정치자금법을 고쳐서 지정기탁금제를 폐지하는 한편, 정책개발비 규정(1997년 제10차 개정)을 만들고 정당보조금 배분 방식을 개선하며 처벌규정을 강화하는 동시에 후원회는 제한적으로만 허용(2004년 제14차 개정)하도록 했다.

두 번째 흐름은 한국 정당의 민주화에 초점을 두었다. 이러한 흐름은 특히 2002년 대통령 선거 이후 이른바 '3김 시대'의 마감으로 인해 카리스마를 갖춘 전통적인 정치 지도자가 사라지게 되면서 수면 위로 떠올랐다. 과거에는 국회 밖에 있는 각 당사 총재실이나 대표실에 3김이 따로 앉아 있고, 각 당 소속의 국회의원들이나 지지자들이 함께 진을 치는 모습이 일상이었다. 막대한 인적·물적 자산을 가진 3김이 정계에서 퇴장하면서 정당 활동을 국회 안에서 소화하게 된 것은 매우 현실적인 방향이 될 수 있었다. 정당을 운영하는 데 소요되는 어마어마한 자금을 동원할 정치인이나 자신의 주변에 국회의원들이나 지지자들을 모으고 다닐 전통적인 정치인들이 사라지자 자연히 국회의원들은 돈이 덜 드는 국회를 만들고자 한 것이다.

이러한 환경에서 정치학계에서는 원내정당화에 대한 논의가 확산되었다. 다양한 해석의 차이가 있겠지만, 국회로 들어간다는 의미의 원내정당화라는 용어가 뜻하는 바는 한국적 정당 개혁의 맥락에서 찾아야 한다. 이에 의하면 원내정당화는 "① 정당정치의 중심으로서의 국회 비중 증가, ② 정책 결정의 주체로서의 의원 역할 강화, ③ 의원들의 개인적 자율성 증가, ④ 의원 간의 민주적 의사결정 기관으로서의 의원총회 비중 상승, ⑤ 각 의원을 위해 일하는 소수의 전문가와 자원봉사자로 구성된 개인적 정치 기반의 존재, ⑥ 상향식 공천제의 시행, ⑦ 의원과 유권자 간의 한층 직접적인 연계 구축, ⑧ 평균적 일반 대중에 호소하는 실용적 정책정당으로의 발전"으로 요약된다(임성호, 2003: 140~141). 한마디로 국회 내부에서 정당으로서의 본원적인 역할과 기능을 다한다는 것인데, 이는 동시에 한국 정당의 생산성이나 효율성을 높이고 투명성도 제고시키는 데 기여할 수 있는 것이다.

다른 한편 한국 정당의 민주화는 국민참여경선제의 도입으로 더욱 확대되었다. 과거에는 당 총재나 대표가 국회의원 후보를 공천하는 권한을 독점적으로 행사했으며, 대선 때에는 자연스럽게 대통령 후보가 되고는 했다. 그러나 김대중 전 대통령의 임기가 끝나가면서 이러한 막강한 제왕적 권한을 행사할 정치 지도자가 사라져갔다. 게다가 2002년 대통령 선거에서 마땅히 이길 인물과 전략이 없자 민주당은 정당 개혁을 추진하는 방편이자 선거의 명운을 가를 비책으로 국민참여경선제를 처음으로 실시했다. 민주당은 국민참여경선제의 도움으로 2002년 대통령 선거에서는 승리했지만, 그 뒤에는 연패했다. 대통령 선거에서 국민참

<표 5-5> 양대 정당의 대통령 선거 경선방식

	새누리당	민주당
2002년 대통령 선거		
시기	4월 13일~5월 9일	3월 9일~4월 27일
순회방식	인천, 울산, 제주, 강원, 대구경북, 전북, 부산경남, 대전충남, 경기, 충북, 서울 순	인구가 적은 곳에서 많은 곳으로 순회, 남 → 북/동 → 서 이동
선거인단	4만 명	160만 명
선거인단구성	대의원 50%＋국민 50%	50%(대의원＋당원), 50% 국민
2007년 대통령 선거		
시기	8월 20일	9월 15일~10월 14일
순회방식	전국 동시투표	16개 광역시도를 2~3개 묶어서 8개 권역으로
선거인단	23만 명	193만 명
선거인단구성	대의원(2): 당원(3): 국민투표(3): 여론조사(2)	구분 없음, 여론조사 20%
2012년 대통령 선거		
시기	7월 26일~8월 18일	8월 23일~9월 16일
순회방식	지역순회 합동연설회(10회), 정책토크(3회), TV토론회(6회)	16개 광역시도(광주 - 전남, 세종 - 대전 - 충남, 대구 - 경북)별 13회 순회경선
선거인단	-	108만 명
선거인단구성	대의원(2): 당원(3): 국민투표(3): 여론조사(2)	현장투표＋모바일투표＋국민배심원투표 (1인 1표)

여경선제는 유지(새누리당) 또는 확대(민주당)되는 추세에 있지만, 국회의원 선거에서는 매우 국한적으로 적용되는 데 그쳤다. 위의 〈표 5-5〉는 2002년 이후 양대 정당에서 시행하는 대통령 선거의 경선 방식을 요약하고 있다.

3. 국민참여경선과 정당 개혁의 효과[1]

일반적으로 정당 개혁이나 정당의 민주화는 대통령 후보나 국회의원 후보 등 고위 공직 후보자 선출 방법과 과정을 얼마나 민주적으로 고치는가로 평가할 수 있다. 고위 공직 후보자가 선출되는 과정에서 "누가 후보가 될 수 있나?", "누가 후보를 선출하나?", "어디에서 후보를 선출하나?", 그리고 "어떻게 후보를 선출하나?"라는 질문에 얼마나 개혁적·민주적 답변을 할 수 있는지에 따라 정당의 성격이 달라지는 것이다. 이 가운데 가장 중요한 것은 역시 누가 후보를 선출하는지를 의미하는 선출하는 사람의 범위(inclusiveness of selectorate)이다. 후보 자격에 대한 허용도가 커서 누구나 후보에 출마할 수 있다고 하더라도, 또한 선출 단위에 있어 지방에서나 직능별로나 후보 선출에 대한 권한이 나누어져 있다 하더라도, 선출하는 사람에 대한 자격이 폐쇄적이라면 민주적이라고 할 수 없다.

고위 공직 후보자를 선출하는 여러 방식은 그 포용과 배제의 정도에 따라 직선 위에 상대적인 위치를 매길 수 있다. 가장 포용적인 정당의 선출 방법은 일반 유권자 아무나 그 정당의 고위 공직 후보자를 선출할 권리를 갖도록 하는 것이고 가장 배제적인 방법은 그 정당의 지도자 1인이 고위 공직 후보자를 결정하는 것이다. 이러한 양극단 사이에는 당원과 대의원이 공직 후보자를 선출하거나, 몇몇의 선출된 대표들이 관여하거나, 특별위원회 등 선출직이 아닌 기관이 공직후보를 결정하는 경우 등을 차례대로 놓을 수 있다. 고위 공직 후보자를 선출하는 사람이 정당의

---

1) 이 절은 이준한(2003)의 내용을 참고했음.

특정인에 국한되는 사회는 개인적인 인물 중심의 비민주적인 정당정치 체계로 분류되기 때문에 많은 경우 정당의 민주화는 이를 완화하는 데 초점이 맞추어졌다.

그러나 고위 공직 후보자 선출 과정이 더욱 포용적이고 분산적인 방향으로 개혁되는 과정에서 정당정치와 정치체계에 대한 심각한 부작용이 발생했다. 특히 이 과정에서 고위 공직 후보자를 선출하는 사람의 범위를 당원이나 대의원을 넘어 일반 유권자까지 포함하는 사례는 많은 논쟁을 불러일으켰다. 선출하는 사람의 범위가 넓어지면서 발생하는 첫 번째 부작용은, 정당이 전통적인 지지기반의 이해관계를 포괄하고 대표하기보다는 특정한 정책, 이념, 공약을 지지하는 세력에 의해 좌지우지될 수 있다는 데 있다. 고위 공직 후보자 선출 과정에 참여하는 당원, 대의원, 또는 일반 유권자는 정치적으로 매우 참여적이고 활동적이며, 사회경제적으로나 이념적으로도 특정한 속성을 공유할 가능성이 있다. 그 결과 선출된 당 대표나 고위 공직 후보자는 당의 전체적인 지지층을 대변하기보다는 사회경제적으로나 이념적으로 한쪽에 더 치우친 특정 세력의 대표에 더 가까울 수 있다.

선출하는 사람의 범위가 일반 유권자까지 확대되면서 발생하는 두 번째 부작용은 정당의 위계질서나 유권자 지지 구조의 약화이다. 고위 공직 후보자 선출 과정이 개방적으로 변하면서 정당 안팎의 적극적인 참여자들의 영향력이 커지는 데 비해 기존의 정당질서는 적지 않게 약해질 수 있다. 일반 유권자까지 참여하는 개방적인 형태의 고위 공직 후보자 선출 과정은 정당 내부의 지도자들 사이에서 분파나 파벌이 발생하도록 만들 수 있으며, 이들에 의한 정치적인 동원의 가능성 역시 확대시킬 수 있다. 이에 따라 각 분파나 파벌 사이의 당 내외적 갈등이 증폭할 경우, 정당의 응집력이나 위계질서가 약화될 것이다. 또한 고위 공직 후보자와 일반 당원 또는 일반 유권자 사이에 직접적인 상호작용이 경쟁적으로 일어나면서 정당 운영에 있어 구심력보다는 원심력이 더 커질 수 있다.

선출하는 사람의 범위가 일반 유권자까지 확대되면서 발생하는 세 번째 부작용은 정당 소속감이나 충성도가 오히려 약화된다는 점이다. 정당의 기능 가운데 가장 중요한 것으로 간주되는 고위 공직 후보자의 선출에 일반 유권자까지 참여하게 되면, 장기간 당비를 내고 정당 활동을 하던 당원이 정당의 의사결정 과정에 행사하는 영향력의 감소를 경험하게 마련이다. 이에 따라 정당은 당원 및 대의원과 일반 유권자 사이의 경계가 약해질 것이고 당원이나 대의원의 정당 소속감은 줄어들 수 있다.

그리고 때로 일반 유권자가 고위 공직 후보자를 선출하는 과정에 참여하는 방식은 법적인 다툼의 대상이 되기도 한다. 대표적인 예가 일반 유권자로 하여금 어느 정당이건 고위 공직자 후보를 선출하는 데 참여하도록 허용함으로써 정당의 경선을 일반 선거처럼 만든 미국의 블랭킷 프라이머리(blanket primary)이다. 2000년 미국의 대법원은 캘리포니아 주 민주당과 존스(California Democratic Party v. Jones) 재판에서 캘리포니아 주에서 실시되었던 블랭킷 프라이머리를 위헌으로 판결했다. 이 판결에서는 블랭킷 프라이머리가 수정헌법 제1조인 결사의 자유를 침해한다고 보았다. 그리고 정당의 공직 후보자가 그 정당에 속하지 않은 사람에 의해 선출되는 것이 곧 정당의 파괴를 의미한다고 보았다.[2] 이 판

---

2) "California Democratic Party v. Jones," 〈http://en.wikipedia.org/wiki/California_-Democratic_Party_v._Jones〉(검색일: 2011.3.12).

결이 있은 뒤 워싱턴 주와 알래스카 주에서 실시된 블랭킷 프라이머리도 위헌이라는 판결을 받았다.

한국에서도 정당 개혁의 일환으로 국민참여경선이 실시되면서 심각한 부작용을 겪고 있다. 이러한 부작용은 국민참여경선을 지속적으로 확대하는 민주당에서 더 극명하게 확인된다. 2002년 대통령 선거 이후 민주당의 국민참여경선은 민주당의 전통적인 지지기반보다 이른바 '친노'의 응집력과 선택에 큰 영향을 받았다. 이에 따라 민주당 내 주류와 비주류 또는 친노와 비노 사이의 갈등과 경쟁이 민주당의 역학관계나 위계질서에 영향을 주고 있다. 국민참여경선에서 여론조사나 모바일 투표까지 도입했던 민주당은, 2012년 대통령 선거에서는 당원이 역차별을 받는다는 비판까지 받아야 했다. 이러한 국민참여경선은 결코 민주당의 정당 소속감이나 충성도를 강화시킨다고 할 수 없다.

회를 거듭할수록 민주당은 국민참여경선을 대통령 선거에서 승리하기 위한 정치적인 이벤트로 이용하게 되었고, 이에 따라 국민참여경선을 통한 선거의 흥행을 우선적으로 고려하며 여기에 맞춘 규칙을 제정했다. 특히 2012년 대통령 선거에 처음 도입된 모바일 투표는 더 많은 잠재적 지지자를 선거 과정에 참여시키려는 목적으로 시행되었지만, 선거인단을 모으는 과정에서 경쟁이 과열되었고, 기술적인 문제로 인해 경선 파행이나 결과불복이 발생하게 되었다. 경선 과정에서는 후보들 사이에 이합집산이 이루어졌고, 극한의 대결이 벌어지면서 깊은 후유증을 남겼다. 실로 국민참여경선은 본선에서는 물론이고 선거가 끝난 뒤에도 정당의 응집력을 크게 훼손시켰다고 할 수 있다. 국민참여경선은 대통령 후보의 경쟁력을 이른바 '당심'뿐 아니라 '민심'에서도 확인하기 위해 도입되었지만, 결국 민심은커녕 당심에서도 멀어지는 후보 선출

과정이 되어버린 것이다.

그렇다면 국민참여경선은 한국 정당의 개혁에 어떠한 영향을 주었을까? 한국 정당의 개혁은 한국 정당의 문제점과 한계를 개선하는 방향으로 추진되어야 할 것이다. 이미 살펴보았듯이 한국 정당의 개혁은 한편으로는 정당 운영의 생산성과 투명성을 향상시키는 데 기여했고 다른 한편으로는 공천 과정을 민주화시키는 데 기여했지만, 그 결과는 부분적인 성공에 그쳤다고 하겠다. 한국 정당의 개혁이 국민이 만족할 만한 수준으로 이루어졌다면 앞의 〈표 5-3〉에서 살펴본 것처럼 무당파층의 비율이 거의 일정한 수준에서 유지되지는 않았을 것이다. 한국 정당의 공천 과정에 당원과 대의원은 물론 일반 유권자까지 참여시키면서 신뢰를 얻어가고 정당의 저변을 확대해나갔다면 앞의 〈표 5-4〉와 달리 정당의 단순 당원 수가 증가하는 것과 더불어 당비를 내는 진성당원의 숫자도 적지 않게 증가했을 것이다.

맺음말: "책임형 국민참여경선제"를 제안하며

이러한 상황에 지난 10년간 세 번에 걸쳐 시험했던 국민참여경선제에 대한 객관적인 검토와 그에 기초한 개선방향 및 대안을 마련하는 것이 매우 중요해진다. 최근 전 세계적으로 당원이 감소하고 투표 참여가 줄어들면서 정당의 위기가 확산되고 있다. 이에 정당은 일반 유권자의 참여도 확대시키고 정당 소속감을 확장시키기 위해 공직 후보자 선출 과정을 점진적으로 개방해왔다. 한국에서도 정당 개혁과 선거승리의 전략이라는 차원에서 국민참여경선을 도입했다. 특히 진성당원의 숫자가 적다는 한국 정당의 현실은 고위 공직 후보자를 선출하는 과정에 당원이나 대의원 이외에도 일반 유권자를 포함시키게끔 만들었다. 그러나 앞에서 확인했듯이 고위 공직 후보자의 공천 과정에서 민주성을 확대하는 것은 정당 정체성의 향상이나 구심력 제고와 무관했다. 국민참여경선이라는 계기를 통해 한국 정당이 유권자와 더욱 긴밀해지거나 정당의 지지기반이 넓어지거나 하는 결과를 얻지 못했던 것이다. 또한 진성당원이 적기 때문에 일반 유권자에게 경선 참여의 기회를 부여했지만, 이는 진성당원을 증가시키는 것은 고사하고 기존 당원의 정당 소속감까지 약화시키는 결과로 이어졌다.

사실 한국과 같이 고위 공직 후보자를 선출하는 과정에 일반 유권자까지 참여시키는 경우는 많지 않다. 대체로 민주적인 정당에서는 미국식 대통령제를 제외하고는 당원 또는 대의원이 고위 공직 후보자를 선출하는 데 참여하는 상향식 후보선출 방식을 채택하고 있다. 또한 고위 공직 후보자를 선출하는 과정에 당원과 대의원 외에 일반 유권자가 참여하는 것은 정당의 본원적인 정의에서도 벗어나는 것이다. 저명한 미국 정치학자 샤츠슈나이더(Schattschneider, 1942: 64)는 "정당에서 가장 중요한 활동이 바로 고위 공직 후보자 선출(it makes the nomination the most important activity of the party)"이라고 규정한다. 이어서 그는 "만약 당이 고위 공직 후보자 선출을 할 수 없다면 정당으로서 끝(if a party cannot make nominations it ceases to be a party)"이라고 단언한다. "이러한 선출권을 갖는 자가 정당의 주인(he who can make the nominations is the owner of the party)"인데, 정당의 주인은 일반 유권자가 아니라 정당의 당원이고 대의원이라는 것이 그의 논지였다.

그렇다면 한국에서 많은 부작용을 낳았고 정당의 정의에도 어긋나는 국민참여경선을 폐지할 수 있을까? 현실적으로 이미 참여의 폭을 대폭 넓혀준 국민참여경선제를 없앨 수는 없어 보인다. 그러므로 이제 남은 방안은 그동안 시험을 거친 국민참여경선제를 수술해 한층 한국 정당의 발전에 기여하는 방향으로 개선하는 것이다. 이러한 관점에서 2012년 5월 프랑스 대통령 선거를 위해 야당인 사회당이 처음으로 2011년 10월에 도입한 오픈 프라이머리(open primary)가 관심을 모은다(≪한겨레≫, 2011년 10월 7일). 프랑스 사회당은 미국 정당들과 유사하게 대통령 후보를 선출하는 경선에 일반 유권자들이 참여할 수 있도록 허용했다. 그리고 그 과정에서 미국 정당들과 마찬가지로 경선에 참여하려는 일반 유권자에게 사회당의 가치를 공유한다고 밝힐 것을 요구했다. 미국의 정당들과 다른 한 가지는, 프랑스 사회당의 경우 경선에 참가하려는 일반 유권자에게 최소 1유로를 내도록 했다는 점이다. 2011년 10월 프랑스 사회당의 대통령 후보 경선에는 일반 시민 260만 명이 참여했으며, 2012년 5월 사회당은 대통령 선거에서 승리했다.

한국에서도 프랑스 사회당 대통령 후보 경선을 모델로 해 '책임형 국민참여경선제'를 개발할 필요가 있다. 여기에서 가장 중요한 것은 한국의 정당이 자기 정당의 대통령 후보를 포함한 고위 공직 후보자를 뽑는 과정에 참여하는 유권자에게 최소한의 책임성과 정체성을 요구하는 것이다. 고위 공직 후보자를 선출하는 과정을 대폭 개방하는 것은 정당의 민주화에 기여할 수 있지만, 이것으로 인해 정당의 소속감이나 정체성마저 해체되는 것은 막아야 하기 때문이다.

이를 위해 첫째, 국민참여경선에 참여하는 일반 유권자는 해당 정당과 일종의 정치적 협약을 맺는 것이라는 인식을 가져야 한다. 국민은 국민참여경선이 단순한 정치 이벤트가 아니며, 앞으로 탄생할 정부나 당선될 대표의 임기 동안 자신 역시 책임을 함께한다는 것을 선언하는 정치적 협약식이라는 인식을 가져야 하는 것이다. 국민참여경선에 참여하는 일반 유권자는 자신의 성명과 주소 및 연락처를 제공하고 정당은 이를 통해 그들이 당의 중요한 행사와 관련된 활동에 지속적으로 참여하도록 해야 한다. 이러한 접근법은 과거 국민참여경선제가 당의 저변을 지속적으로 확대시키는 데 기여하지 못하고 선거를 일회성 이벤트로 전락시켰던 것을 조금이나마 고칠 수 있을 것이다.

둘째, 각 당의 가치나 정체성에 동의하는 최소한의 제도를 고안해 국민참여경선에 참여하는 일반 유권자가 그 절차를 밟도록 해야 할 것이다. 아무리 일반 유권자라고 할지라도 국민참여경선에 참가하는 것은 한 정당의 가장 중요한 의사결정 과정의 개입하는 것이며, 이는 곧 국가의 미래를 결정하는 중요한 절차에 참여하는 것이다. 이러한 중대한 과정에 참여하려는 일반 유권자는 그에 합당한 책임감을 가져야 하며, 이를 증명하는 최소한의 절차를 거쳐야 한다. 이러한 과정은 과거 국민참여경선이 드러냈던 약점, 즉 정당의 정체성을 훼손하고 응집력을 약화시키는 것을 조금이나마 줄일 수 있을 것이다.

셋째, 국민참여경선에 참여하는 일반 유권자로 하여금 최소한의 후원금을 내도록 유도해야 할 것이다. 과거 한국 정당은 진성당원의 수가 매우 적다는 이유로 계속해서 일반 유권자에게 고위 공직 후보자 선출의 기회를 열어주었지만, 오히려 진성당원은 증가하지 않았으며 정당만 약화되는 악순환이 이어졌다. 하지만 국민참여경선에 참여하는 일반 유권자에게 일정한 후원금을 내게 할 경우, 그들의 책임감을 높이는 동시에 일반 유권자의 영향력에 대한 당원의 반발도 줄일 수 있을 것이다. 나아가 이러한 일반 유권자는 당의 역할에 따라 진성당원으로 변모할 가능성도 있을 것이다.

넷째, 새로운 국민참여경선은 논란이 많은 모바일 경선이나 여론조사를 없애고 여러 지역을 순회하는 경선에서도 현장투표만을 시행해야 할 것이다. 과거에는 여론조사가 민심을 반영하기 때문에 이를 통해 경쟁력이 강한 후보를 선출할 수 있을 것이라는 믿음이 있었다. 하지만 한국을 제외하면 여론조사를 포함하는 국민참여경선은 지구상에서 찾기 어려울 뿐더러 현장 투표를 하는 당원이나 대의원이 가지는 표의 영향력에 비해 여론조사 샘플 1개가 갖는 막대한 영향력은 등가성을 심각하게 왜곡시킨다. 또한 모바일 경선은 선거인단을 모집하는 과정에서 여러 문제를 야기했고, 심지어 기술적인 문제로 인해 경선이 파행되거나 후보가 결과에 불복하는 사태를 유발했다. 새로운 국민참여경선은 과거의 문제는 최소화하고 한국 정당의 위상을 높이는 방향으로 준비되어야 할 것이다.

제3부 정당 혁신과 정치제도

제6장

무엇이 문제이고 어떻게 개혁할 것인가?[1]

이철희

현대 민주주의는 정당정치(party politics)에 의해 이루어진다. 미국 정치학자 E. E. 샤츠슈나이더의 말대로, 정당이 없다면 대의제 민주주의가 온전하게 작동하기 어렵다. 대의제란 시민 또는 국민이 직접 의사결정에 참여하는 것이 아니라 대리인, 즉 대표를 내세워서 참여하는 방식이다. 여기서 문제는 누구를 대표로 선택하고, 어떻게 그가 책임을 지도록 할 것인가 하는 점이다. 믿을 만한 대표를 선별하고, 임기 후 그의 성과에 대해 책임을 물을 수 있으려면 한시적인 후보 개인이 아니라 지속성을 지닌 집단, 즉 정당을 기준으로 삼는 것이 용이하다.

---

1) 이 글은 2013년 ≪계간 민주≫ 봄호(7호)에 실렸던 내용을 수정 · 보완한 것이다.

1. 무릇 정당이라면……

비유하면 이렇다. 정당은 단 한 번의 선거에만 참여하고 사라지는 집단이 아니다. 거의 영속적인 생명력과 전국적인 기반을 갖는다. 한국 정당의 경우 그 수명이 너무 짧아 지속성을 부여하기 어렵다는 말이 있다. 하지만 정당명을 빼놓고 보면, 그 구성원이나 지지기반은 크게 달라지지 않기 때문에 지속성을 갖는다고 해도 무리는 없을 것이다. 또, 무릇 정당이라면 작은 선거에만 간여할 수 없다. 현행 정당법상 지역 정당(local party)의 존재는 사실상 불가능하기 때문에 무릇 정당이라면 대선은 몰라도 지방선거와 총선에는 거의 예외 없이 참여할 수밖에 없다.

지속성과 전국성(national base)을 가진 정당이라면 좋은 후보를 낼 수밖에 없다. 또 그런 정당이 있어야 선출직 공직자의 잘못을 문책할 수 있게 된다. 다시 말해, 대표 - 책임정치의 전제 조건은 정당의 존재라는 것이다. 책임정치는 결과에 대한 책임을 지는 것만을 의미하지 않는다. 진정한 책임정치는 후보를 공천하는 시점에서 이미 시작되는 것이라 할 수 있다. 좋은 후보를 내야 당선되고, 그런 인물이라야 유익한 행정을 펼쳐 정당에게 더 많은 집권 기회를 부여하기 때문이다. 따라서 정당이 없다면 민주주의는 제대로 작동하기 어렵다고 하겠다.

정당의 존재가 필요한 또 다른 이유는 유권자에게 선택 가능한 대안의 수를 줄여주기 때문이다. 선거 때만 되면 여러 정당의 후보들이 나서기는 하지만 만약 정당이 내부 절차를 통해 출마 희망자들을 걸러내지 않는다면 무수히 많은 후보들이 개별적으로 출마하게 될 것이다. 너무 많은 후보가 나서게 되면 유권자들로서는 혼란이 불가피하다. 정보의 제한, 시간의 제약 등으로 인해 모든 후보들의 장단점을 파악하고, 선별하기란 쉽지 않다. 따라서 정당은 유권자들이 선택 가능한 후보의 수를 적정 수준으로 좁혀주는 역할도 한다.

정당은 유권자의 후보 선택 과정을 간편하게 해주는 역할도 한다. 평소 좋아하거나 지지하는 정당이 있으면 그 후보에 대한 별다른 인지 노력 없이도 그를 지지할 수 있기 때문이다. 학자들의 경험적 연구에 의하면, 정당일체감은 후보를 선택할 때 가장 강력한 준거가 된다. 부동의 동인(the unmoved mover)이라는 표현이 사용될 정도이다. 이 때문에 정당의 존재는 유권자가 감당해야 할 많은 비용을 줄여주는, 아주 편리한 기제라 하겠다.

일찍이 어니스트 바커(Ernest Barker)는 정당을 사회와 국가를 연결하는 다리에 비유했다. 시민들은 정당이란 다리를 통해 정부에 대한 주권을 유효하게 행사할 수 있고, 공직자들이 국민의 이해와 요구에 반응하고 책임지도록 강제할 수 있다. 정당을 통해 국민주권이 구현된다는 이야기이다. 대체로 정당이 본래의 기능을 제대로 하는 나라일수록, 그럼으로써 정당 간에 이념적·정책적 차이가 분명할수록 민주주의의 질이 높고, 그 결과 국민이 누리는 삶의 질도 높다. 정당이 사회의 뿌리보다는 정부의 구성에 매몰될 경우 정치적 양극화, 극단적 대결이 심해진다. 결국 좋은 정당이 좋은 정치를 낳고, 좋은 정치가 좋은 삶을 낳는다는 이야기이다.

많이 양보해서, 보릿고개라는 말이 상징하듯 삶의 절대빈곤이 문제가 되는 상황이라면 관료 주도의 발전국가 모델이 그 효용을 가질 수도 있다. 그러나 지금의 대한민국처럼 소득이 2만 달러에 달하는 사회가 되면 관료적 동원의 방식으로는 한계에 부딪힐 수밖에 없다. 절대빈곤이 해결되면 이제 그 사회가 더 나은 사회로 나아가느냐 못 가느냐는 정치에 의해 결정된다. 복지천국 스웨덴을 보더라도 복지국가를 이룩한 것은 관료들이 추진한 복지정책이 아니라 복지정치였다. 문제는 정치인데, 그 정치의 주체가 정당이라는 점에서 좋은 정당이 없으면 이른바 선진국으로의 진입도 불가능하고 하겠다.

이처럼 정당의 역할이 중요함에도 한국의 정당은 그 역할을 제대로 수행하지 못하고 있다. 대체로 정당들은 무능하거나 기반이 협소하고, 정당체제(party system)도 편향적이다. 분단이라는 현실로 인해 이념적으로도 보수에 치우쳐 있다. 비록 진보 정당이 있으나 그 대중적 기반은 대단히 좁다. 진보 정당이 원내 진출한 이후 국가적 의제구성에서 상당한 변화가 발생하기는 했지만, 아직 집권이 가능한 수권 정당으로는 성장하지 못하고 있다. 지역구 - 단순다수제의 선거제도가 이대로 유지되는 상황에서 자유당을 제친 영국의 노동당처럼 수권 정당으로 발돋움할 수 있을지도 의심스럽다. 최근에는 당내 경선 부정 파동과 분당, 내란 혐의 등으로 인해 진보 정당들이 부정적인 존재감만을 보여주는 상황이다. 또 민주당이 2010년 지방선거 이후 이른바 '좌클릭'을 통해 진보성을 강화해나가면서 정당체제의 내생적 변화를 도모하기는 했지만 표방한 만큼의 내용을 감당할 인물이나 주체 세력이 눈에 띄지 않아 진보 의제, 나아가 진보 프레임을 작동시키지 못하고 있다. 아직은 유권자의 다수가 자신의 이해와 선호를 대변하는 정당을 '발견'하지 못하고 있다.

2. 정당정치의 불편한 진실

1) '누가 되든 뭐가 달라져?'

한국 정당정치의 가장 큰 문제점은 양대 정당 간의 차별화가 부족하다는 점이다. 지난 총선을 기준으로 볼 때, 새누리당과 민주당은 각각 152석과 127석으로 전체 의석(300석)의 93%를 차지했다. 형식적으로는 다당제이나 내용적으로는 양당제인 셈이다. 이 양대 정당의 노선이나 정책은 얼마나 다를까? 전문가들의 눈에는 적지 않은 차이가 보인다고 한다. 그러나 정치적 지식과 정보의 양이 많지 않은 일반 유권자에게는 그렇게 보이지 않는다. 그리 큰 차이가 없다. 많은 유권자들은 두 정당 간에 차이가 없다고 느낀다. 누가 집권하느냐에 따라 자신의 삶이 달라진다는 생각을 하지 않는다. 따라서 투표 동기가 없어지게 된다.

양당의 차이는 정치적·도덕적 이슈에서 두드러지게 나타난다. 사실 새누리당과 민주당의 차이를 가르는 주요 분야는 대북 정책이었다. 햇볕정책을 둘러싸고 민주당과 새누리당은 찬반 구도를 형성했다. 그러나 보수의 경우 민주정부 10년을 거치면서 햇볕정책의 필요성에 대해 어느 정도 인정하게 되었고, 진보의 경우 햇볕정책 속에서도 핵을 개발하는 북한의 모습을 보며 햇볕정책만으로는 부족하다는 인식을 갖게 되었다. 이로 인해 현재 대북 정책에서 양당 간의 손에 잡히는 차이를 발견하기란 쉽지 않다. 물론 NLL(북방한계선)을 둘러싸고 벌어진 논란처럼 두 정당 간의 차이가 두드러졌던 사례도 없는 것은 아니지만, 여론의 흐름을 보면 대중은 그렇게 인식하고 있는 것 같지 않다.

새누리당과 민주당은 민주주의 이슈를 놓고 가장 격하게 대립하고 있다. 2012년의 총선과 대선에서도 두 당은 민간인 불법사찰이나 과거사 이슈로 격돌했는데 이들 문제는 결국 민주주의 이슈이다. 국가정보원의 선거개입 문제나 임기제 검찰총장의 사퇴를 둘러싼 공방도 민주주의 이 슈이다. 군사독재 시절부터 민주와 반민주의 구도로 싸워온 이들이 여 전히 이 프레임에서 경쟁하고 있으니 일반 유권자의 눈에 사회경제적 정책에서의 차이는 보이지 않는다. 전문가의 눈으로 양당의 사회경제 정책이 얼마나 다른지 분석하고, 그 차이를 확인한다 한들 보통사람에 게는 '손에 잡히는' 차이로 보이지 않는 이유도 바로 이를 둘러싼 쟁점구 도가 쉽고 간명하게 이해되지 않기 때문이다.

돌이켜 보면, 국민은 10년 동안 민주화 세력에게 기회를 주었다. 산업 화 세력이 실패했으니 이제 새로운 사람들에게 맡기면 변화가 찾아오지 않겠냐는 기대 때문이었다. IMF라는 사상 초유의 경제적 위기는 산업화 세력에게 그 이상 기댈 것이 없다는 확신을 갖게 했다. 그만큼 민주화 세 력에 대한 기대는 크고 깊었다. 하지만 기대가 컸던 만큼 실망도 깊었다. 민주화 세력에게 10년이나 맡겨봤으나 별로 다를 게 없었다. 정치적 민 주주의에서는 상당히 다른 모습을 보였지만 삶의 영역, 즉 먹고사는 문 제에서는 이전의 정부와 전혀 다를 것이 없었다. 오히려 더 나빠졌다. IMF 이후 몰아닥친 신자유주의 물결을 민주정부가 수용한 탓에 생활여 건이 더 악화되었으니 일반 국민이 느끼는 실망감은 더 생생할 수밖에 없었다.

민주정부 10년의 체험은 산업화 세력이나 민주화 세력이나 별반 다를 게 없다는 판단을 낳았다. 이 판단은 민주화 세력에게 치명적인 독이었 고, 산업화 세력에게는 회생의 심리적 끈이었다. 민주화 세력에게도 마 땅한 해법이 없다면 차라리 원조에게 맡겨보자는 정서가 지난 2007년의 대선에서 이명박 후보의 승리를 낳았다. 그런데 그렇게 선택한 보수 정부가 삶을 더 힘들게 만들자 국민이 자발적으로 요청하고 나선 것이 바로 복지이고 경제민주화이다.

사실 복지나 경제민주화는 정당이 먼저 프레임을 만들고 대중이 여기에 참여하는 형태로 진행되지 않았다. 오히려 이대로는 못 살겠다, 같이 좀 살자는 절절한 요구가 선거를 통해 표출된 것이다. 예컨대, 복지를 의제하는 데 결정적으로 기여한 무상급식 이슈도 2009년 선거에서 당선된 김상곤 교육감이 제일 먼저 제기했다. 이후 그것을 주요 의제로 만들어나간 주체도 시민·사회단체들이었다. 정치권은 2010년 6월 지방선거에서 이런 분위기에 편승했을 뿐이다. 그러나 어쨌든 '다행스럽게도' 당시 한나라당이 무상급식에 반대하면서 양 정당 간에 쉽고 간명한 차별화가 이루어졌다. 한나라당은 아이들 밥 먹는 걸 야박하게 막는 정당으로, 민주당은 따뜻한 밥 먹이고자 애쓰는 정당으로 구분되었다.

2010년의 지방선거 이후 야권은 복지정책을 앞장서서 제시해나갔다. 그 결과 2011년 10월의 서울시장 보궐선거 때까지 야권의 우위는 계속되었고, 이는 선거승리로 나타났다. 2010년 6월부터 2011년 10월까지의 경험이 말해주는 것은, 먹고사는 분야에서 양 정당 간에 차별화, 그것도 대중이 쉽게 이해할 수 있는 차별화가 이루어졌을 때 야권이 우위를 점할 수 있었다는 사실이다. 당시 야당의 인적 구성이 그 이전에 비해 달라진 것도 없었고, 새누리당에게 IMF와 같은 악재가 터진 것도 아니었다. 이런 점에서 야당이 우위와 승세를 누릴 수 있었던 것은 전적으로 사회경제적 차별화에 성공했기 때문이라 하겠다.

하지만 이러한 차별화가 2011년 12월 야권통합으로 사라져버렸다. 민주당의 출범과 더불어 복지 어젠다가 실종되었다. 민주당이 발간한 자료집이나 공약집에는 복지가 들어가 있었으나 일반 유권자들이 인지할 수 있는 체감이슈로서 부각되지는 못했다. 서울시장 보궐선거에서 패배한 후 들어선 새누리당의 비상대책위원회와 박근혜 위원장은 복지와 경제민주화를 전면화함으로써 양 정당 간에는 다시 차별성이 없어져 버렸다. 사실 박근혜 위원장은 진즉부터 복지에 대한 이슈 소유권(issue ownership) 공세를 강화해오고 있었다. 그녀는 2009년 아버지 박정희 전 대통령의 30주기 추도식에서 "박정희 전 대통령의 궁극적인 꿈은 복지국가 건설"이라고 밝혔다. 2010년 12월에는 사회보장기본법 전면개정안에 대한 공청회를 개최하고, 그 후 개정안을 의원입법으로 발의했다.

박근혜 당시 의원이 동질화 전략에서 이처럼 강한 드라이브를 펼칠 때 민주당은 안이했다. 무상급식에 이어 반값등록금을 이슈화하고자 했지만, 박근혜 위원장이 이마저 받아들이자 민주당은 어이없게도 아예 손을 털어버렸다. 박근혜 위원장이 복지정책에서 사용한 무쟁점 또는 동조화 전략으로 인해 복지 이슈의 인화성이 상실되자 민주당은 사실상 복지 어젠다를 전장으로 삼는 걸 포기했다. 대신 들고 나온 어젠다가 경제민주화였다. 하지만 경제민주화 어젠다에서조차 박근혜 위원장의 행보가 더 선명하고 강렬했다.

박 위원장은 경제민주화 어젠다를 잡기 위해 경제민주화 전도사라 일컬어지던 김종인 전 의원을 비대위원으로 영입했다. 그의 활약에 힘입어 경제민주화 어젠다는 급속하게 박근혜 위원장에게 귀속되어버렸다. 이에 반해 민주당은 도리어 당의 경제민주화특위를 이끌던 유종일 교수를 공천에서 탈락시켰다. 한쪽은 이름만으로 경제민주화가 연상되는 인물을 앞장세우고, 다른 한쪽은 경제민주화 관련 당의 책임자를 무대 뒤편으로 밀친 꼴이다. 대중의 눈에 이것이 어떻게 비쳐질지는 자명했다.

여론조사에 의하면, 박근혜 위원장이 경제민주화를 더 잘할 것이란 응답이 더 높았다.

정리하면, 새누리당과 민주당 사이에서 사회경제적 분야의 차별화가 선명하게 이루어질 때 민주당 등 야권이 우세해진다. '진보 정당은 사회경제적 이슈를 중심으로 프레임을 짤 때 유리하고 보수 정당은 비사회경제적 이슈에 의한 전선이 구축될 때 편하다'. 정당정치를 연구한 학자들의 분석 결론이다. 이런 일반 명제는 지난 2년의 경험에서 충분히 확인할 수 있는 진실이다. 그런데 민주당은 그 고질적 무능 때문에 야권통합 이후 사회경제적 차별화의 전선을 실종시키고 '익숙한' 주제로 싸우는 '식상한' 모습을 답습했다. 새누리당이 무상급식을 반대하는 스탠스를 취할 때에는 복지이슈에서도 찬반구도가 형성되었고, 이런 구도에서는 민주당이 상당한 우위를 누릴 수 있었다. 하지만 새누리당이 서울시장 보궐선거에서의 패배 이후 찬반구도를 포기하고 누가 더 복지나 경제민주화를 잘 할 것이냐를 다투는 우열구도로 전환하자 민주당은 우왕좌왕했다. 우열구도에서 차별성을 드러내는 데 무능했다.

작년 4월 총선에서 민주당은 민간인 불법사찰에 집중했고 12월 대선에서는 정수장학회 등 과거사 인식에 매달리더니 막판에는 국정원의 선거개입 의혹에 올인(all in)했다. 민간인 불법사찰이나 과거사 인식, 그리고 국정원의 선거개입 의혹 모두 중요한 사안이다. 야당이라면 의당 쟁점화시켜야 한다. 그런데 이러한 정치적·도덕적 쟁점이 다른 모든 이슈를 압도해버리는 프레임 관리는 대단히 잘못된 것이었다. 먹고 살기 힘들어 아우성치고 있을 때에는 그에 대한 해법을 제시하고, 그것을 놓고 경쟁해야 한다. 그 외의 문제로 티격태격하는 건 지금 당장의 고단한 삶이 누구 때문에 야기된 것인지 그 책임을 집권당에게 묻지 않겠다는 것과 다름없다. 전형적인 소탐대실이다.

시대언어의 관점에서 민주와 진보는 다르다. 불법사찰과 국정원의 선거개입 의혹은 모두 민주 시대의 쟁점들이다. 옳고 그름의 문제들이다. 반면 복지와 경제민주화는 진보 시대의 어젠다들이다. 옳고 그름이 아니라 누가 더 잘하고 못하냐 하는 우열의 문제들이다. 2010년 지방선거 이후 2011년 10월의 서울시장 보궐선거 때까지 야권은 고단한 삶에 지쳐 성장 따위의 낡은 해법이 아니라 복지 등 새로운 해법을 갈구하는 대중적 열망에 부응했다. 진보화를 외치면서 정책적으로 좌클릭했다. 그런데 정작 선거 때에는 진보 어젠다가 아니라 민주 어젠다로 싸웠다. 심각한 괴리였다. 이래서는 아무리 후보단일화를 통해 1 대 1로 붙어도 이기기 어렵다.

유권자들이 어디에 초점을 두고 선거를 바라볼지, 어떤 잣대로 후보를 뽑을지는 정당이 어떻게 하느냐에 달려 있다. 평범한 사람들은 대개 정치에 둔감하거나 일상의 바쁜 삶 때문에 정치 정보에 어둡기 마련이다. 이들이 어떤 정당과 후보를 지지·선택해야 자신에게 좋은지 쉽고 간명하게 이해시키는 데 성공하는 정당이 이기는 법이다. 씨름에 비유하자면, 정치와 선거는 사실 샅바 싸움에서 성패의 절반이 결정된다고 해도 과언이 아니다. 따라서 민주당은 사회경제적 분야에서 새누리당과 다른 대안을 마련하는 한편 그 차이가 쉽고 간명하게 이해될 수 있도록 구체적인 쟁점이슈를 만들어내야 한다. 이게 차별화(differentiation)이다. 아무리 좋은 상품이라도 팔리지 않으면 아무 소용없다.

2) '떴다방' 공천

한국 정당정치의 또 다른 문제점은 인적 정체이다. 인적 정체는 주로 야당에서 나타나고 있다. 보수 정당의 경우 인적 문제는 언제나 부차적이다. 보수는 바꾸기보다 지키려 하므로 태생적으로 혁신의 부담이 적다. 현실에서의 보수는 기업의 이익을 충실히 지켜주는 입장이기 때문에 기득의 혜택을 누리는 이점이 있다. 따라서 이력관리에서도 보수는 언제나 진보보다 유리하다. 대체로 보수 진영의 인사들은 정치 외에도 할 것이 적지 않고, 직업 정치를 하더라도 생계에 지장이 없다. 따라서 아등바등 '배지'에 목매달지 않는다. 전직 의원들이 사는 모양을 보면 대체로 보수 진영에 속해 있는 분들의 삶이 훨씬 더 안온하다. 이런 현상은 당연하다. 통상 보수는 친기업(pro-business)의 성향을 갖는다. 이 때문에 먹고사는 문제를 푸는 데 상대적으로 유리한 조건에 있다고 하겠다. 일례로 진보 성향의 단체가 초빙 강사에게 지불하는 강연료는 보수단체의 그것에 비해 상당히 낮은 수준이다.

야당, 특히 민주당의 문제는 지난 시대의 사람들이 여전히 '설치고' 있다는 것이다. 2007년 민주당은 정권을 잃었다. 그것도 530여 만 표 차이로 대패했다. 어느 정부든 잘잘못이 있기 마련이다. 참여정부 역시 공과가 있다. 하지만 어떤 이유에서든 정권을 잃었다면 이는 국민적 평가에서 박한 점수를 받았다는 의미로 받아들여야 한다. 민주당은 운이 없어서, 장기 집권한 탓에 진 게 아니라 잘못한 것이 있기 때문에 대선에서 패배한 것이다. 그렇다면 대선 패배의 책임을 누군가 져야 하지 않나. 책임져야 할 사람을 굳이 꼽자면 전직 대통령, 장·차관 등 정부의 요직을 지낸 정치인, 그리고 국회의원 등이 있을 것이다.

정치인이 책임을 지는 방식은 선거에 출마를 안 하거나 못 하는 것이다. 그런데 장·차관을 지낸 정치인은 논외로 치더라도 국회의원 중에서 대선 패배의 책임을 지고 2008년 총선에 불출마한 사람은 김한길 의원이 유일하다. 2004년 탄핵 반대의 열풍 속에 손쉽게 당선된 이들 중 대부분이 공천을 받아 2008년 총선에 다시 출마했다. 이때 낙선했던 이들조차 4년 뒤 2012년 총선에 대부분 민주당 후보로 출마해 당선되었다. 이처럼 선거에 져도 책임지는 사람이 없고, 바뀌는 얼굴도 없는 게 민주당이다. 2007년 대선과 2008년 총선, 그 이전의 2006년 지방선거까지 포함할 경우 큰 선거에서 내리 3연패한 정당으로서는 상상하기 어려운 재공천 비율이다. 대선 패배의 일차적 책임이 있는 사람이 얼마 안 있다 슬그머니 재·보궐 선거를 통해 복귀하는 모습을 보며, 과연 누가 민주당에게서 책임정당의 면모를 볼 수 있었으랴.

한 시대의 공과에 대해 책임져야 할 사람은 물러나는 게 옳다. 공당이라면 책임정치를 구현하는 차원에서 이런 물갈이는 당연한 과제이다. 물론 사람이 바뀐다고 해서 무조건 정치가 나아지는 것은 아니다. 지난 역사가 이를 말해준다. 숱하게 많은 정치인이 나가고 들어왔지만 정치의 후진성은 별로 나아지지 않았다. 그러나 문제는 어떤 과정을 통해 어떤 인물로 대체되느냐이지 인적 청산 그 자체는 잘못된 것이 아니다. 민주당이 선거에 패배한 후에 치른 2008년 총선, 그리고 이제는 복지 시대를 열겠다고 공언한 다음 치른 2012년 총선에서 대대적인 물갈이가 있어야 했다. 그러나 당의 주요 직책을 맡았던 이들은 거의 예외 없이 살아남았다.

새 술은 새 부대에 담으라고 했다. 설사 민주 시대가 성공했다고 하더라도 그 시대가 마감되고 이제 복지 시대로 넘어간다면 주체 세력이 바뀌는 게 합당한 선택이다. 하물며 민주 시대도 제대로 감당하지 못해 정권을 빼앗겼는데도 그때 그 사람들이 새로운 시대를 주도하겠다고 자임하는 건 코미디이다. 새로운 시대를 경영하기 위해서는 그에 걸맞은 사람들이 새롭게 등장해 신주체를 형성해야 한다. 그래야 대중적 신뢰가 생기게 된다. 철지난 인물, 이미 부족하다고 검증된 인물이 지금부터 잘하겠다고 공언한들 과연 몇 사람이나 믿어줄까.

인적 청산이 제대로 되지 않은 것도 문제지만 그나마 바뀐 경우도 문제이다. 정치는 사실 매일매일 전투를 치르는 치열한 전쟁이다. 죽고 죽이는 살육은 아니지만 이해의 충돌로 갈등하는 정도가 그에 못지않다. 이런 싸움에는 훈련된 역량이 필수적이다. 하지만 지금의 정당은 인적충원을 일종의 '떴다방'에 의존하고 있다. 4년 내내 허송세월하다 공천에 임박하면 이력서에 기재된 스펙(spec)을 기준으로 인물을 검증하고, 지도부와의 친소관계에 따라 그 공천 여부가 결정된다. 당의 노선을 얼마나 잘 구현하고 있는지, 정책에 대해서는 얼마나 알고 있는지, 정치적 테크닉은 어느 정도인지, 계층·집단 대표성은 있는지 등에 대한 검토는 거의 이루어지지 않는다. 오직 인지도와 그에 따른 당선 가능성이 중요할 뿐이다.

이런 스펙 공천으로는 좋은 정치인이 발굴되거나 만들어질 수 없다. 2004년 지구당 폐지 이후 정당의 풀뿌리 조직은 사실상 와해되었고, 그 결과로 정당 내부에서 좋은 정치인·후보가 배출되지 못하고 있다. 불임정당이 된 것이다. 지금처럼 지구당이란 공조직이 없는 경우 새로운 인물이 지역에서 대중적 기반을 만들기란 거의 불가능하다. 정치관계법에 의해 제한적인 정당 활동 외의 정치 활동이 대부분 막혀 있기 때문에, 출마 예정자가 지역 주민과 접촉해 함께 할 수 있는 게 별로 없다. 요컨대 정치가 동네에서 사라져버린 것이다. 따라서 정당으로서도 일단 이름이 알려지거나 경력만으로 충분히 신뢰를 받을 수 있는 인물을 공천하는 데 집중할 수밖에 없다. 선거구 단위에 풀뿌리 공조직이 없으니 알려지지는 않았지만 괜찮은 후보를 발탁해 좋은 후보로 키워낼 힘이 없기 때문이다.

인지도를 기준으로 공천을 할 경우에는 부득불 미디어에 끌려다닐 수밖에 없다. 정당은 유권자와 직접 소통할 수 있는 채널이 없기 때문에 방송·신문 등 미디어를 통해 이를 대체한다. 정치정보도 언론을 통해서만 유통된다. 최근에 SNS가 새로운 채널로 각광받기는 하지만 홍보 수단 내지는 끼리끼리의 모임으로 전락하고 있어 새로운 소통 채널로서 온전하게 기능하지 못하고 있다. 지역에서는 유권자가 일상적인 정치를 할 수 없는 상황이고, 정당은 조직적 뿌리가 없으니 정치인이나 정당이 미디어의 요구에 굴종하는 건 너무나 당연하다. 언론이 한 사람을 스타로 만들거나 악마로 덧칠하는 건 아주 쉽다. 정치권력이 언론권력에게 전전긍긍 수세적일 때 공천도 언론에 의해 사실상 휘둘릴 수밖에 없다.

좋은 정치인이 만들어지려면 정당이 그런 인물을 발굴하고, 훈련시키는 내부 프로세스를 갖고 있어야 한다. 4년 임기의 국회의원을 기준으로, 4년 가까이 허송세월하다가 선거가 임박한 2달 전후에 250여 개 지역구에 대한 공천이 순식간에 이루어지는 시스템으로는 불임성을 극복할 수 없다. 선거가 끝나면 패배한 지역에 새 인물을 영입하고, 그가 당의 활동에 적극 참여하는 한편 지역구에 대중적 기반을 만들 기회를 보장한 다음, 정기적으로 평가하고 검증해서 공천 여부를 결정해야 한다. 비유하자면, 상시공천(permanent nominating) 시스템이다.

한편, 보수 정당의 경우 떴다방 공천이 크게 문제되지 않는다. 인기가 있는 사람의 경우에도 대개 정부, 기업, 언론 등 보수 성향이 강한 분야에서 스펙을 쌓은 사람들이기 때문에 이력과 정체성 간의 괴리가 발생하지 않는다. 또 지역사회의 조직현황을 보면 예컨대 자유총연맹이나 바르게살기운동협의회, 새마을운동중앙회 등 보수 성향의 단체들이 훨씬 우세하다. 이들은 정당조직과 별개로 잘 조직화되어 있고, 기동성 있게 움직인다. 지역사회에 폭넓은 기반을 가진 보수 네트워크는 어느 날 갑자기 등장한 후보라도 얼마든지 안착시킬 수 있다.

지금처럼 새누리당에 있으나 민주당에 있으나 별로 어색하지 않은 정치인이 적지 않다면 권력 자원에서 거의 절대적으로 불리한 비(非)보수 정당으로서는 계속 열세에 밀릴 수밖에 없다. 더 나은 스펙과 더 많은 자원을 갖춘 사람이라면 당연히 집권 기회가 더 많고 정치 환경이 나은 보수 정당을 선택할 것이기 때문이다. 따라서 비슷한 인물을 내놓는 경쟁으로 보수 정당을 그 반대 진영이 이기기는 어렵다. 대안은 다른 인물을 내는 것이다. 똑같은 과정을 통해 길러진 인물이 아니라 민주와 진보의 가치를 충분히 구현한 삶을 살아왔거나, 그런 가치를 지향하는 집단의 대표성을 갖는 인물을 내세워야 한다.

인적 청산의 진정한 의미는 무능한 인물을 솎아내는 작업인 동시에 당의 정체성에 부합하지 않는 인물을 걸러내는 작업이기도 하다. 보수 성향의 정치인은 보수 정당에, 보수를 거부하는 정치인은 비보수 정당에 가는 정당재정렬(party sorting)이 필요하다는 이야기이다. 물론 보수든 진보든 특정 정체성을 가진 정당 내에서도 성향의 정도 차이는 있을 수 있다. 온건파와 강경파의 구분이라든지, 이념 지향과 실용 지향의 구분은 얼마든지 가능하다. 그러나 누가 봐도 보수의 이해를 대변하는 데 비보수 정당에서 정치를 하는 건 어색하다. 이런 사람들은 당의 기율로 정치 활동을 긴박하든지, 아니면 과감하게 퇴출시켜야 한다.

　프랑스 정치학자 모리스 뒤베르제에 의하면, 지역구 - 단순다수제는 양당제를 지향한다. 미국의 정치경제학자 앤서니 다운스(Anthony Downs)에 의하면, 양당제는 중도로 수렴되는 경향을 보인다. 결국 종합하면 단순다수제 아래에서는 양당제가 정착되기 쉽고, 그 결과 독일 정치학자 오토 키르크하이머(Otto Kirchheimer)가 말하는 포괄 정당이 되기 쉽다. 이런 사실을 전제한다면 보수 정당에 진보 정치인이 있거나, 진보 정당에 보수 정치인이 머무는 것이 전혀 이상하지 않다. 오히려 극단적 대결의 정치적 양극화를 막는 제어장치가 되기도 한다.

　그런데 양당제하의 '중도정당론'은 노선 대결이라기보다는 주로 인물 대결로 선거가 치러진다는 것을 뜻한다. 인물 대결은 한 가지 전제가 있어야 가능하다. 보수 세력과 진보 세력이 대등한 수준에서 권력 자원을 균점하는 것이다. 한 사회가 지나치게 보수 우위의 사회라면 진보 성향의 정치인이 대중적 스타로 성장하기는 쉽지 않다. 특히 보수 언론이 공론권을 장악하고 있는 사회라면 더더욱 진보 인사에게는 보이지 않는 장벽(glass ceiling)이 존재하는 것이나 다름없다. 설사 조금 알려지더라도 보수 언론이나 보수 세력의 입맛을 거스르기란 쉽지 않다. 보수가 정해 놓은 선을 넘어서기도, 그들이 보호하는 성역을 건드리기도 매우 어렵다. 따라서 이런 불균등한 사회화, 정치화의 과정을 전제로 한다면 중도정당론에 입각한 인물 대결은 보수 우위의 정치구도를 인정하자는 것이나 다름없다.

　길게 보면 비보수 정당은 비례대표제로 가야 한다. 그래야 정체성에 입각한 다당제가 가능하고, 그래야 정치인들도 자신의 정치 성향에 맞는 정당에서 활동하게 된다. 미국 정치학자 아이버슨과 소스키스

(Iverson and Soskice, 2006)의 분석에 의하면, 진보는 비례대표제하에서 집권 가능성이 훨씬 높다. 이런 점들을 감안할 때 정당과 인물의 '잘못된 만남'을 해소하기 위해서는 궁극적으로 비례대표제로 가야 한다. 선거제도의 개혁이 단시일 내에 이루어지기 어렵다면 우선 양대 정당이 보수와 진보로 분명한 차별화를 이루는 것이 인적 쇄신을 위한 첫걸음이라 하겠다.

정리하면 이렇다. 새누리당과 민주당은 사회경제적 어젠다에서 차별화를 이룸으로써 각 정당의 집권 여부가 어떤 사람의 삶을 개선시키는가를 분명히 해야 한다. 보수 정당은 사회경제적 차별화를 꺼리므로 이 과제는 결국 민주당 등 비보수 정당의 몫이다. 그런 다음 자신이 대표하는 계층·집단에 연계된 인물들을 정치인으로 영입하는 노력을 상시적으로 진행해야 한다. 자본주의 사회에서는 사회경제적 약자가 다수일 수밖에 없다. 이 다수를 조직으로 엮어낼 수 있어야만 정치를 통해 시장의 폐해를 시정하고자 하는 세력이 승리할 수 있다. 따라서 비보수 정당은 승리를 위해 반드시 사회경제적 약자들과 조직적 연계(linkage)를 가져야 하고, 대표 - 책임(representation-accountability)의 관계로 결속해야 한다. 이 원칙에 부합하지 않는 정치인들은 배제하는 것이 옳다. 정당정치의 인적 청산이란 이런 의미이다.

3) '만들어진' 지역주의

지역주의는 모두가 알고 있는 우리 정당정치의 대표적 폐해이다. 월 200만원의 소득이 있는 대구 거주자와 같은 돈을 버는 광주 거주자의 경제적 이해는 다를 수 없다. 그럼에도 대구에 사는 A와 광주에 사는 B는 서로 다른 선택을 한다. A는 새누리당을, B는 민주당을 습관적으로 선택해왔다. 이러한 지역주의 정치는 이제 단순히 지역 출신에 대한 정서적 호감의 발현에 그치지 않는다. 어떤 정권이 들어서느냐에 따라 대구에 더 많은 지원이 이루어질 수도 있고, 광주에 더 많은 지원이 이루어질 수도 있다. 지역주의가 이제는 경제적 이해와 결부되기 시작한 것이다. A와 B는 정부가 저소득층 지원정책을 펼치게 함으로써 자신들 모두의 이익을 관철하는 대신, 각자 자신에게 유리한 지역정권을 세워 차별적 혜택을 받는 방식을 추구한다는 이야기이다.

이처럼 지역주의의 가장 큰 해악은 계층 인식의 발현과 정착을 가로막고 있다는 점이다. 안 그대로 분단이라는 요인 때문에 보수, 특히 반공보수와 다른 주장을 할 경우 빨갱이로 인식되는 프레임이 작동했고, 이는 계층 인식의 형성을 저해했다. 여기에 더해 지역주의까지 작동하게 되면 계층 인식은 이중 질곡에 눌려 정상적으로 표출되기 어렵다. 살기 힘들면 경제적 혜택을 중심으로 정치와 선거를 보는 게 정상인데, 이것이 분단과 지역주의 요소 때문에 주저되고, 저지되는 것이다.

지역주의 아래에서 비보수 정당이 이기는 것은 어렵다. 영남=보수, 호남=진보의 구도에서는 유권자 수에서 절대적 열세인 호남이 언제나 불리하다. 백 보 양보해서 지역주의가 아무리 잘못된 것이라 할지라도 수적 우위에 있다면 써볼 수도 있다. 하지만 18대 대선을 기준으로 호남 유권자는 전체 대비 10.2%로 26.2%의 영남 유권자에 비해 2.6배 적다. 비록 호남의 투표율과 결집도가 다소 높을지라도 이래서는 도저히 이길 수 없다. 요컨대 지역주의 프레임에서는 보수 정당이 단연코 우세하다.

원래 지역주의는 위로부터 조직되고 동원된 것이다. 1963년 선거에서 박정희 후보는 영남의 연고의식에 호소하는 캠페인을 펼쳤다. 그 결과 경상북도에서 61%, 경상남도에서 67%라는 높은 지지를 얻었다. 1967년 선거 역시 그는 영남의 지역성을 동원했다. 당시 경상북도와 경상남도에서 각각 71%와 75%의 지지를 얻은 것도 이 덕분이다. 그런데 이때까지의 지역주의는 정치인의 출신 지역에 대한 선호 감정의 동원에 가까웠다. 그런데 1971년 선거부터는 이것이 특정 지역에 대한 거부 정서의 동원으로 바뀌었다. 즉, 반호남주의가 작동한 것이다. 이러한 반호남주의는 박정희 후보의 강력한 라이벌로 등장한 호남 출신 김대중이 혁신적 정책노선을 주장하며 시작되었다. 또 이 선거를 계기로 지역주의와 반공주의가 결합되었다.

미국의 경우 1896년 대선부터 1932년 대선까지 공화당의 우위가 지속되었는데, 이때의 체제를 두고 지역주의 체제라고 일컫는다. 민주당은 남부라는 지역에 고립되어 있었고, 공화당은 남부 외의 지역을 석권해 다수당의 지위를 굳건히 하고 있었다. 이 체제는 1932년 대선에서 루즈벨트 대통령이 당선되고, 그가 사회경제적 약자들을 정치적으로 동원하고 규합해 뉴딜연합(New Deal coalition)을 구축함으로써 깨졌다. 즉, 지역 프레임에서 계층 프레임으로 이동함으로써 지역주의가 허물어졌다는 뜻이다. 물론 루즈벨트의 뉴딜연합은 남부라는 지역에 그 외 지역의 계층 프레임을 결합한 이른바 지역+계층 연합이었지만, 지역주의 틀을 벗어던진 것만큼은 분명하다.

지역주의는 지역 어프로치(approach)로 해소되지 않는다. 지역을 호명하면 할수록 지역주의는 살아나기 마련이다. 경험적으로 보더라도, 김대중 전 대통령이 집권 기간에 추진한 '동진정책'이나 노무현 전 대통령이 추진한 탈지역주의 정책은 모두 실패했다. 지역에 기대는 것보다 더 나은 대안이 있다는 생각을 들게 해야 지역주의는 사라진다. 같은 값

이면 다홍치마라고 정당 간에 별 차이가 없으면 지역 연고가 있는 정당이나 후보를 찍는 것이 자연스런 선택이다. 따라서 지역 정체성이 아니라 계층 정체성을 갖도록 하는 것이 핵심이다.

여기, 홍길동이란 사람이 있다. 나이는 63세, 월 200만원 소득이 있고, 호남에 거주하는 보수 성향의 남성이다. 이 사람이 고령자, 저소득자, 호남인, 보수, 남성 중에 어떤 것을 자신의 정치적 정체성으로 표출할지는 정치·선거가 어떤 프레임에 의해 작동하느냐에 달려 있다. 지역 프레임이라면 호남 정체성을, 계층 프레임이라면 저소득자 정체성을, 이념 프레임이라면 보수 정체성을 드러낼 것이다. 이 중에서 보수 정당에게 가장 불리한 것이 저소득자 정체성의 표출이다. 사회경제적 약자인 저소득자가 다수이기 때문이 이들이 하나의 계층 인식으로 결집한다면 보수 정당으로서는 최악의 상황이다. 반면 진보로서는 잠재적 지지기반이 가장 넓은 계층 프레임으로 가야 승산이 그만큼 커진다. 이 프레임의 설치와 운영은 전적으로 정당의 권리이자 의무이다.

4) 늙고 노쇠한 정당

대체로 정당에 참여하는 당원들의 연령대가 높은 편이다. 각 당별로 당원의 연령대별 구성비를 공개하지 않아 정확하게 알 수는 없지만, 대체로 20~30대의 비중은 거의 무의미한 수준이다. 당원으로 가입되어 있는 이들조차 원로당원의 자제들이거나 종이 당원에 지나지 않는다. 민주당의 당원 구성에 대해서는 일부 자료가 보도된 적이 있고, 자체 통계가 비공식적으로나마 나와 있다.

민주당은 늙었다. 〈그림 6-1〉에서 확인하듯, 이는 당원들의 연령별

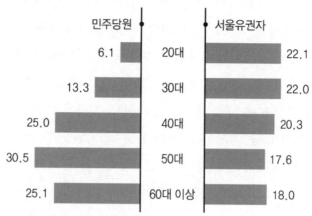

〈그림 6-1〉전체 민주당원 VS 유권자 비율

(단위: %)

민주당원		서울유권자
6.1	20대	22.1
13.3	30대	22.0
25.0	40대	20.3
30.5	50대	17.6
25.1	60대 이상	18.0

자료: ≪한겨레신문≫, 2011.11.8.

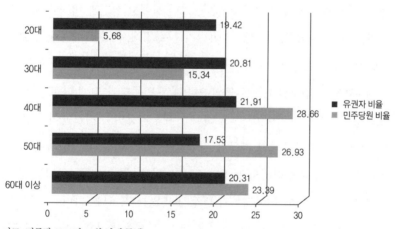

자료: 민주당 2011년 12월 자체 통계.

구성을 보면 부정할 수 없는 사실이다. 민주당의 서울시장 보궐선거 후 보단일화 경선 당시 31만 명에 달하는 서울 지역 당원의 연령대별 비율을 보면 영락없이 노인 정당이다. 20대의 비율이 6.1%, 30대는 13.3%에 그쳤다. 40대 25.0%, 50대 30.5%, 60대 이상은 25.1%였다. 서울지역 유권자 구성과 현격한 부조응(mismatch) 상태를 보여주고 있다. 유권자 구성비를 보면, 20대가 22.1%, 30대가 22.0%, 40대가 20.3%, 50대가 17.6%, 60대 이상이 18.0%이다. 이런 사정은 조사 대상을 민주당 당원 전체로 확대한다 해도 변하지 않을 것이다. 결국 민주당은 20~30대는 과소 대표되고 있는 반면 50대 이상은 과잉 대표되고 있는 것이다.

정치 성향상 20~30대의 압도적 지지를 받는 정당이 실제로는 50대 이상을 과잉 대표하는 정당이라는 사실은 우리 정치의 비극적 현실을 보여준다. 진보 정당은 젊은 정당으로 탈바꿈해야 한다. 녹색 등 탈물질주의(post-materialism) 어젠다를 의제화하는 데 앞장서고, 자유지상주의적(libertarian) 가치를 전면에 내세워야 한다. 흔히 신자유주의는 젊은 층에게 더 많은 희생을 강요한다고 한다. 그런 점에서 실업과 비정규직에 시달리는 젊은 층이 나이 때문이 아니라 사회경제적 고통 때문에 진보적 정당에서 대안을 찾을 수 있도록 해주어야 한다. 이 또한 정당의 몫이다.

새누리당의 경우에도 당원들의 연령대는 민주당과 크게 다르지 않다. 그런데, 두 가지 큰 차이가 있다. 하나는 새누리당의 지지기반이 주로 50세 이상의 유권자들이기 때문에 당원들이 50세 이상의 연령대에 많이 분포되어 있다고 하더라도 문제될 것이 없다는 점이다. 즉, 당원 기반과 유권자 기반 사이에 비동조화가 발생하지 않는다. 다른 하나는, 부유한 집안의 젊은 층이 계층정체성을 자각해 보수 정당의 필요성을 인정하고, 당원이 되는 것도 마다하지 않는 흐름이 생겨나고 있다는 사실이다. 진보 성향보다는 보수 성향의 젊은 층이 상대적으로 더 정당의 필요성을 인정하고, 적극 활용하고 있다. 결국 정당 노쇠화의 문제는 비보수 정당의 문제일 뿐이다.

3. 반대를 넘어 대안으로

서구에서 먹고사는 문제가 어느 정도 해결되자 새롭게 대두된 것이 탈물질주의 가치이다. 경제적 혜택을 얼마나 더 받을까 하는 데에서 눈을 돌려 추상적이고 정신적인 가치를 중시하게 되었다는 것이다. 미국 정치학자 로널드 잉글하트에 의해 '조용한 혁명'이라고 명명된 이 변화로 위기를 맞은 정당은 진보 정당이었다. 보수 정당은 흔들리지 않은 반면 진보 정당은 지지기반을 이루고 있던 기존의 유권자들이 새로운 가치를 추종하게 되자 심각하게 흔들렸다. 서구의 진보가 복지국가 건설 등 성공의 결과로 위기를 맞고 있다면, 이 땅의 진보는 일차적 과제, 즉 생존과 형평 등 사회적 기본권의 문제를 해결하지도 못한 상황에서 총·대선에서 연달아 패배하며 위기를 맞고 있다. 여기에 리더십까지 부재하니 가히 복합위기라 할 만하다.

"대안의 정의야말로 최고의 권력수단이다". 샤츠슈나이더의 말이다. 대개 정권교체의 일차적 원인은 집권자의 실패이다. 더 많은 권력 자원과 수단을 확보한 집권 세력이 잘할 경우 정권교체란 쉽지 않다. 이 때문에 여당이 실패하는 것에서부터 정권교체는 시작된다. 그러나 이는 시작일 뿐 끝이 아니다. 현재에 불만이 있더라도 야당을 선택하게 하기 위해서는 대안이 분명해야 한다. 단임제 대통령제에서는 어차피 새로운 인물 간의 대결이 불가피하기 때문에 과거의 잘잘못에 대한 회고적 평가보다는 미래의 가능성에 대한 전망적 기대가 더 많을 수밖에 없다. 따라서 대안성에서 밀린다면 아무리 정권교체의 여론이 높아도 고전하는 건 도리어 야당이 될 수 있다. 2002년 한나라당 이회창 후보가 그랬고, 2012년 민주당 문재인 후보가 그랬다. 정당정치가 발전하려면 과거가 아니라 미래, 반대가 아니라 대안을 중심으로 경쟁하고 각축해야 한다.

흔히 말하길 경제에서는 압축성장이 가능해도 정치에서는 불가능하다고 한다. 맞는 말이다. 정당정치의 발전을 이끌어낼 회심의 한 수는 없다. 단편적인 방안만으로는 물론이려니와, 사실 제도적 처방으로도 바뀌지 않는 것이 정치이다. 좋은 정치의 핵심은 좋은 정당이 건설되는 것이고, 정당에 의해 좋은 리더십이 끊임없이 배출되는 것이다. 결국 좋은 정치는 좋은 리더십의 문제라 하겠다. 좋은 리더십은 대중적 평가와 검증 속에서 만들어진다. 이를 위한 조건은 두 가지이다.

하나는 정치관계법의 개정이다. 현행법은 일정한 기간 외에는 선거운동을 할 수 없도록 되어 있다. 사실상 제한적인 정당 활동 외에는 대부분의 정치 활동이 금지대상이다. 정치인과 유권자의 정치 활동이 선거운동인지 아닌지를 구분하는 법은 이승만 정부가 일본 군국주의 시대의 법조항을 모방해 1958년에 도입한 것이다. 이 규제는 현행 선거법에도 그래도 이어지고 있다. '당선되게 하거나 되지 못하게 하기 위한 행위'로 정의되는 선거운동은 정해진 기간에만 제한된 행위가 허용되며, 그 외에는 일체 금지된다는 게 골자이다.

이래서는 정치를 통해 대중의 이해와 요구를 모아내고, 대안으로 정립하는 것이 어렵다. 대중들 속에서 정치인이 배출되고, 성장하기도 어렵다. "현대 대의제 민주주의에서 주기적으로 개최되는 선거는 4년 혹은 5년 동안 정당(정치인) - 유권자가 정치 활동을 매개로 맺어온 일상 관계의 한 매듭일 뿐, 선거 정치와 선거가 아닌 시기의 정치가 구분될 수 있다는 발상은 민주주의 정치의 기본에 반하는 것이다. 유권자는 정당이나 후보자와의 관계 속에서 현실세계에 대한 해석정보를 얻고 정책적 필요를 구체화한다. 정당(후보자)은 지지와 표를 구하는 반복되는 과정

속에서 유권자와 소통하게 된다. 민주정치의 이러한 자연스런 과정을 이분법 논리로 구분할 수는 없으며, 현실적이지도 않다". 서복경(2013)의 이 지적은 전적으로 타당하다. 정치인과 유권자가 언제든지 자유롭게 소통할 수 있게 해주어야 한다. 불공정성을 해치지만 않는다면 정치활동은 거의 무제한 허용될 필요가 있다.

다른 하나는 노동관계법의 개정이다. 자본주의 사회는 친기업 사회이다. 타이비(M. Taibbi)가 "조직된 탐욕은 언제나 조직되지 않은 민주주의를 압도한다"고 했는데, 탐욕은 기업의 본질적 속성 중 하나이다. 따라서 자본주의에서는 구조적으로 자본이나 기업, 부자 등 시장의 강자들이 큰 목소리를 낼 수밖에 없다. 그런데 정치는 수의 논리(1인 1표)로 돈의 논리(1원 1표)를 제약하는 것이기 때문에 사회경제적 약자들이 단결을 도모하도록 해주어야 한쪽으로 기울어진 사회적 역관계를 보정할 수 있다. 사회경제적 약자들이 자신의 힘을 강화하고 안정적인 토대를 구축하는 최고의 길은 자명하다. 노동법의 적용대상이 되는 노동의 범위를 확장하는 한편, 노동조합의 결성을 자유롭게 하고, 그 활동 영역을 대폭 확장하는 것이다. 복지국가든 뉴딜개혁이든 진보 정당이 노동조합의 지원을 받을 때 성공할 수 있었다. 이런 점에서 노동관계법의 개정 등 친노동(pro-labor) 개혁이 필수적이다.

정당 개혁의 본질은 정당을 정당다운 정당으로 정상화하는 것이다. 정당이라면 사회구성원의 이해와 선호를 대표해야 하고, 그들과 연계해야 하며, 정책과 공천으로 책임져야 한다. 정당이라면 가져야 할 기본요건만 충실히 감당해도 정당정치는 지금보다 훨씬 나아질 것이다. 기본으로 돌아가라, 이것이 현 단계 진보 진영의 정당정치가 지향해야 할 개혁방향이라고 하겠다.

제7장

제3세대 정당정치를 위해

김영필

정당은 시대가 바뀌면서 지속적으로 변화한다. 미국의 정당정치를 연구하면서 그 유의성을 발견한 월터 번햄(Walter Dean Burnham) 등 저명한 정당정치 연구자들은, 이것을 세대 이론(Generational Theory)으로 이론화했다. 세대 이론은 "25년 내지 30년마다 사람들로 하여금 특정 정당을 지지하게 만들었던 요인이 약화되면서 정당이 재편성된다"는 정당체제의 재편성 이론이다. 여기에서 말하는 '특정 정당을 지지하게 만들었던 요인'으로는 선거권의 확대, 도시화, 산업구조의 변화, 이데올로기의 대립, 전쟁으로 인한 인구구조의 변화 등이 있다.

1. 세대 이론을 통해 본 정당정치의 변화

이러한 세대 이론을 한국의 정당정치를 분석하는 데 적용하는 것도 가능하다. 1945년 독립 후의 혼란기에서 이승만 독재 정권 시대의 제1

공화국과 4·19 혁명으로 탄생한 제2공화국을 과도기적 정당정치체제로 본다면, 박정희의 쿠데타와 그로 인해 탄생한 제3공화국 및 유신시대, 전두환 정권으로 이어지는 군부독재 시대하의 정당정치(1961~1987년)를 제1세대 정당정치라고 볼 수 있으며, 1987년 6월 민주화 항쟁에 의해 대통령 직선제와 국회의원 소선거구제, 지방자치의 전면 실시라는 제도적 정비가 이루어진 절차적 민주화 시대(1988년~현재)의 정당정치를 제2세대 정당정치라 설명할 수 있다.

제1세대 정당정치는 남북한의 이념대결과 냉전 체제, 대미 종속이라는 상황에서 군부를 등에 업은 정부 여당의 폭압적 독재 정치와, 민주화를 명분으로 이에 대항하는 야당의 투쟁으로 구현된 민주 대 반민주의 무한 대결구도였다. 제2세대 정당정치는 절차적 민주주의의 실현과 냉전 체제의 종식, 세계화 등의 외부 요인에 영향을 받으면서 여야당 간 수평적 정권교체가 이루어져 대한민국이 명실상부한 민주국가로 발전한 시기이다.

이제 대한민국의 정당체제는 제3세대 정당정치를 향해 새로운 변신을 모색하고 있다. 2012년의 총선과 대선이 새로운 정당체제 확립의 변곡점이 되어야 했으나, 민주당의 무능이 제3세대 정당정치체제의 출범을 늦추는 결과를 초래했다. 제3세대 정당정치체제가 되어야 했던 2013년 체제는 요란하게 변죽만 치고 끝나버렸다. 따라서 민주진보 진영은 다가오는 19대 대선 승리를 통해 2018년을 제3세대 정당정치체제의 시발점으로 만들어야 할 책무가 있다.

제3세대 정당정치에 영향을 주는 외부적 요인은 정보기술 혁신에 의한 정보화, 외교는 물론 경제, 산업, 복지의 영역에까지 영향을 미치고 있는 세계화, 급속한 저출산과 고령화에 따른 인구구성의 변화, 지구적 규모의 환경 변화 등이 있다. 이러한 외부 요인의 변화는 유권자의 의식 변화에 커다란 영향을 주고 이러한 유권자 의식 변화는 새로운 정당 체제를 만들어내는 원동력이 된다.

2. 정당정치가 직면한 시련

한국의 정당정치는 시련에 직면해 있다. 정보화와 세계화, 저출산과 고령화, 지구적 규모의 환경 변화는 정당정치의 근본적 변화를 요구하고 있다. 또한 온라인에서 새롭게 두각을 드러낸 시민들은 시민정치를 한층 업그레이드시켰으며, 이러한 시민정치를 통해 정당정치를 대체하려 하고 있다. '안철수 현상'으로 수렴되는 정당 불신, 사회의 다원화, 사이버 공간에서 홍수처럼 넘쳐나는 정보 등 정당정치를 위협하는 요인은 한두 가지가 아니다. 이러한 위기 상황을 슬기롭게 극복할 수 있어야 비로소 한국의 정당정치가 재도약할 수 있는 발판을 얻을 수 있을 것이다.

지난 수백 년간 대의제를 통해 민주주의의 발전을 이루어왔던 인류는 정보통신 기술의 발전을 토대로 만들어진 디지털 융합 시대를 맞이해 시민들이 직접 정치에 참여할 수 있는 직접민주주의를 새롭게 시험하는 중이다. 따라서 대의제의 통로로 활용되고 있는 정당은 그 기능과 조직, 의사결정 과정 등에 근본적 변화를 요구받고 있다.

미국의 저명한 정치학자 로버트 달은 직접민주주의를 실행했던 고대 그리스의 경우, 하나의 폴리스에 거주하던 시민의 평균 인원이 약 5,040명이었다고 분석했다. 직접민주주의를 실행하기 위해서는 모든 시민이 모여서 논의할 수 있는 광장 아고라가 필요했으며, 그들이 한 곳에 모일

수 있도록 하기 위한 통신망이 갖추어져 있어야 했다. 당시에는 도보로 직접 연락을 취했기 때문에, 아고라에서 가장 멀리 거주하는 사람도 걸어서 반나절 정도의 거리에 거주했다고 한다. 즉, 고대 그리스 시대의 직접민주주의는 일정한 규모의 폴리스 면적과 인구, 정비된 통신이 있었기에 가능했던 것이다.

이후 인류의 영토가 확장하고 인구가 급속도로 증가하면서, 이러한 직접민주주의는 불가능해지게 되었다. 중세 봉건시대와 절대왕정시대의 정치체계는 민주주의와 무관한 것이었다. 그러나 절대왕정의 폐해가 속출하면서, 고대 그리스의 직접민주주의에 대한 재조명이 이루어졌다. 하지만 대부분의 나라에서는 직접민주주의의 길을 택하기보다는 대의제 민주주의의 길을 택했다. 시간과 공간의 제약, 통신 수단의 한계와 정보의 제약 때문이었다. 그런데 20세기 말 이후 정보기술의 급격한 발달로 직접민주주의를 제약하는 여러 요인들을 극복할 수 있게 되었다. 바야흐로 정보통신 기술이 21세기형 직접민주주의를 실현할 수 있는 길을 만들어낸 것이다.

최근에는 많은 사람들이 대의제 민주주의를 대체할 민주주의로서 직접민주주의에 관심을 갖기 시작했다. 이러한 대의제의 위기는 정당의 위기로 나타난다. 정당은 대의제를 전제로 만들어진 조직이기 때문이다. 정당의 위기는 정치 불신을 가져온다. 국민의 통제가 이루어지지 않는 정당정치의 과잉, 대의제의 과잉현상이 정치 불신의 주된 원인이다. 정치가 그들만의 리그로 전락하면 정당은 기능부전에 빠진다. 그러한 정당은 더는 존속할 수 없다. 그래서 새로운 제3세대 정당정치가 필요한 것이다.

3. 정당 혁신의 기본 방향

1) 직접민주주의의 강화

온라인을 통해 등장한 시민, 이른바 네티즌에게는 정당정치를 대체할 충분한 능력이 있다. 지난 수백 년간 대의제를 통해 민주주의의 발전을 이루어왔던 인류는 정보기술의 발전을 토대로 만들어진 디지털 융합시대를 맞이해 시민이 직접 정치에 참여할 수 있는 직접민주주의를 새롭게 시험하는 중이다. 따라서 대의제의 통로로 활용되고 있는 정당은 그 기능과 조직, 의사결정 과정 등에 있어 근본적 변화를 요구받고 있다.

제3세대 정당은 대의제의 통로로서의 역할은 물론 직접민주주의를 수렴하는 기구로서의 역할도 수행해야 한다. 직접민주주의의 전면적 확대를 통해 대의제 민주주의를 강화하는 것이 정당에 부여된 21세기의 새로운 역할인 것이다. 정당이 단순하게 권력을 생산하고 분배하는 기능에서 벗어나 시민의 정치 참여와 정책 생성의 주체로서 새롭게 태어날 때, 위기에 직면한 정당정치도 새로운 활로를 모색할 수 있을 것이다.

정당이 네티즌의 폭발적인 정치 참여의 기운을 제도화하는 것이야말로 새롭게 정당정치가 도약할 수 있는 발판을 마련하는 일이라 할 수 있다. 제3세대 정당은 직접민주주의의 강화를 통해 시민의 정치 참여를 제도화하는 시민형 정당으로 거듭나야 한다.

2) 투명성 제고와 개방성 확대

한국투명성기구가 2012년 9월부터 2013년 3월까지 국민 1,500명을 대상으로 면접조사를 실시해 발표한 조사결과에 따르면, 응답자들은 12개 분야 중 정당(3.9점)이 가장 부패했다고 답했으며, 국회(3.8점)는 두 번째로 부패한 집단이라 인식하고 있었다. 다음은 종교 단체(3.4점), 공무원(3.3점), 사법부(3.2점), 경찰(3.2점), 민간 기업(3.2점), 언론(3.2점), 군대(3.1점), 교육(3.1점), 보건의료 서비스(2.9점) 순이었으며, 시민단체(2.8)가 가장 낮은 부패지수, 즉 가장 청렴한 집단으로 인식되었다.

대의제를 실현하기 위한 가장 중요한 기구인 정당과 국회가 국민으로부터 신뢰받지 못하고 있으며, 이들을 대체할 시민단체 혹은 시민 세력이 가장 신뢰받고 있다는 결과가 명약관화하게 수치로 나타난 것이다.

문제는 대의제 민주주의의 핵심적 역할을 수행하는 정당이 이러한 국민적 불신을 받고 있음에도 소멸하지 않는다는 점이다. 물론 많은 미래학자들이나 일반 국민은 정당이 국민생활에서 불필요한 존재이기 때문에 앞으로 없어질 것이라 예측하고 있으며, 또 그러기를 바라고 있다. 하지만, 정당을 대체할 실체 또는 정당의 역할을 대체할 또 다른 조직이 존재하지 않는 한 정당은 소멸하지 않을 것이다.

그렇다면 정당을 어떻게 해야 할 것인가? 답은 간단하다. 정당이 정당 본연의 역할을 수행할 수 있도록 정당을 강화하는 것이다. 현재 정당정치를 위협하는 여러 요인들을 제거하고 정당을 둘러싼 사회정치적 환경 변화에 조응하면서 21세기 유권자와 호흡할 수 있도록 정당을 개혁하는 것이다. 손가락의 환부가 아프다고 손가락을 잘라낸다면 환부는 없어지겠지만 더 큰 고통이 따를 것이다. 정당이 그 역할에 충실하지 못하다고 해서 정당을 없애버린다면 정당의 역할을 대체할 수 있는 조직이 없기 때문에 정치는 더 큰 혼란에 빠진다. 정당을 바로 세우는 것이 제3세대 정당정치체제를 만들어 가는 데 가장 우선해야 할 작업이다.

위의 조사에서 알 수 있듯이 정당불신의 가장 큰 원인은 정당이 투명하지 못하다는 점이다. 독일의 정치학자 지그문트 노이만(Sigmund Neumann)은 정당을 "현대정치의 생명선"이라고 했으며, 미국의 정치학자 샤츠슈나이더는 정당이 "현대정치의 단순한 부속물이 아닌, 그 중심에 위치한 것"이라고 평가했는데, 적어도 현재의 시점에서 한국의 정당은 시민들로부터 가장 외면받고 있는 조직이 되어버렸다.

투명성 측면에서 정당이 신뢰받지 못하는 가장 큰 원인은 정당이 폐쇄적으로 운영되기 때문이다. 당의 의사결정구조, 정책 생산구조, 소통과 운영구조는 당원만의 전유물이다. 특히 인재의 충원구조는 폐쇄적이고 배타적이다. 당 지도부는 이러한 모든 당의 활동을 통제한다. 제3세대 정당체제에서 이러한 정당은 도태될 수밖에 없다. 따라서 이러한 정당의 폐쇄성을 극복하기 위해 시민에게 전면 개방된 정당 활동이 필요하다. 개방성의 확대를 통해 투명성을 제고할 수 있으며, 투명성이 제고된 정당에서 시민의 정치 참여는 일상화된다.

3) 민주적 리더십의 확립과 분권화

정당은 임의조직이기는 하지만 여당이 되었을 경우 국가조직을 운영하는 중심에 서게 되며, 야당의 경우에도 국가권력에 대한 견제와 통제라는 중요한 역할을 수행한다. 따라서 정당은 임의조직임에도 공익적 성격이 강조된다. 이 때문에 공적 조직으로서의 정당은 민주적 운영이 필수적이고, 시민에 의한 민주적 통제가 이루어져야 한다.

민주화된 정당은 정당에 대한 신뢰를 높여주는데, 특히 리더십의 민주화는 시민의 지지를 얻을 수 있는 가장 큰 원천이다. 따라서 민주적 리더십의 확립은 강한 정당을 만들기 위한 필수 조건이라 할 수 있다.

지금까지 한국의 정당은 공천권을 무기로 리더십의 사유화가 이루어져 왔다. 이러한 공천권을 둘러싼 리더십의 사유화는 계파정치를 강화했으며, 줄서기를 강요했다. 리더십은 공익이 아닌 사익을 위한 것이 되어버렸으며, 결국 시민들이 정치로부터 멀어지는 원인을 제공했다.

정당의 리더십을 민주적으로 확립하는 것은 정당정치의 강화를 위해 꼭 필요한 과정이다. 특히 지난 10여 년간 리더십이 산재함으로써 수권 정당으로서의 위상을 확립하지 못한 민주당 등 야권은 민주적 리더십의 확립을 통해 수권 정당으로 발돋움할 수 있는 발판을 마련해야 한다.

민주적 리더십을 확립한 정당은 자연스럽게 정당정치의 분권화를 촉진하게 된다. 분권화된 정당은 지역의 자율성과 민주성을 확대함으로써 역으로 정당정치를 강화할 수 있다. 지역에서의 풀뿌리 자치와 생활 정치의 조화를 통해 시민정치와 정당정치를 결합함으로써 수권 정당으로 발돋움할 수 있다.

4) 온라인 정치의 활성화

서울광장에서 촛불을 밝히는 시민에게는 위정자의 간담을 서늘하게 할 수 있는 힘이 있다. 2008년 들불처럼 일어난 광우병 촛불집회가 명박산성을 축조하고 북악산 언저리에서 가슴을 졸이던 위정자를 만들어낸 사실을 우리는 똑똑히 기억하고 있다. 그러나 이러한 시민의 정치 참여는 지속적으로 이루어지지 못하는 한계가 있고, 따라서 대의민주주의의 대안이 될 수도 없다. 정치에 참여하는 시민은 정치 자체의 질적인 향상을 이룩해야 한다는 사명감보다는, 참여 그 자체를 통해 만족감을 느끼는 데 그치는 경우가 대부분이기 때문이다.

그러나 이러한 형태라 할지라도 시민의 정치 참여는 꼭 필요하다. 이러한 시민의 정치 참여가 온라인이라는 가상공간을 통해 더 큰 정치적 힘으로 확대·재생산되기 때문이다. 대한민국의 헌법을 들먹이지 않더라도 모든 권력은 시민의 힘에서 나온다. 서울광장을 가득 메운 시민들이 곧 권력인 것이다. 5만 명의 촛불시민이 5,000만 대한민국 모든 국민에게 영향을 미치는 정치, 이것이 바로 온라인 정치의 현실이다.

그리고 가상공간에서 이루어지는 정치 참여보다 더 중요한 것은, 그것에 대한 정당의 반응이라 할 수 있다. 따라서 정당은 이러한 사이버 공간과의 적극적인 대화를 통해 시민의 힘을 모아 당력을 극대화시키는 전략에 더 큰 관심과 예산을 투입해야 한다. 오프라인에서의 정치 활동과 같은 비중으로 온라인에서의 정치 활동에 투자해야 한다. 또한 당의 의사결정구조, 정책 생산구조, 인재충원구조 등에 온라인으로 통칭되는 정보기술을 적극 활용해야 한다.

4. 민주진보 진영 정당이 나아갈 길

1) 위기에 처한 민주당

정당정치에 대한 불신, 사회의 다원화, 시민정치의 대두, 사이버 공간에서의 정보의 공유를 통한 새로운 정치의 움직임, 풀뿌리 민주주의의 부상, 유권자 지형의 급격한 변화는 정당정치 지형의 근본적 변화를 유도하고 있다. 이러한 정당을 둘러싼 정치 환경의 변화에 적응하지 못하는 정당은 국민으로부터 외면 받고 정치의 불신을 조장하며 사라질 뿐이다. 정당은 우리 사회에서 독립적으로 존재하는 영역이 아니다. 따라서 정당은 우리 사회의 변화를 반영하며 변화해야 존재할 수 있다.

현대정치에서 일반명사로서의 '정당'은 소멸하지 않을 것이다. 하지만 정당을 둘러싼 환경의 변화에 적절히 대응하지 못하는 정당, 구시대적 패러다임에서 벗어나지 못하는 고유명사로서의 특정 정당은 없어지거나 왜소화될 수 있다. 현재 한국에서는 새누리당과 같은 보수 정당을 대체할 또 다른 보수 세력이 존재하지 않기 때문에 새누리당은 그 명맥을 유지하는 데 크게 어려움은 없을 것이다. 그러나 민주진보 진영을 대체할 세력은 차고도 넘치기 때문에, 민주진보 진영을 대표하는 세력으로서의 민주당은 그 활동 여하에 따라 보수 정당에 비해 그 생명력이 길지 않을 수 있다.

20세기 초 영국에서 자유당을 대체하는 세력으로 대두된 노동당의 예처럼, 한국에서도 민주당을 대체할 새로운 정당이 나타날 개연성은 상당히 높다고 할 수 있다. '안철수 신당'이 그러한 역할을 할 가능성도 충분히 있다. 안철수 신당을 그저 제3세력 정도로 치부하는 것은 민주당의 마음을 편하게 할 수 있을지는 모를지언정, 판단의 오류를 범하는 일이 될 수 있다. 지난 18대 대선 패배 이후 민주당이 그 존립의 위기에 직면해 있다는 사실을, 민주당만이 모르고 있다는 평을 받게 될 것이다.

안철수 대선 후보가 국회의원이 되고 두 달이 지난 뒤 실시되었던 2013년 6월 28일 갤럽조사에 의하면, 안철수 신당을 기정사실화할 경우 새누리당, 안철수 신당, 민주당에 대한 시민 지지율은 각각 30%, 25%, 9%였다. 안철수 신당이 민주당을 대신해 새누리당의 반대당 역할을 할 것이라는 유권자들의 준엄한 판단이다. 20~30대 지지율도 민주당이 각각 13%, 12%였던 것에 비해, 안철수 신당은 28%와 42%를 기록해 젊은 층에서 민주당보다 2~3배 이상 높은 지지를 받는 것으로 나타났다. 호남에서도 민주당이 18% 지지에 그친 것에 반해 안철수 신당은 39%를 기록했다. 전체적으로 안철수 신당 출현 시에 민주당 지지자의 41%가 안철수 신당 지지로 돌아선다는 조사결과였다. 이러한 조사결과 앞에서도 안철수가 신당을 만들지 못할 것이라는 등의 원망(願望)에 의지하고 있는 것이 민주당 지도부이다. 그렇기 때문에 민주당 지도부는 위기에 대한 전면적 처방을 하지 않고 안철수 죽이기에만 열을 올리고 있는 것이다(새정치민주연합 출범 이후의 상황에 대해서는 이 글 끝부분에 나오는 보론에서 논하기로 한다).

이렇듯 현재 한국 정당의 위기는 엄격하게 말하면 민주당의 위기이다. 이러한 위기상황에서 능동적으로 변화하지 않는다면 민주당은 빠르게 도태될 수밖에 없다. 그러나 유감스럽게도 현재의 민주당은 자신이 처한 현실에 대한 진단능력도 없고, 위기상황을 극복할 의지도 없으며, 정당정치 환경 변화에 대응할 방안도 없다. 한마디로 민주당에는 능동적으로 위기상황을 극복할 수 있는 추동력이 없는 것이다. 한여름 불섶으로 돌진하는 풀벌레처럼 죽음의 길을 재촉하고 있을 뿐이다.

위기에 처한 민주당을 이대로 두고 볼 수는 없다. 민주당이 안타까워서가 아니다. 대한민국 민주진보 진영 정당 전체가 왜소화될 수 있으며, 대한민국 민주주의의 위기로 전이될 가능성이 있기 때문이다. 누군가는 민주당을 살리는 길을 모색해야 한다. 대한민국 민주주의와 정당정치의 정상화를 위해, 민주당이 시대 변화에 조응하고 시민정치 시대에 능동적으로 대응하기 위한 몇 가지 대안을 제시하고자 한다.

2) 카르텔 정당을 벗어나 대중적 시민 참여 정당의 길로

원래 서구의 정당들은 선거권의 확대에 따라 엘리트 정당에서 대중적 기반을 강화하는 대중 정당의 노선을 걸어왔다. 한때 영국 노동당, 독일 사민당 등 유럽의 주요 정당들의 당원수가 100만 명을 넘었던 것도 이러한 대중 정당 노선의 결과였다. 이때는 당원들의 힘으로 정당이 운영되고 유지될 수 있었으며, 정당의 정책이 국가 정책을 리드할 수 있었다. 그러나 1970년대 이후 당원의 감소와 충성심 약화, 정치자금 기부자 감소 등의 영향으로 정당의 운영은 물론 정당의 존립 기반마저 위협받는 상황에 이르렀다. 이러한 상황 변화에 따른 대응으로 정당들은 국가에 대한 의존을 확대하고 정치 경쟁의 구조를 점차 폐쇄적인 방식으로 바꾸어나가면서 기존 정당 중심의 카르텔 정당체제를 확립했다.

미국 존스홉킨스 대학교(Johns Hopkins University)의 정치학자 리처드 캐츠(Richard S. Katz)와 아일랜드 출신 정치학자 메이어(Peter Mair)는 유럽의 정당들이 간부 정당에서 대중 정당, 포괄 정당, 카르텔 정당으로 변모하고 있다고 지적했는데, 대부분의 정치학자들은 한국의 정당 역시 유럽의 정당들과 비슷한 행보를 보이고 있다고 주장한다.

한국의 정당정치가 카르텔 정당화하는 데에는 다양한 법적·제도적 정비가 있었다. 그 시원은 박정희 시대의 유신체제라고 할 수 있다. 야당이 원했던 것은 아니었지만, 1구 2인제의 중선거구제는 카르텔 정당을 양성화하는 기제로 충분했다. 이러한 선거제도는 5공화국에서도 계승·유지되었다. 이 시기의 정당정치는 군사정부가 만들어낸 일방적인 카르텔 정당정치였다.

현재 나타나는 정당의 카르텔화는 군사정권이 만들어놓은 카르텔 정당과는 그 성격이 다르지만, 더욱 다양한 방법으로 기성정당의 기득권을 보장하고 있다. 정당법은 정당을 '국민의 이익을 위해 책임 있는 정치적 주장이나 정책을 추진하고 공직 선거의 후보자를 추천 또는 지지함으로써 국민의 정치적 의사형성에 참여함을 목적으로 하는 국민의 자발적 조직'으로 규정하고 있다. 즉, 정당은 임의단체인 것이다. 이러한 임의단체인 정당에게 한국은 정당법, 정치자금법, 공직 선거법 등을 적용해 정당의 존속과 활동, 조직 등을 규제하고 있으며, 국고보조금을 정당에 지급함으로써 이러한 규제에 대한 반대급부를 제공하고 있다. 임의단체인 정당이 국가에 의한 개입을 허락하는 이유는 바로 정당 활동에 필요한 거의 대부분의 정치자금을 국가에 의존하고 있기 때문인 것이다. 현 시기 정당정치의 카르텔화는 선거제도와 정치자금이라는 두 가지 중요한 요소에 의해 만들어진 것이라고 할 수 있다.

현재와 같이 주요 정당, 기성정당에 의해 만들어진 정당의 카르텔 구조는 큰 정당에게 유리하게 되어 있고, 이로 말미암아 새로운 정치 세력의 진입이 억제되고 있기 때문에 타파되어야 한다. 정당의 국고보조금 제도, 원내교섭단체 구성요건, 소선거구 중심의 선거제도, 정당의 기호 순번제 등이 그것이다. 또한 이러한 정당의 카르텔화는 정당의 대중화를 가로막는 장벽이기도 하다. 지난 18대 대통령 선거에서 1,480만 명의 국민적 지지를 얻었던 정당이 안철수 신당의 등장과 함께 한 자리 수 지지율로 곤두박질치는 현실은, 카르텔 정당에게 곧 도래할 미래의 모습이라 할 수 있다.

현재와 같은 한국 정당의 카르텔 구조를 혁파하는 길은 결국 시민의 정치 참여에 있다. 이미 민주당은 과거에 다양한 형태로 이것을 실험해 왔다. 국민참여경선제, 모바일 투표 등이 그것이다. 그런데 현재의 민주당은 정당의 대중적 기반을 확대하고자 노력하지 않는다. 기득권을 즐기는 카르텔 정당이라는 점에서 새누리당과 다를 바가 없다.

민주당은 카르텔 정당에 안주하지 않고 진정으로 대중적 기반 위에서 운영되고 조직되는 정당, 다양한 시민의 참여를 보장하고 그들의 목소리를 정치에 반영하는 정당, 시민이 주도하는 시민 참여 정당으로 탈바꿈해야 한다. 지금은 시민 참여의 시대이다. 시민의 참여가 있는 곳에 권력이 생성된다. 시민과 함께 호흡하고 시민의 의견이 정당 운영에 반영되며, 정당의 공직후보 선출 등에 시민의 참여가 가능한 정당, 자발적 시민의 재정적 지원을 바탕으로 운영되는 정당으로 변화해야 한다.

민주당이 시민이 참여하는 정당으로 탈바꿈하기 위해서는 몇 가지 필요조건이 있다. 첫째는 누구의 의견이라도 반영하겠다는 개방적 자세이다. 둘째는 엘리트주의를 배격하는 대중적 자세이다. 셋째는 지역의 의견을 존중하는 분권적 자세이다. 민주당이 기존의 기득권 구조를 즐기며 카르텔 정당의 길에 안주한다면 민주당의 명도 재촉하는 길이 되겠지만, 무엇보다 우리 국민이 피곤하다.

3) 다수 국민을 대변하는 국민 정당의 길로

서양에서의 정당의 역사는 선거권의 확대와 큰 관련이 있다. 즉, 선거권이 확대됨에 따라 정당의 성격이 변화하거나 새로운 성격의 정당이 탄생하는 역사가 반복되었다. 선거권이 극히 제한되어 있을 때에는 명망가 중심의 귀족 정당이 정당정치를 주도했다. 산업혁명을 거치면서 신흥부르주아 계급이 사회의 중추 세력으로 등장하게 되면서부터는 부르주아 계급을 대표하는 보수적 부르주아 정당이 정당정치의 주류를 형성했고, 산업혁명기에 계급적 희생을 강요당하던 프롤레타리아 계급이 선거권을 획득하면서부터는 계급 정당이 부르주아 정당과 정당정치의 중심에서 경쟁하게 되었다. 이념에 따른 정당의 역사로 본다면 보수주의 정당, 자유주의 정당, 사회주의 정당이 차례로 탄생했으며, 현재는 이러한 정당들이 함께 경쟁하는 구도가 확립되어 있다.

선거권의 확대, 보통선거권의 도입 등으로 19세기 말부터 자유주의 정당과 부르주아 정당의 대안 세력으로 등장해 그들과 경쟁하기 시작한 계급 정당은 독일(사민당), 영국(노동당), 스웨덴(사민당) 등 유럽 대부분의 국가에서 집권에 성공한 경험을 가지고 있다.

이렇듯 유럽과 같이 점진적으로 선거권이 확대된 지역에서는 집권 정당의 성격도 보수 정당에서 자유주의 정당, 계급 정당 등으로 점진적으로 변화하며 서로 경쟁했다. 반면 미국이나 일본과 같이 급격한 자본주의의 발전을 이룬 국가에서는 프롤레타리아 계급 중심의 계급 정당이 집권에 성공하지 못하고 주변부 정당에 머물렀다. 일본의 정치학자 쓰지나카 유타카(辻中豊)는 미국과 일본의 경우, 육체노동자를 중심으로 한 2차 산업 종사자가 전체 유권자의 과반수를 넘지 못했던 것을 계급 정당이 집권에 성공하지 못한 주된 이유로 분석했다.

한국 역시 급격한 도시화, 산업화로 인해 1차 산업 종사자가 가장 많은 국가에서 곧바로 3차 산업 종사자가 가장 많은 국가가 되면서 미국, 일본과 마찬가지로 계급 정당이 두각을 나타내지 못했고, 한국 정당정치의 주류를 형성하지 못했다. 물론 계급 정당이 성장하지 못한 이면에는 남북한의 분단 상황이 결정적인 역할을 하기도 했다.

20세기 말 이후 서유럽을 포함한 세계 각국에서는 공통적으로 계급 정당이 쇠퇴하며 다양한 계급의 다수 국민을 대표하는 포괄 정당이 나타나고 있다. 이러한 현상은 영국과 독일 등에서는 제3의 길이라고 불렸다. 이는 현대사회의 다양한 변화에 적응하려는 서유럽 계급 정당들의 자기혁신의 길이었다. 영국의 블레어 정권, 독일의 슈뢰더 정권의 탄생은 이러한 계급 정당들의 자기혁신의 결과였던 것이다.

현재 한국의 정당들도 자기혁신을 요구받고 있다. 이는 유권자의 요구이기도 하지만 정당들의 자기존속을 위해서도 필요하다. 그렇다면 향후 한국 정당정치는 변화한 유권자의 정치적 지향에 부응하고 국민의 삶을 실질적으로 개선하기 위해서 어떻게 변화해야 할 것인가? 어떤 정당정치의 길을 가야 할 것인가? 이러한 물음에 제대로 답할 수 있는 정당은 계속 존재할 것이며, 그렇지 못한 정당은 빠르게 소멸하게 될 것이다.

민주당이 선택할 수 있는 길 중 하나는 진보 정책을 중심으로 진보적 성격의 정당노선을 강화하는 것이다. 다만 여기에서 진보적 성격을 강화한다는 것은, 그러한 정책적 지향점을 가져야 한다는 것이지 그것만으로 진보 정당의 길을 표방할 수 있다는 의미가 아니다. 또 다른 하나의 길은 포괄 정당의 시각에서 중산층과 서민 등 대다수의 국민을 위한 국민 정당 노선을 밟는 것이다. 즉, 진영논리, 이념에 좌우되지 않으면서 다수 국민을 대변하는 국민 정당의 길로 가는 것이다. 이를 통해 다수 국민의 지지를 얻어내어 집권에 성공하고, 국민의 삶을 실질적으로 개선할 수 있을 것이다. 현재의 상황에서는 후자의 길이 민주당에게 필요할 것으로 보인다. 그러나 민주당이 어떤 노선의 길을 간다고 할지라도 유념해야 할 것은 유권자의 이념 분포 및 유권자 지형 변화, 유권자의 정치적 요구에 긴밀히 대응하며 언제라도 노선을 수정할 수 있는 유연성을 확보하는 것이다.

4) 지역 패권주의 정치를 넘어 전국 정당의 길로

지역 패권주의를 교묘히 활용해 정당정치를 왜곡해왔던 정당의 행태
는 한국 정치의 후진성을 나타내는 증거 중 하나이다. 새누리당과 민주
당은 각각 영남과 호남에서 배타적 지역 패권주의를 바탕으로 주요 정
당으로서 자리매김해왔다. 실제로 지난 2012년 총선에서 새누리당은 영
남에서 67석 중 63석을 차지했으며, 민주당은 호남에서 30석 중 25석을
차지해 각각 영남 지역주의와 호남 지역주의의 수혜자임을 증명했다.

이러한 지역 패권주의에 기반을 둔 정당정치는 많은 문제점을 발생시
켰다. 극심한 지역 간 대립, 정책 경쟁에 따른 선거가 아닌 지역주의 중
심의 선거, 상대적 박탈감에 따른 소지역주의의 발생 등 정치적·사회적
·국가적으로 악영향을 끼친 것이다. 이러한 지역 패권주의는 정책정당
화의 길을 가로막는 요인으로 지탄받고 있다. 게다가 영남권과 호남권
의 지역주의에 자극받은 충청권에서 새로운 지역주의 정당이 나타날 가
능성도 배제할 수 없는 상황이다.

최근 '안철수 현상'을 만들어낸 무당파층, 중도층이 이러한 지역 패권
주의 정치의 타파에 대한 기대감을 높인 적이 있다. 그러나 현재 안철수
현상이 현실 정치에 접합되는 양태는, 그저 지금까지 지역 패권주의에
의존했던 정당을 '대체'하는 수준에 머무르고 있는 것으로 보인다. 즉,
호남 지역 패권주의가 기존의 민주당 대신 안철수 세력에 대해 지지를
표명하고 있는 상황인 것이다. 이러한 호남 민심의 변화는 '민주당에 대
한 지역 민심 차원의 경고'라는 의미는 있으나 근본적인 지역 패권주의
를 타파하는 변화는 아니다. 특히 호남에서만의 변화는 한국 전체의 지
역 패권주의에 균열을 가할 정도로 강한 영향을 미치지 못한다.

지역 패권주의의 근본적인 문제는 이것이 지역의 이익을 정치에 반영하는 요인으로 작용하는 대신, 그저 선거 승리를 위한 수단으로 이용되고 있다는 점이다. 따라서 한국의 정당이 이러한 지역주의에 의지하는 정치를 극복하고 전국적으로 골고루 지지를 얻기 위해서는, 유권자들의 계급에 기반을 둔 정책투표와 함께, 선거 제도의 개선을 통해 일정 부분 지역 패권주의 정치를 극복하는 방안을 고려해야 한다.

선거제도의 개혁에서 우선 고려해볼 수 있는 것은 비례대표제를 강화하는 것이다. 현재 300석인 국회의원 정수를 늘려서라도 지역구와 비례대표제의 의석비율을 50대 50으로 맞추어 비례대표 의석수를 늘리는 것이 하나의 방법이 될 것이다. 그러나 이 경우에도 각 지역별 소선거구제에서의 지역 패권주의를 극복하기는 쉽지 않다. 비례대표제가 어느 정도 지역 패권주의를 탈색하는 효과를 가져올 수는 있지만, 한국에서 소선거구제가 내재하고 있는 지역 패권주의를 조장하는 성격까지 막아낼 수는 없을 것이다.

선거제도의 개혁을 통해 지역 패권주의를 완화하는 한층 근본적인 방안은, 비례대표제적 성격을 강화함과 동시에 지역주의를 조장하고 있는 소선거구 선거제도를 대체할 선거구 제도, 즉 권역별 대선거구제를 도입하는 것이다. 즉, 현재 17개 광역시도(인구가 많은 서울, 경기는 각각 4개 정도의 선거구로 조정해 평균 하나의 선거구에서 10~13명 정도의 정수로 의원을 선출함)를 각각 하나의 선거구로 하는 대선거구제를 도입해 다양한 정치집단이 의석을 확보할 수 있는 비례대표성을 강화하는 것이다. 이러한 대선거구제의 도입은 특정 지역에서 과다 대표되는 지역 패권주의에 기반을 둔 정당의 출현을 막아낼 수 있다.

지역 패권주의 정당구도를 완화하는 또 다른 방안은 지역 정당을 인정하는 것이다. 현재 정당 설립의 요건을 규정하고 있는 정당법에 따르면 중앙당은 서울에 있어야 하고 5개 이상의 광역자치단체에 시도당이 있어야 하는데, 이는 서울 중심의 정당정치를 조장한다. 이것은 또한 현재의 패권적 지역주의 정당의 기득권을 인정해주는 제도로, 지역에서의 다양한 여론을 수렴하기 어렵다는 단점이 있다. 만일 지역 정당을 인정할 경우 패권적 정당이 지역에서 누리던 지위를 박탈할 수 있으며, 지역주의를 기반으로 한 정당의 대결구도를 약화시킬 수 있다. 즉, 새누리당과 민주당이 각각 영남과 호남 지역에서 견고하게 확보하고 있던 패권구조를 혁파할 수 있는 것이다. 지역 정당은 생활 밀착형 정당의 출현을 가능하게 해 지역에서 풀뿌리 정당의 기능을 충실히 수행할 수 있도록 하며, 이는 유권자에게 새로운 정당상을 보여줌으로써 정치에 대한 유권자의 체감을 높임과 동시에 정치 불신을 완화하는 효과가 있다. 지역 정당의 출현은 진영 논리를 벗어난 정치를 가능하게 하며, 정치가 더욱 생활과 지역에 밀착되어 이루어지는 계기를 만들어준다. 또한 지역 정당의 인정은 큰 정당 간의 패권적 지역주의 카르텔 구조를 무너뜨릴 수 있는 가장 현실적인 방법이기도 하다.

5. 민주진보 진영 정당 혁신방안: 시민 참여가 보장된 당원 구조

1) 당원의 1표도 일반 유권자의 1표도 동일한 가치

정보기술 혁신과 정보화에 따른 온라인 정치의 발전, 정당정치를 대체할 가능성으로서 대두된 시민정치 등으로 인해 현대정당에서의 당원의 기능과 역할 등에 대한 근본적인 문제가 제기되고 있다.

당원 없는 정당은 존재하지 않는다. 또한 당의 주인이 당원인 것도 사실이다. 그러나 현대 대중 민주주의에 있어 당이 권력을 획득하기 위해서는 유권자의 과반수 혹은 유권자의 다수 지지를 확보해야만 한다. 따라서 권력을 획득하기 위해서는 유권자 한 사람 한 사람의 한 표 한 표를 모으는 과정이 중요하다. 당이 권력을 획득하는 데 있어 당원의 한 표도 유권자의 한 표도 동일한 가치를 갖기 때문이다. 현대 민주주의는 당원이건 일반 유권자이건 상관없이 '1표 1가치(one vote one value)'라는 대명제 아래 성립하고 있는 것이다.

유럽의 오랜 역사를 자랑하는 정당이나 한국의 정당이나 모두 정당의 당원 수가 급속하게 줄어들고 있다는 고민을 안고 있다. 당원의 감소는 기본적으로 사람들이 체감하는 정당의 영향력이 줄어들고 이로 인해 정당 불신이 초래되면서 발생한 결과이지만, 정보화와 시민정치의 발전으로 당원이 아니어도 정치에 참여할 수 있는 길이 많아진 것 또한 원인이라 할 수 있다. 따라서 현대정당은 정치에 참여하는 과정에서 당원과 일반 시민의 역할 간에 차등을 두되, 그 행위의 가치에는 차등을 두지 않는 지혜가 필요하다.

2) 당의 중추로서의 핵심 당원

당원 구조의 기본 원칙은 당원으로서의 권리와 의무의 조정이다. 정당은 기본적으로 임의단체이며, 이는 당원으로 가입하는 사람에게 배타적인 권한이 부여되는 것을 의미한다. 따라서 당비를 내면서 적극적으로 당의 활동에 참여하는 핵심 당원에 대해서는 그에 걸맞은 위상과 권한이 부여되어야 한다.

핵심 당원은 일정 당비를 정기적으로 납부하는 당원을 의미하며, 당의 활동에도 적극적으로 참여하는 당원이다. 이러한 당원에 대해서는 공직, 당직의 선거권은 물론 피선거권도 부여되어야 한다. 다만 이들이 투표하는 한 표의 가치는 핵심 당원 이외의 당원은 물론, 당의 의사결정 과정에 참여하는 일반 시민들의 한 표와 동등한 가치를 가져야 한다.

핵심 당원에게 배타적으로 부여되는 권한은 당직 선거에서의 피선거권이다. 당직 선거에서의 피선거권은 핵심 당원만이 가질 수 있는 배타적인 권리이며, 이는 일정 기간 연속해서 핵심 당원으로 활동한 사람에게만 부여되는 특권이다.

3) 공직 선거의 예비 후보로서의 일반 당원

일반 당원은 당원으로 가입하나 당비를 납부하는 의무는 부과되지 않으며, 당의 모든 활동에 자유롭게 참여하는 당원을 의미한다. 공직후보의 피선거권을 얻기 위해서는 일정기간 연속해서 일반 당원 이상으로 활동해야 하며, 당직 선거의 피선거권은 부여되지 않는다. 선거권에서는 핵심 당원과 동등한 권한을 갖는다.

4) 정당 서포터

정당 서포터(supporter) 제도는 정당을 지지하지만 당원 가입을 꺼려하는 현대인의 세태를 반영해 마련된 제도이다. 정당에 당원으로 가입하지는 않으나 그 활동에서는 당원과 동등하게 권리가 부여된다. 다만 정당 서포터가 정당의 피선거권을 얻기 위해서는 일반 당원 혹은 핵심 당원으로 전환해야 한다.

5) 사이버 당원

사이버 당원은 인터넷상에서 정당 활동을 하는 당원을 말한다. 이들은 사이버상의 정당에 당원으로 가입하며, 언제든지 본인의 의사에 따라 입당과 탈당을 자유롭게 할 수 있다. 정당은 사이버 당원의 증감률을 마치 실시간 여론조사처럼 활용해 정당에 대한 국민적 지지와 관심을 확인할 수 있다. 사이버 당원은 당직, 공직 후보자가 되기 위해 오프라인상의 당원으로 가입할 수 있으며, 선거권에 있어서는 일반 당원과 같은 권한을 가진다.

사이버 당대표 등을 선출할 때에는 사이버 당원에게만 배타적으로 선거권과 피선거권이 부여된다. 모든 당원은 정당의 당원이 됨과 동시에 사이버 당원이 될 수도 있다. 이 경우 사이버 당원과 일반 당원은 별도의 주체로 본다.

6) 정책 당원

정책 당원제는 정책정당화를 지향하는 현대의 정당에 있어서 꼭 필요한 존재이다. 정당의 특정한 정책 생산과 결정 과정에 참여하는 당원으로서의 자격이 부여되며, 온라인과 오프라인에서 별도의 활동을 한다. 정책 당원은 정당의 정책 생산과 결정 과정에서 정책을 제안하고 주요 정책을 결정하는 권한을 갖는다. 다만 정책 당원에만 가입한 사람은 당직, 공직 선거 등에는 참여하지 못한다.

7) 정주 외국인에 당원 문호 개방

정당은 사회의 다원화에 따른 다양한 사회계층의 당원 가입을 허용해야 한다. 정주 외국인 등에 대한 당원 가입도 필요하다. 현재 한국은 당원 가입을 국민으로 한정하고 있는데, 실제로 지방선거에서는 정주 외국인에게도 투표권을 부여하고 있기 때문에 모순이 발생한다. 정주 외국인 당원 가입은 진보적인 정책 의제이기도 하며, 주도적으로 정당정치의 개방화를 만들어가는 한 방편이기도 하다.

6. 공천권을 시민에게

1) 당직 선거는 당원 중심, 공직 후보자 추천은 시민에게

현재 민주당은 당직 선거를 당원 중심으로 실시하고 있으며, 공직 선거 후보자 추천에서는 당원 이외의 일반 시민에게도 문호를 개방하고 있다. 지난 18대 대통령 선거 후보자를 뽑을 때 모바일 투표를 통해 국민이 참여할 수 있도록 한 것이나, 2012년 두 번의 전당대회에서 당대표를 선출할 때 다수의 국민이 모바일 투표로 참여할 수 있도록 한 것에 비하면 상당히 폐쇄적인 방법이다. 적어도 일반 국민의 참여라는 관점에서 본다면 상당한 퇴보이다.

당시 지적된 문제는 '1인 1표' 원칙으로 인해 국민의 표와 당원의 표에 차등이 없어 당원의 권리가 침해되었다는 점, 그리고 당원의 현장 투표율보다 국민의 모바일 투표율이 더 높아 결과적으로 당의 대표와 주요 공직 후보자를 선출하는 데 일반 시민의 의견이 과대하게 대표되었다는 점이다.

이러한 문제점은 이미 앞 절의 '1표 1가치'의 논리로 해결했다. 정당은 권력의 쟁취를 목적으로 하는 조직이고 이는 선거를 통해 이루어진다고 볼 때, 당원의 한 표의 가치가 더 커야 할 이유는 어디에도 없다. 따라서 모든 공직 후보자의 추천에서는 1표 1가치의 원리에 따라 시민에게 완전 개방된 선거가 이루어져야 한다. 다만 당직 선거에서는 당원에게 배타적인 피선거권을 주어야 하며, 선거권에서도 당에 재량이 주어져야 할 필요가 있다. 다만 어떤 경우에도 1표 1가치의 원리가 훼손되어서는 안 된다.

2) 지역구 국회의원 후보자 상시공천

지금까지 한국의 정당정치에 있어 공천 문제는 정치의 불확실성을 증대시켰다. 선거가 임박해서도 후보자가 결정되지 않는 경우가 비일비재했으며, 전략공천이라는 명목하에 수많은 낙하산 공천이 이루어졌다. 이는 지역과 밀착된 정당정치를 불가능하게 했으며, 중앙당의 과도한 선거개입을 초래했다. 이러한 문제를 해결하기 위해서는 국민에게 예측 가능한 정치를 보여주어야 하는데, 예측 가능한 정치는 공천의 상시화를 통해 이루어질 수 있다. 지역의 지구당 위원장은 기본적으로 다음 총선거의 후보자로서의 성격을 가져야 한다. 그래야 정당의 지역조직이 지역에서 뿌리내리고 순기능을 할 수 있다.

다만 지역위원장의 역할을 강화하기 위해서는 지역위원장 선출에 지역의 의견이 정확하게 반영되도록 시스템을 정비해야 한다. 중앙의 힘으로부터 통제되지 않는 독립된 지역의 역할을 수행하기 위해서는 지역에서의 오픈 프라이머리를 통해 지역위원장을 선출하고, 중앙은 절차적 하자가 없는 한 지역의 의견을 존중해 지역위원장을 승인해야 한다. 그래야 줄서기가 없어지고 지역정치가 강화된다. 중앙은 후보자의 도덕적 결함, 정체성 문제 등 당인으로서의 기본적인 자격 심사만 하는 것으로 역할을 축소해야 한다. 지역구 국회의원 후보자에 대한 중앙당의 공천 심사제도는 사실상 폐지해야 하며, 오픈 프라이머리에 대한 관리는 선관위가 일괄적으로 함으로써 그 공정성을 담보할 수 있다.

3) 비례대표 국회의원 비구속명부제 도입

지금까지 국회의원 선거, 그 가운데에서도 비례대표 국회의원 선거는 공천과 동시에 당락이 결정되었다. 당선 가능한 상위 순번을 부여받은 경우는 공천과 동시에 당선되었고, 반대로 당선이 희박한 후순위를 부여받은 경우에는 공천이 의미 없는 요식행위에 지나지 않았다. 이 과정에서 국민의 의사는 반영되지 않았다. 2000년에 한창 주가를 올렸던 낙천·낙선운동조차 비례대표 국회의원 선거에서만큼은 효력이 없었다. 비례대표 국회의원들을 선출하는 권한은 온전히 당대표를 비롯한 공천 심사위원이 결정하는 문제였다.

이러한 현재의 국회의원 비례대표 선거제도는 국민의 의사를 수렴해 당락을 결정하는 선거과정에서 꽤나 일탈한 선거제도이다. 비례대표 국회의원 선거제도에서 비구속명부제를 도입하는 것은 공직 선거법의 개정을 통해 이루어져야 할 문제이며 여야 간 합의가 필요한 문제이다. 따라서 상당한 시일과 합의가 필요한 문제이다. 그러나 그러한 문제가 해결되지 않는다고 하더라도 각 정당은 자체적으로 비례대표 후보자에 대한 오픈 프라이머리를 통해 순번을 정할 수 있다. 국회의원을 선출하는 권한을 가진 유일한 사람은 오로지 유권자뿐이다.

7. 시민 참여의 정책과정

선거에서 정책으로 국민의 심판을 받는 이른바 정책정당화의 길은 멀고도 험하다. 정책을 통해 국민의 판단과 지지를 받는 것은 정치적으로 매우 당연한 일이지만, 아직까지 한국의 정치현실은 권력을 얻기 위해 정책을 놓고 경쟁하지 않았다. 따라서 정책정당화의 길도 요원한 것이었다. 그러나 이제는 정책정당만이 국민에게 지지를 얻을 수 있다는 공감대가 형성되었다. 국민을 위한 정책을 생산해내는 것이 정당의 가장 중요한 역할이 된 것이다. 국민을 위한 정책은 전문가가 책상머리에서 만들어내는 것이 아니라 국민의 생각과 생활의 현장에서 나온다. 정책생산은 국민과 함께 할 때만 생명력을 가질 수 있고 현실화될 수 있다.

1) 정책 결정 과정의 원칙

그런 점에서 정책 결정 과정은 몇 가지 원칙에 입각해서 이루어져야 한다. 첫째, 정당의 정책 결정 과정은 투명해야 한다. 누가 만들어냈는지도 모르는 정책은 결국 누구도 책임지지 않는다. 정책실명제가 필요한 이유이다.

둘째, 정당의 정책 결정 과정은 많은 사람들이 참여하는 것을 원칙으로 해야 한다. 밀실에서 몇몇 사람이 만들어내는 정책은 공감대를 형성하기도 어렵고 추진력을 갖기도 어렵다. 집단지성에 의해 만들어진 정책은 많은 사람들의 공감을 얻을 수 있고 실천력을 담보할 수 있다.

셋째, 정당의 정책 결정 과정은 개방적으로 열려 있어야 한다. 대한민국 국민이면 누구나 정책을 제안할 수 있도록 정책 제안 시스템을 정비해야 한다. 누구도 완벽한 정책을 만들어낼 수 없기 때문에 정책 결정 과정이 개방적으로 이루어진다면 더욱 좋은 정책을 만들어낼 수 있다.

넷째, 정당의 정책 결정 과정에 다양한 사람들이 참여해 투명하고 개방적인 방법으로 정책 결정이 이루어지도록 하려면 온라인에도 오프라인과 동등한 정책 결정 비중을 부여해야 한다.

이와 같은 정책 결정 과정의 원칙하에 정당의 정책이 결정된다면 그러한 정책은 살아 있는 정책이 될 것이며, 국민과 호흡하는 정책이 될 것이다. 실천 가능한 정책이 되고 그 생명력도 길어질 것이다.

2) 시민 참여의 정책 컨퍼런스

유럽 주요 정당의 강령과 정책은 수많은 논쟁과 토론, 전당대회에서의 격론을 거친 뒤에야 확정된다. 2005년 미국 민주당의 집권 전략이 된 해밀턴 프로젝트도 수많은 사람들의 논쟁을 통해 만들어낸 집단지성의 결과물이다. 일본의 정당들도 매년 1월 정기국회가 시작되기 직전 정기 전당대회를 개최해 정기국회에서 추진할 정책방향과 정책대안을 결정한다. 그러나 아직까지 한국에서는 정책을 가지고 커다란 논쟁이 일어난 적이 없다. 대통령 선거 공약도 밀실에서 몇몇 전문가들에 의해 만들어지는 것이 다반사이며, 이는 여야를 막론하고 차이가 없다. 정당의 정책 결정 과정에 일반 시민들이 적극적으로 참여하는 기회는 아직까지 없었다.

지금까지 한국 정당의 정책 결정은 국회의원들의 전유물이었다. 국회의원은 국회의 입법 과정을 통해 정책을 실현하기 때문에 정기국회, 혹은 임시국회를 앞두고 의원 워크숍을 통해 당의 주요 정책 방향을 정하고 그것을 입법 과정에 반영했다. 그 과정에서 국민은 물론 당원들과도 호흡하는 기회조차 없었다. 한미 FTA를 왜 재협상해야 하는지, 강정마을 해군기지의 문제가 무엇인지에 대해 논의할 기회조차 얻지 못한 채, 당원들과 지지자들은 당의 결정에 따라야 했다. 하지만 정당에 대한 지지가 곧 정책에 대한 지지가 될 수는 없었다. 그저 정당을 지지하기 때문에 정당의 정책을 지지한 것일 뿐이다. 당연히 정당의 정책 추진력은 한계를 가질 수밖에 없었다.

이러한 일방통행식 정책 결정 과정과 결별하고, 시민이 당의 주요 정책을 결정하는 다양한 논의 과정에 참여하기 위해 필요한 것이 정책 컨퍼런스(policy conference)이다. 정당은 매년 1회 당의 주요 추진정책을 결정하기 위한 정책 컨퍼런스를 개최해야 한다. 그 주체가 정당이든 정책연구소이든, 정책 컨퍼런스를 통해 당의 나아갈 방향과 주요 정책을 결정하고, 또한 이를 통해 당원과 지지자의 목소리를 담아내야 한다. 그러한 과정을 거친 정책은 상당한 추진력을 갖게 될 것이다. 그리고 그것은 정책정당화의 길을 앞당기는 길이기도 하다.

현재 한국에서는 통일정책, 문화정책, IT정책 등 정부부처가 개별적으로 추진하는 정책 컨퍼런스는 있지만 정당이 추진하는 종합적인 정책 컨퍼런스는 없는 상태이다. 정당이 주관하는 정책 컨퍼런스는 당의 다양한 주도 세력은 물론, 민간 싱크탱크도 참가해야 한다. 또한 이를 통해 풀뿌리 지역조직의 네트워크를 구축할 수 있어야 하고, 일반 국민이 자신의 정책을 정치 과정에 반영할 수 있는 기회를 제공해야 한다. 모두가 참여하는 참여민주주의의 형태로 정책 컨퍼런스가 운영되어야 한다. 그것이 당의 외연을 확대하는 길이기도 하다.

정책 컨퍼런스에서 제안된 정책은 당의 소속 국회의원들이 책임지고 입법화해야 한다. 이는 정치의 피드백 측면에서 가장 중요한 과제이며, 이러한 과정을 통해 국민은 정치를 체험하며 정당을 한층 더 신뢰할 수 있게 된다. 당 소속 국회의원들은 정책과제를 발굴하는 장으로서 정책 컨퍼런스를 활용해야 하며, 정책 컨퍼런스를 전당대회 수준의 위상으로 강화해야 한다.

3) 온라인 정책 포럼

정책 컨퍼런스의 온라인판도 가능하다. 온라인상의 정책 컨퍼런스는 상시적으로 운영할 수 있기 때문에 수시로 살아있는 정책을 만들어낼 수 있으며, 피드백 또한 빠르게 가능하다. 정책 당원과 사이버 당원을 중심으로 온라인상의 정책 포럼을 활용한다면 당의 주요 정책에 대해 시민들이 어떻게 느끼는지도 바로 확인이 가능할 것이다.

온라인 정책 포럼은 파편화된 개인을 묶어내는 기능을 하기도 하며, 이를 통해 온라인에서 활동하고 있는 다양한 정책 전문가들과의 연계도 가능하다. 온라인 정책 포럼은 파워 블로거들의 공간이 될 수도 있으며, 특정한 정책에 대해서는 크라우드 소싱(crowd sourcing)을 활용해 집단지성을 통한 정책적 합의를 이끌어낼 수도 있다. 또 이것은 플랫폼으로서도 기능하기 때문에, 정책 생산의 메카가 될 가능성도 충분하다. 만인의 만인을 위한 정책을 만들어나가는 과정은 민주주의의 진정성을 업그레이드시킨다.

4) 현장 목소리의 정책화

정치권이 국민의 목소리에 귀 기울이는 것은 너무나 당연한 행위이다. 정당이 국민의 목소리를 듣기 위해 현장으로 나가는 것 또한 너무나 당연하다. 그러나 정치를 소수 엘리트의 전유물로 생각하는 보수적 시각은 이러한 현장 정치를 파괴적 정치로 규정하고 있다. 야당은 이러한 논리에 주눅 들기 일쑤이다.

현장 정치는 국민의 목소리를 정치권에 반영하기 위해서 꼭 필요한 과정이다. 정책 결정 과정에서의 현장성 강화는 정책을 발굴하고, 정책 이슈를 주도하는 데 중요한 역할을 한다. 정당의 책무는 눈과 귀, 손과 발을 통해 현장에서 정책을 발굴하는 것이며, 말과 글을 통해 국회에서 정책을 실현하는 것이다.

타운홀 미팅 등을 통해 생활 정치의 현장을 찾아보고, 지역 민심을 청취하며, 주민의 의견을 수렴해서 정책에 직접적으로 반영해야 한다. 사실 역사 속의 만민공동회나 신문고 제도 등도 변형된 타운홀 미팅이라 할 수 있다. 매주 주말 이동 당사를 상시적으로 운영해 국민의 목소리를 수렴하는 것도 현장성을 강화하기 위한 한 방법이다. 국민으로부터 멀어진 정당은 국민의 신뢰로부터도 멀어진다. 국민과 함께 국민 속으로 들어가는 과정은 정당에게 필수불가결하다. 이동 당사 운영을 통해 국민의 의견에 대한 피드백 기능도 강화할 수 있다. 이동 당사는 국민과의 소통의 공간이자 국민에게 정당 활동을 홍보하는 공간이기도 하다.

5) 숙의민주주의를 통한 당론 결정

민주주의에 대한 다양한 정의가 있지만 그중 하나가 '투표해 다수결로 결정하는 것'일 것이다. 정치의 세계는 물론, 사람들이 사회를 이루어 살고 있는 곳이라면 어디서든지 이렇게 투표로 결정하자는 이야기가 자연스럽게 나온다. 그 전형적인 예가 바로 선거인데, 이러한 선거는 집계를 통해 결정이 되기 때문에 보통 '집계민주주의'라고 부른다.

그런데 최근 직접민주주의의 가능성, 행동하는 시민의 등장, 정보의 대중화 등으로 인해 이러한 집계민주주의의 보완책으로서 숙의민주주의(deliberative democracy)가 주목받고 있다. 숙의민주주의는 자신의 의견을 될 수 있는 한 명확하게 말함과 동시에, 다른 사람의 의견에도 진지하게 귀를 기울이며 납득을 하거나, 자신의 잘못된 점을 수정하는 과정이다. 이러한 과정을 통해 다른 의견들을 하나로 묶어내고 서로에 대한 이해도를 높여 모두가 납득할 수 있는 최종결정을 이루어가는 과정이 바로 숙의민주주의인 것이다.

이러한 숙의민주주의는 세계적으로도 다양하게 실현되고 있다. 덴마크에서는 전문가와 일반 시민이 과학기술정책에 대해서 숙의하는 '컨센서스 회의(consensus conference)'가 열리고 있으며, 무작위로 추출된 시민이 특정한 주제를 숙의하고 그 의견 변화의 추이를 측정하는 '숙의 여론조사'는 미국, 영국, 호주 등에서 실시하고 있다. 1989년 브라질의 포르투알레그리 시에서 처음으로 실시된 '주민 참여 예산제'는 숙의민주주의의 성공적인 예에 속한다.

숙의민주주의는 정당 활동에서 다양하게 적용할 수 있다. 보통 한국 정당의 당론 결정 과정은 최고위원회의와 의원총회를 통해서 이루어지는 것이 일반적이다. 민주당이 작년 전당원투표제를 통해 기초선거 정당공천제 폐지를 결정했지만, 그것은 퍼포먼스적 성격이 강했다. 전당원투표제의 실행은 한국의 정당 사상 처음 있는 일로 의미 있는 일이었지만, 그 과정에서 숙의민주주의 과정이 생략된 채 단순한 찬성과 반대에 대한 투표만 이루어진 것은 한계로 지적되어 마땅하다. 찬성과 반대를 결정하기 위한 정보가 제대로 제공되지 않은 상태에서의 전당원투표제는 자칫 당 지도부의 독재화 수단으로 악용될 가능성도 있는 것이다. 만약 기초선거 정당공천제 폐지가 숙의민주주의 과정을 거쳐 찬반 논리에 대한 납득할 만한 토론이 이루어진 뒤 투표로 결정되었다면 그것이 당론으로서 갖는 위상은 훨씬 달랐을 것이다. 향후 당론 결정 과정에서 숙의민주주의의 도입은 당의 정책 결정 과정의 저변을 확대하는 면에서 커다란 의미가 있고, 당의 결속력을 강화하는 데에도 좋은 영향을 미칠 것이 틀림없다.

6) 빅 데이터 활용의 전략

사전적인 의미의 빅 데이터(big data)란 기존 데이터베이스(database) 시스템으로 처리할 수 있는 용량을 넘어선 데이터를 일컫는 말이다. 한마디로 엄청난 양의 데이터를 말하는데, 현재 빅 데이터는 과학적으로 미래를 예측할 수 있다고 해 정치, 경제, 사회 전반에 걸쳐 활용이 확산되고 있는 추세이다. 현대 정치학의 시조로 불리는 미국 정치학자 찰스

메리엄(Charles Merriam)이 시카고 학파를 통해 정치학의 과학화를 주장한 지 90년 가까이 되었는데, 이제는 정말로 정치의 과학화가 필요한 시점이라고 할 수 있다.

미국 오바마 대통령의 경우, 빅 데이터를 활용해 마이크로 타깃팅(micro-targeting) 전략을 수립했고, 이에 따라 개인에 맞춘 선거운동을 한 덕분에 재선에 성공할 수 있었다고 한다. 오바마는 2008년 대선이 끝난 뒤 데이터 분석팀을 해체하지 않고 그 규모를 5배로 늘렸다. 데이터 분석팀은 수집한 유권자의 데이터를 더욱 정밀하게 분석했다. 2008년 대선 당시 지지자들을 계속 추적하는 한편, 연령, 성별, 인종 등 80여 가지 항목으로 특성화한 데이터베이스를 따로 만들었다. 유권자들이 어느 대학 출신이고 어떤 차량을 소유하고 있는지, 어떤 신문을 구독하며 어떤 SNS 서비스를 이용하는지를 세밀하게 분류한 것이다. 그리고 2012년 그러한 유권자들에 맞추어 맞춤형 선거운동을 펼쳤다. 그것은 오바마가 재선에 성공한 한 요인이 되었다.

한국의 경우 이러한 빅 데이터를 활용한 선거운동이 아직 본격화되고 있지 않다. 그러나 빅 데이터를 활용한 선거운동이 선거 승리에 더욱 가까워질 수 있다는 사실에는 모두 공감하는 것 같다. 남보다 한발 앞서는 자가 승리를 맛볼 수 있다. 빅 데이터의 활용은 디지털 시대의 정책정당으로 가기 위한 출발점이다.

지난 대통령 선거에서 민주당이 실패한 요인 가운데 하나로 지적된 것이 민주정책연구원의 전략기능 부재와 새로운 선거운동에 대한 투자의 부재였다. 빅 데이터를 활용하기 위해서는 많은 전문가의 확보와 데이터 분석을 위한 많은 시간이 필요하다. 먼저 투자하는 정당이 미래의 권력을 얻을 수 있다.

8. 정당 재원의 다양화

정당은 임의단체로 엄밀히 말하면 사적 기구이다. 그럼에도 정당은 공적인 역할을 수행하며, 정당의 구성원은 국가의 중추적인 역할을 수행한다. 그 어떤 조직보다도 공공성이 강조되어야 하는 조직이 바로 정당인 것이다. 이 때문에 나라에서는 법률로써 유의미한 의석수와 득표율을 가지고 있는 정당의 활동을 보조하고 있다.

그런데 정당에 대한 국고지원은 정당의 최소한의 활동을 보장하는 차원에서만 지원되어야 한다. 정당에 대한 과도한 국고지원은 정당의 자율성을 제한할 가능성이 있으며, 주요 정당 간의 카르텔 형성을 통해 새로운 정치 세력의 진입을 어렵게 할 수 있기 때문이다.

1) 엄격한 국고보조금 집행

한국과 같은 국고지원제도를 채택하고 있는 나라들은 많지만, 경상보조금과 선거보조금, 게다가 선거비용까지 보전해주는 나라는 거의 없다. 이러한 정당에 대한 과도한 국고보조금 지원은 그 본의와는 상관없이 정당의 도덕적 해이를 부추기는 측면이 없지 않다. 이러한 도덕적 해이는 곧바로 정당에 대한 불만과 불신으로 이어지게 마련이다. 작년 민주당에서 당직자를 구조조정하기 위해 국고보조금을 과도하게 사용하려다 여론의 질타를 받은 것도 이러한 도덕적 해이의 전형이라고 할 수 있다. 국고보조금을 통해 결과적으로 당직자를 해고하는 아주 나쁜 선례를 남길 수 있었던 것이다.

우리와 같이 정당에 대한 국고보조를 실시하고 있는 일본의 일본공산당(日本共産黨)은, 국고보조금이 정당의 활동을 통제해 위축시킬 수 있고, 기존 정당의 카르텔화를 부추긴다는 논리로 국고보조금 수령을 거부하고 있다. 그 대신 일본공산당은 당의 기관지인 아카하타(赤旗) 등의 판매 수익금 등을 통해 정당의 재원을 조달하고 있다. 아카하타는 일간과 일요판으로 발행되는데, 일요판 발행 부수는 2011년 현재 약 138만 부에 달하는 세계 유수의 신문이다. 일본공산당의 예를 본다면, 국고보조금이 정당을 약화시키고 있다는 논리에는 상당히 설득력이 있다.

2) 정당 재원의 다양화를 통한 정당 역량의 강화

정당은 임의단체이니만큼 다양한 자구책을 강구해 재원의 다양화를 모색해야 한다. 국고 중심의 정당 재원으로부터 탈피해, 다양한 수익사업으로 재원을 조달해야 한다. 정당에서 발행한 매니페스토(Manifesto) 자료집은 비매품이 아니기 때문에 판매를 해야 한다. 그러나 역대 어느 정당도 매니페스토 자료집의 판매를 통해 수익을 내려 하지 않았다. 유가 잡지나 신문 등을 발행하는 정당도 존재하지 않았다. 정당의 거의 모든 행사는 무료 행사였다. 정당 행사에 참가하는 사람도 이를 당연시한다. 그들은 적어도 자신이 지불하는 비용보다는 정당 행사에서 얻는 기회비용이 더 많아야 한다고 생각한다. 이것이 한국 정치의 현실이다. 정당은 적어도 재원의 측면에서는 국민, 당원들에게 일방적으로 베푸는 존재였다.

정당이 국고보조금에만 의지하지 않고 재원을 다양화하기 위해서는 많은 노력이 필요하다. 첫째, 당비를 내는 당원을 다수 확보해야 한다. 현재 한국 정당 중 매월 당비를 내는 당원의 규모는 어느 정당도 10만 명

미만으로 파악되고 있다. 정확한 당비당원의 수를 파악하고 있지 못한 것이 현실이기도 하다. 종이 당원의 수는 그 열 배가 넘을 것이다. 당비를 내는 당원은 당의 근간이다. 당이 국민으로부터 선택받을 수 있는 매력이 충분히 갖추어진다면, 당비를 내는 당원도 많아질 것이고 당의 재원은 물론 당의 기초 조직도 튼튼해질 것이다.

둘째, 후원금 제도를 양성화해야 한다. 정치인 개인에 대한 후원은 물론 중앙당에 대한 후원제도도 부활해야 한다. 다만, 기업이나 단체로부터 후원을 받는 것은 엄격히 지양해야 한다. 이익 유도 정치에 빠질 위험이 존재하기 때문이다. 또한 후원금의 상한액을 정함으로써 검은 돈의 유혹을 제도적으로 떨쳐내야 한다.

셋째, 정당은 임의단체이므로 자체적으로 수익사업을 펼치는 것이 필요하다. 당의 출판물 판매나 당의 기념품을 제작해 판매하는 등 홍보와 수익사업을 병행해서 실천하는 것도 중요한 재원 확보 방안이 될 것이다. 이는 정당의 외연을 넓히고 정당의 이미지를 제고하는 측면에서도 바람직하다고 할 것이다.

넷째, 국고보조금의 배분에 대한 전면적 재검토가 필요하다. 정당의 정치 활동은 최대한 자유롭게 보장되어야 한다. 하지만 그것이 특정 정당에게만 유리한 정치 환경을 조성하는 결과를 만들어낸다면, 이는 잘못된 정치 시스템이다. 경상보조금 지원은 현행대로 유지하는 것이 바람직하지만, 선거 보조금 지원과 개별 선거구별 선거비 보전은 둘 중 하나만 지원이 가능한 형태로 바뀌어야 한다. 중앙당 기능의 축소가 전제된다면 선거보조금 지원을 중지하고, 선거구별 개별 출마자들에게 선거비 보전만 해주는 것도 하나의 방법이 될 것이다. 이제 국고보조금이 정당 간 카르텔 형성에 이용되어서는 안 된다.

9. 민주진보 진영의 연합정치를 위한 구상

2010년 지방선거 이후 민주진보 진영 내에서의 연합정치는 상수였다. 2010년 지방선거와 2011년 서울시장 보궐선거에서의 연합정치의 성과는 연합정치의 당사자인 정당과 후보뿐 아니라 민주진보 세력을 지지하는 국민에게도 커다란 정치적 위안이 되었다. 여러 가지 우여곡절이 있었지만 2012년 총선에서 진보 정당이 명맥을 유지하고 민주당이 세 자리 수 의석을 확보할 수 있었던 것은 연합정치의 성과였다. 물론 2012년 총선에서는 민주진보 세력이 과반수를 넘는 의석을 확보해야 하는 선거였으나 결과는 그에 미치지 못했다. 연합정치에 대한 국민의 피로감과 연합정치 만능론에 안주한 야권의 안이함이 만든 결과였다.

1) 정치공학적 연합에서 가치의 연합으로

연합정치는 변화해야 한다. 단순히 선거승리만을 위한 선거연합이 아니라 왜 연합정치가 필요한지에 대한 고민이 담겨 있어야 하고, 유권자를 설득할 수 있는 연합정치가 되어야 한다. 이는 가치에 의한 연합일 때 가능하다.

향후 정당 간 연합정치는 선거에 임박해서 이루어지는 대신, 국회에서의 의정활동 등을 통해 공통의 가치를 확인하고, 이를 다시 입법공조 등으로 실현하는 과정을 통해 이루어져야 한다. 신뢰의 바탕 위에 이루어지는 선거연합만이 선거의 승리를 담보할 수 있기 때문이다. 따라서 연합정치를 성공적으로 이루기 위해서는 정책적 공조가 가능한 정당 간에 상시적인 운영협의체를 가동하는 것이 필요하다. 민주진보 진영의 연합정치를 상시적으로 이룰 수 있는 공간을 만들어야 하고, 이를 바탕으로 새로운 연합정치를 실현해야 한다.

2) 노동의 가치를 존중하는 정당

최근 '갑을 논쟁'이 한창이다. 노동자는 우리 사회의 대표적인 을이다. 민주진보 진영의 정당은 을을 대변하는 정당이어야 한다. 때로는 을을 정치에 참여시키는 역할도 해야 한다. 그런 점에서 노동조합과의 관계 설정은 매우 중요하다. 그런데 한국 사회에서의 노동조합은 이중적인 성격을 가진다. 을의 대표기관으로서의 노동조합이 있는 반면, 이익단체로서의 성격을 갖는 노동조합도 있다.

민주진보 진영의 정당에게 있어 노동조합은 연대의 대상임이 분명하지만, 개별 노동자를 보호하고 그들의 이익을 지켜내는 것도 정당의 주요 역할이다. 정당은 노동조합과 같은 조직적인 힘과의 연대가 필요하지만 파편화된 노동자들과의 개별적인 연대도 필요하다. 최근 협동조합 설립의 기준이 완화됨으로써 우리 사회에서 다양한 직능을 수행하는 수많은 을들이 모여 협동조합을 만드는 경우가 늘어났다. 기존의 대규모 노동조합은 아니지만 우리 사회에서 단결권을 극히 제한받았던 직종, 직능군에서 협동조합이 많이 조직화되고 있는 것이다.

민주진보 진영의 정당은 민주노총, 한국노총 등과 같은 대규모 노동조합은 물론 협동조합 형태의 소규모 직능군의 노동이익도 적극적으로 대변해야 하고, 그들이 스스로 정치권에 목소리를 낼 수 있도록 하는 통로를 만들어야 한다. 정치는 자기결정권을 독립된 형태로 실천해나가는 과정이기 때문이다.

3) 시민사회와 정치사회의 공생을 위한 연대

시민단체는 우리 사회의 소금과 같은 존재이다. 정치권에서는 언제나 소금이 부족했다. 소금을 만들어야 하는 정치권은 늘 소금을 외상으로 구매했다. 외상 대금을 받지 못하면 유동성의 위기가 찾아오고 결국 구매한 쪽과 판매한 쪽은 각각 그 이상의 소금을 소비할 수도, 생산할 수도 없어진다. 모두가 죽는 길이다.

시민단체에 대한 정치권의 의존은 어제오늘의 일이 아니다. 김대중 대통령도 정치적 위기상황에서는 시민단체의 인력풀을 활용했다. 그리고 그러한 선택은 거의 모두 성공했다. 그러나 다원화되는 사회, 다양한 이익들이 충돌하는 현대사회에 있어 시민사회의 영역은 결코 정치사회의 영역보다 작다고 할 수 없다. 따라서 정치사회와 시민사회가 공생하지 않는다면 우리 사회는 급격하게 균형추가 흔들릴 것이다.

2011년의 서울시장 보궐선거, 2012년 총선의 과정에서 시민사회의 인재들에 대한 정치권의 영입작업이 과도하게 이루어지면서 시민사회의 중추 세력이 정치권에 진입했지만, 그만큼 시민사회는 위축되었다. 정치권의 수혈도 중요하지만 시민사회의 건전한 힘의 육성도 똑같이 중요하다. 시민사회가 정치권의 연대의 대상으로 자생력을 가지기 위해서는 시민사회의 독자영역 구축이 중요하고 그에 걸맞은 힘의 존재도 중요하다. 따라서 시민사회와 정치권의 연대는 서로의 힘을 극대화하는 방향으로 조정되어야 할 필요성이 있다. 시민사회와 정치권이 선순환으로 서로의 영역을 존중하면서 우리 사회의 발전을 위해 노력할 때 정당정치도 시민정치도 올바른 방향으로 가게 될 것이다.

4) 직능단체의 공익성 확보를 통한 연대

직능단체는 압력단체의 성격을 갖는 직능단체가 있는 반면, 공익적 성격의 직능단체도 있다. 정치권이 압력단체적 성격의 직능단체와의 관계설정을 어떻게 하느냐에 따라 좋은 정치가 실현되기도 하고 나쁜 정치가 자행되기도 한다. 정치는 기본적으로 공익성을 가져야 한다. 따라서 연대해야 할 직능단체도 공익성을 확보하도록 유도하는 것이 중요하다. 직능단체의 공익화 유도를 통한 연대는 정치권의 외연을 확대함과 동시에 정치가 국민의 가려운 곳을 긁어주는 정치 본연의 역할을 할 수 있게끔 만든다.

직능단체의 공익성 확보는 그냥 이루어지는 것이 아니다. 직능단체의 공익성을 최대한 확보하기 위한 정책적 정비가 그래서 중요하다. 그러한 후에 직능단체와 연대한다면 정치의 공익성은 더욱 확대될 것이다.

이러한 기초 작업이 이루어지지 않은 상태에서의 직능단체와의 연대는 이익 유도 정치 그 이상의 것도 그 이하의 것도 아니다. 정치는 불신의 대상이고 도태되어야 할 대상으로 전락할 뿐이다.

5) 풀뿌리 시민사회와의 지역 연대

우리 사회에는 지역의 자생적인 풀뿌리 지역단체들이 많이 활동하고 있다. 생활 정치가 크게 주목받고 있는 현재 이러한 자생적인 풀뿌리 지역조직과의 연대는 정당에 대한 신뢰감을 상승시킬 것이다. 정당의 지역조직과 지역의 풀뿌리 지역조직의 연대는 정당의 외연 확대에도 도움을 주며 지역에서의 정당 역할 강화에도 도움을 줄 것이다.

앞으로의 정당은 지역의 정당조직을 풀뿌리 지역조직과 함께 지역에서 활동하는 근거지로 삼아야 한다. 정당이 지역에 다가가서 지역에 착근하지 않고서는 지역의 문제들을 해결할 수 없다. 지역문제를 해결하지 못하는 정당은 지역에서의 존재감을 갖지 못하게 될 것이다.

10. 제도 개선을 통한 정당 혁신

정치관련 법안은 정당의 자유로운 활동을 제약하지 않도록 재정비되어야 한다. 정당은 국민과 더 가까워져야 하고, 정당은 국민의 진정한 심부름꾼이 되어야 한다. 정당은 국민 위에 군림하는 것이 아니라 국민에게 봉사하는 기관이 되어야 한다. 정당은 혐오의 대상이 아니라 국민이 활용하는 대상이 되어야 한다.

1) 정당 활동의 폭 넓은 자유를 위해

국가의 법은 정당이 상시적으로 국민과 만날 수 있도록 해주어야 한다. 상시 선거운동이 가능한 방향으로 공직 선거법을 개정해 정치가 국민의 혐오의 대상으로 전락하는 것을 막고, 국민의 고충을 돌보고 고민을 해결하는 역할을 할 수 있도록 해야 한다.

앞서 언급한 지역당의 법률적 근거도 정당법 개정을 통해 만들어야 하고, 정당의 설립요건, 유지요건 등도 완화해야 한다. 비례대표 3% 조항은 2% 정도로 하향조정하는 것이 검토되어야 한다. 다양한 정당이 다양한 국민의 의견을 반영할 수 있도록 제도를 정비하는 것이 제도권 정당의 책임이기도 하다. 그것이 비록 제도권 정당의 지위를 위협하더라도 국민이 원하고 있고 바람직한 방향이라면 기꺼이 나서야 한다.

또한 정당 내의 당직선출과 공직 후보자 선출 등의 선거에서 선거관리를 선거관리위원회에서 하도록 법률로 정비해야 하며, 국민이 자유롭게 정당의 선거에 참여할 수 있도록 오픈 프라이머리의 법적 근거를 확보해야 한다.

2) 유권자의 의지가 반영되는 선거 결과를 위해

선거제도 개혁의 기본 원칙은 유권자의 의견이 선거과정과 결과에 제대로 반영되어야 한다는 것이다. 즉, 유권자가 생각하는 정치의 방향성이 선거 결과로 제대로 반영되어야 한다. 이를 위해서는 패권정당의 정치구조를 만든 선거제도에 대한 대대적인 개혁이 필요하다.

먼저 비례대표 확대에 대한 적극적인 검토가 필요하다. 비례대표 확대는 다양한 국민여론이 정치에 반영되기 위한 통로를 만들어내는 과정이기 때문이다. 더불어 검토해야 할 사항은 국회의원 선거와 지방의회 선거 등에 대선거구제를 도입하는 것이다.

2014년 6월에 실시되는 지방선거에서 정당공천 문제가 거론되고 있는데, 금권선거, 공천비리 등의 정당공천의 문제를 해결할 수 있는 유용한 방법 중의 하나가 대선거구제도이다. 또한 정당의 책임정치라고 하는 측면에서도 대선거구제는 유용한 해결책이다. 대선거구제는 정당공천제도에 대한 비판을 해결함과 동시에 다양한 정치 세력과 직업군, 여성, 사회적 소수자 등의 의회진출을 가능하게 하는 제도로서의 성격을 갖는다. 적극적인 검토가 필요하다.

3) 특권이 불필요한 정당정치의 정상화를 위해

정당이 가지고 있는 정치적 특권은 새로운 정치 세력의 진입을 어렵게 한다. 다원화된 사회에서 기득권 정당의 특권으로 인해 정치의 질서가 왜곡된다면 이는 시정함이 마땅하다. 대표적인 기성정당의 특권 중의 하나가 기호순번제이다.

국회의석수에 따른 정당기호순번제는 기성정당을 갑의 위치에 놓고 여타 군소정당과 신진 세력, 무소속에 대한 배타적 특권을 부여하는 것이나 다름없다. 국민의 묻지마 줄번호 투표는 신성한 투표권의 행사를 방해하는 요인이다. 이러한 특권을 방지해야만 신인, 신진 정치 세력, 무소속 등에 대한 차별을 완화하고 그들과 기성정당이 동등하게 경쟁할 수 있다. 또 기성정당이 가지고 있는 특권을 억제함으로써, 정당에 대한 국민의 비난 여론도 완화할 수 있을 것이다.

또 하나는 비례대표 선거에 개방형 비구속명부제를 도입함으로써 국민이 직접 비례대표 의원도 선출할 수 있는 길을 열어주는 것이다. 이 제도의 도입은 명실상부한 실질적 국민공천권을 보장하는 길이다.

원내교섭단체의 요건을 완화하거나 아예 폐지하는 것도 기존 정당이 가지고 있는 특권을 폐지하는 길이다.

4) 국민의 정치 체감 높이기 위해

한국은 국회에 처음으로 진출하는 의원들의 평균 연령이 상당히 높은 편이다. 국회의원으로 진출하는 장벽이 굉장히 높은 편으로 국회에 입성했을 때 이미 상당한 정도의 전문성과 실력을 가지고 있는 경우가 많다. 그런데 진입장벽이 높음에도 다선의원은 많지 않다. 한 번 의원이 되면 2~3회 정도 역할을 한 후 자의반 타의반 정계를 은퇴하는 경우가 많다. 진입장벽이 높은데도 신진대사가 잘 이루어지는 편이다. 또한 다선의원에 대한 비판도 상당히 높은 편이다.

이는 국회의원들에 대한 국민적 불신이 초래한 결과이다. 즉, 국회의원의 의정활동에 대해 국민이 정치적 체감을 크게 느끼지 못한 결과인 것이다. 다선 의원들에 대한 비판과 정당의 책임성, 정당의 고유기능 중 하나인 인재 육성 등의 측면을 고려할 때, 당 차원에서 동일 선거구 3선 연임제한 규정 등을 시행하는 것도 시도해봄직하다. 이른바 안식기를 도입하는 것이다. 한 국회의원이 같은 선거구에서 두 번 연임한 경우, 안식기를 두어 다른 사회 활동을 경험하게 하거나 정당 중심으로 활동하도록 하고, 다시 다음 선거에 내보내는 방식이다. 여기에는 정당의 인재 풀을 넓게 확보할 수 있다는 이점이 있으며, 국회의원의 재사회화를 통해 국민의 정치적 체감을 높여주는 효과도 있을 것이다. 아울러 국회의원에 대한 정년제도 고려해보아야 한다. 일본의 공명당(公明黨)은 임기 중 70세 이상이 되는 후보자는 공천하지 않는다.

결론

한국에서의 제1세대 정당정치는 군사독재에 의해 정당정치가 좌우되던 시기였다. 쿠데타라는 태생적 한계를 가졌던 군사정권은 자신들에게 유리한 정치 환경을 만들기 위해 유신선포로 제2의 쿠데타를 감행했으며, 유신체제 내부의 균열로 인해 대통령이 저격되는 사건이 일어났다.

이러한 틈을 타서 등장한 신군부는 군사정권을 연장시켰다. 그러나 민주화를 열망하는 시민들의 힘에 의해 제1세대 정당정치는 결국 막을 내리게 된다.

제2세대 정당정치는 1987년 시민혁명의 결과로 제정된 헌법을 근간으로 시행되었으며, 이를 통해 여야당 간의 경쟁이 이루어지게 된다. 그러나 1987년 체제로 불리는 제2세대 정당정치는 기본적으로 보수 우위의 정당체제였다. 한국의 정치지형을 결정하는 지역주의의 공고화와 3당 합당으로 민주진보 진영은 이른바 '기울어진 운동장'에서 보수 세력과 경쟁하는 핸디캡을 안고 있었다. 그럼에도 민주진보 진영은 연합의 정치와 상대의 분열을 틈타 10년간 집권하게 된다. 그러나 10년간의 집권으로도 기울어진 운동장을 근본적으로 되돌리지는 못했다.

2012년 양대 선거는 보수 세력과 민주진보 세력이 새로운 제3세대 정당정치의 주도권을 놓고 겨룬 대회전이었다. 총선에서 민주진보 진영의 안이함으로 말미암아 이겨야 하는 선거에서 졌고, 대선에서 또한 이길 수 있는 기회를 스스로 놓쳐버리는 우를 범했다. 결국 제3세대 정당정치는 태동하지 못했고 박근혜 정권은 제1세대 정당정치의 특징인 군부, 국정원, 검찰, 경찰 등의 공안기관을 이용한 통치의 시대로 되돌아갔다. 박근혜 정권은 제3세대 정당정치를 시작하는 대신 제1세대 정당정치의 특징을 갖는 일탈된 형태의 제2세대 정당정치를 연장하고 있는 것이다.

2018년에는 제3세대 정당정치를 출범시켜야 한다. 민주진보 세력이 보수 세력에 우위를 점하면서 나라의 발전과 정치의 발전을 견인하는 그러한 정당정치를 실현해야 한다. 그러기 위해서는 정권을 되찾아와야 한다. 정권을 되찾는 것은 자기희생이 전제되어야 한다. 앞서 지적한 정보화, 세계화, 저출산·고령화 등 인구구조의 변화, 지구적 규모의 기후

변화에 적절히 대응하면서 스스로 기득권을 내려놓고 혁신하는 정당만이 제3세대 정당정치의 주역이 될 수 있다. 이 글에서 제안된 정당혁신 프로그램, 제도개혁의 문제는 기성정당인 민주당은 물론 새롭게 창당하는 안철수 신당에게도 공통으로 적용된다. 오직 스스로 혁신하는 정당만이 제3세대 정당의 한 축을 담당할 수 있을 것이다.

보론

이 글의 초고가 완성된 이후, 2014년 3월 2일 민주당과 창당 작업을 진행하던 안철수의 새정치연합이 통합을 선언하고, 3월 26일 새정치민주연합이라는 이름의 신당을 출범시켰다. 6·4 지방선거를 앞두고 혁신보다는 연명에 집착한 민주당과 야권의 공멸을 막아야 한다는 대의를 위해 새정치를 희생한 안철수 의원의 대승적 결단에 따른 통합이었다.

호랑이 잡으러 호랑이 굴에 들어갔던 안철수는 "호랑이 굴에 들어가보니 호랑이가 없더라"며 130석 거대 정당의 대표로서의 자신감을 나타내기도 했다. 그럼에도 지난 2개월간 새정치민주연합은 눈에 띄는 정당혁신을 이루어내지도 못했고, 새로운 정치를 명확하게 제시하지도 못했다. 정당 지지율만 봐서는 가시적인 시너지 효과가 없었다. 안철수 세력의 온전한 결합도 이루어지지 않았을 뿐더러, 안철수 현상이 온전히 수렴되지도 않았다.

애초 이 글은 민주당과 안철수 신당이 야권의 새로운 주도권을 놓고 각축한다는 전제하에 쓰인 글이다. 그런데 그런 전제가 무너졌다. 그렇지만 이 글에서 논의하고 있는 다양한 정당 혁신 프로그램은 새정치민주연합에게도 절실히 필요하다. 그래서 6·4 지방선거 후의 새정치민주연합에 주목할 필요가 있다. 안철수 대표가 새정치민주연합을 제대로 혁신할 것인지 혹은 새로운 '안철수 현상'이 나타나는 데 일조할 것인지는, 온전히 그의 정치력에 달려 있다. 제3세대 정당정치 개막의 명운 역시, 그의 손에 달려 있다.

제8장

한국 사회의 진보를 위한 정치제도 개혁 방향

합의제 민주주의[1]

최태욱

분단체제인 탓이 크겠지만 우리 사회에는 진보적 이념이 자리 잡을
틈이 별로 없었다. 지금은 새누리당이나 조선일보 등 대표적인 보수 세
력들조차 복지국가 담론에 활발히 참여하고 있지만, 불과 수년 전만 하
더라도 '복지'를 논하는 것만으로도 '빨갱이' 소리를 듣기 십상이었다. 사
회경제적 민주주의 혹은 실질적 민주주의의 수준이 크게 뒤떨어져 있는
한국의 현 상황은, 상당 부분 대중적 진보 이념의 부재 때문이라고 할 수
있다. 유럽의 복지국가 탄생 배경에는 사회적 민주주의나 진보적 자유
주의 등의 진보 이념이 있었다. 이 진보적 이념들이 지향하는 사회경제
적 가치에 공감하고 동의하며, 그 가치를 구현하는 데에 참여하길 원하
는 시민들이 늘어가면서 지금의 보편주의 복지국가가 탄생했던 것이다.
21세기 한국의 시대정신이 경제민주화와 복지국가의 건설이라고는 하

---

1) 이 글은 2010년 ≪한국정치연구≫ 제19권 제3호에 게재된 논문, 「진보적 자유주의 구현을
위한 정치제도 조건: 합의제 민주주의」를 이 책의 취지에 맞게 일부 수정・보완한 것이다.

지만, 지금과 같은 진보 이념의 부재 상태가 지속된다면 그 목표들이 체계적으로 달성될 가능성은 그리 높지 않을 것이다. 무엇보다 그 목표 달성을 위해 필요한 개혁의 주체들이 안정적·지속적으로 공급되지 않을 것이기 때문이다.

한국 사회의 일각에서는 사민주의를 지난 20여 년간 사실상 국가 이념으로서 기능해왔던 신자유주의의 대안 이념으로 키워가자는 주장이 일고 있다. 이론적으로는 충분히 지지받아 마땅한 제안이다. 그러나 현실적으로 이 제안이 채택되기는 쉽지 않다.[2] 널리 알려져 있듯 전후 서유럽 사민주의자들은 생산수단의 사적 소유와 시장 경쟁을 인정함으로써 점진적 개혁을 통한 자본주의 폐기와 사회주의 건설이라는 사민주의 본래의 목표를 사실상 포기했다. 이제 그들은 단지 조정시장경제와 복지국가의 발전을 통해 사회경제적 약자를 제도적으로 보호함으로써 사회적 정의와 연대를 지켜가고자 할 뿐이다. 즉, 현대 사민주의자들은 이제 자본주의를 타도가 아닌 교정의 대상으로만 인식하는, 자본주의 체제 내의 '충성된 반대자(loyal opposition)'인 것이다(고세훈, 2002: 134).

그럼에도, 한국인 중 상당수는 여전히 색안경을 끼고 사민주의를 바라본다. 안타까운 현실이다. 분단체제의 소산이기도 한 사회주의에 대한 강한 거부감이 사민주의에 대한 어색함으로 이어지기도 한다. 현대 사민주의는 이제 사회주의와는 전혀 다른 중도진보의 이념임에도, 여전히 많은 사람들이 그 뿌리에 신경을 쓰는 것이다. 악의에 찬 행동이든 무지의 소산이든, 좌파나 빨갱이 등을 운운하며 사민주의를 색깔논쟁으로

---

2) 이하 사민주의와 진보적 자유주의에 대한 한국적 맥락에서의 평가는 최태욱(2011)의 관련 부분을 인용한 것이다.

몰아세우는 일은 지금도 빈번히 일어나고 있다. 시정되어야 마땅한 한국 사회의 창피하고 부끄러운 단면이다. 그러나 어쩌하랴. 현실은 현실이다. 작금의 상황에서 사민주의의 이름으로 경제민주화나 복지국가를 외치기는 곤란하다. 그 경우 일반 시민들로부터 지지는커녕 외면을 받을 가능성이 크기 때문이다.

이 대목에서 '진보적 자유주의(progressive liberalism)'의 대안 이념으로서의 적실성이 주목받고 있다. 경제민주화와 복지국가의 건설이라는 동일한 목표를 내세울지라도, 그것이 자유주의의 이름으로 추진되는 것이라면 일반 시민들의 반응은 사민주의의 경우와는 사뭇 다를 것이 분명하다. 비록 한국에서는 그 본뜻이 왜곡되고 오용되기도 했으나, 자유주의는 많은 한국인들에게 친근하고 부담 없는 이념으로 그들 곁에 오래 머물러왔다. 개인의 자유를 최우선시하고 시장경제를 옹호하며 민주주의와 법치주의를 강조하는 그 자유주의의 이름으로 누구도 부인할 수 없으리만큼 심각해진 이 시대의 실질 문제들을 해결하기 위해 경제민주화를 진전시키고 복지국가를 건설해야 한다고 외칠 때, 이에 대해 이념적 저항감을 느낄 한국인은 그리 많지 않을 것이다. 사민주의보다는 진보적 자유주의의 호소에 더 많은 한국인들이 공감하고 동조하며 동참하리라는 것이다.

진보적 자유주의가 시민사회와 더 높은 친화성을 띤다는 말은 그것이 보편주의 복지국가 건설의 정치사회적 조건이라 할 수 있는 '계급 교차적 연대(cross-class alliance)'의 형성에 더 유리하다는 의미이기도 하다. 사실 진보적 자유주의는 중도보수 혹은 합리적 보수까지도 포용할 수 있는 '중도적' 성격이 매우 강한 진보적 이념이다. 여기서 중도적이란 이념의 전파나 수호에 배타적이기보다는 개방적이며, 경직적이기보다는 유연하고, 인간이나 사물의 완벽함을 요구하기보다는 불완전성이나 불확실성을 너그럽게 수용하는 등의 태도를 말한다(박동천, 2010: 522~523). 따라서 진보적 자유주의는 사회적 약자를 배려함과 동시에 강자나 라이벌 세력 등에 대해 개방적이고 유연하며 너그러운 태도를 갖는다. 이는 곧 일반 시민들은 물론 보수 세력과의 소통 능력도 훌륭할 수 있음을 의미한다. 생각해보라. 복지국가의 건설 등과 같이 사회경제적 약자의 지위를 향상시키는 사회의 진보는 결국 어떤 식으로든 기득권층의 특권을 양보 받아야만 가능한 일이 아니겠는가. 보수파와의 협상과 타협은 필수라는 것이다. 이때 보수 진영을 불신과 증오의 대상으로 보지 않고 그들을 관인과 아량의 개방적 태도로 대할 수 있는 중도진보의 역할은 매우 중요하다. 그것이 있어야 계급 교차적 연대와 그 산물인 복지국가의 건설이 가능하기 때문이다. 진보적 자유주의의 실천력은 바로 이러한 중도성에서도 나오는 것이다.

진보적 자유주의의 이 적실성 때문인가? 복지국가 담론이 부상하기 시작한 2010년 이후의 한국에서는 진보적 자유주의에 대한 논의가 부쩍 활발해졌다.3) 진보적 자유주의의 한국적 적용가능성 등에 대한 연구가 줄을 잇고 있으며(고원, 2010; 박동천, 2010; 최태욱, 2011; 최장집, 2013), 정계와 시민사회의 실천가들 사이에서도 그것의 대안 이념으로서의 가능성에 대해 진지한 토론이 벌어지고 있다.4) 진보적 자유주의는 만인평등

---

3) 물론 그 이전에도 진보적 자유주의에 대한 이론적 연구는 존재했다. 가장 대표적인 연구자는 단연 이근식(2006; 2009)이다.
4) 아마도 자신의 성향을 진보적 자유주의라고 규정한 최초의 정치가는 손학규 전 민주당 대표일 것이다. 그 외 유시민 전 보건복지부 장관과 천정배 전 민주당 의원 등이 진보적 자유주의를 주창한 바 있다. 한편, 새정치민주연합으로 통합하기 이전 소위 '안철수 신당'은 진보적 자유주의에 기초한 중도정당으로 출범할 것이라고 알려지기도 했다.

사상에 의거해 민주주의와 법치주의를 강조하는 정치적 자유주의를 기본으로 한다는 점에서는 '고전적 자유주의(classical liberalism)'와 다를 바가 없는 자유주의 이념이다. 그러나 경제적 자유주의에 대한 평가와 태도에서는 고전적 자유주의와 커다란 차이를 보인다(이근식, 2009). 고전적 자유주의가 시장에서의 자유방임주의 정책을 기조로 하는 경제적 자유주의를 정치적 자유주의와 동일한 비중으로 중시하는 데 비해, 진보적 자유주의는 그러한 경제적 자유주의를 비판하며 정부의 적극적 시장개입 필요성을 강조한다.

진보적 자유주의가 고전적 자유주의와 구별되기 시작한 것은 19세기 말경부터였다. 경제적 자유주의의 전성시대라고 불리는 19세기를 거치며 구미 선진국에서는 빈부격차와 불황과 같은 시장의 실패에 따른 사회경제적 문제점들이 뚜렷하게 나타나게 되었고, 이에 '사회적 자유주의(social liberalism)' 사상이 등장했다. 자본주의의 발전으로 국가 전체적으로는 엄청난 경제성장이 이루어졌음에도, 빈부격차는 크게 심화되어 노동자 등 시민의 대다수가 오히려 더욱 비참한 환경에 빠져들게 된 것이 그 배경이었다. 빈곤, 실업, 대자본가의 횡포, 공공재 부족 등과 같은 시장의 실패는 시민 대다수의 자유를 위협하는 요인이 되었으며, 이에 따라 기존의 문제를 해결하고 사회적 시민의 자유를 수호하기 위해서는 정부의 시장개입이 필수라는 '진보적인' 자유주의 이념이 부상했다.

19세기 말과 20세기 초에 이 사회적 자유주의 사상은 영미권을 중심으로 널리 퍼져나갔고, 그 결과 자유주의는 곧 사회적 자유주의를 포함하는 진보적 자유주의인 것으로 인식될 정도가 되었다. 그렇다고 고전적 자유주의가 종언을 고한 것은 아니었다. 그것은 이후로도 ─ 적어도 이론 세계에서는 ─ 진보적 자유주의와 대립 관계를 유지했고, 급기야 1980

년대에 들어서는 영국의 대처 수상과 미국의 레이건 대통령 등과 같은 '신보수' 세력의 등장에 힘입어 '신자유주의(neoliberalism)'라는 이름으로 현실 세계에서의 지배적 영향력을 회복했다. 결국 현 시대에서의 자유주의 이념은 사회적 자유를 강조하는 진보적 자유주의와 경제적 자유를 강조하는 신자유주의로 양분되어 있다고 볼 수 있다.

이 글에서 신자유주의의 대안으로서의 진보적 자유주의가 한국에 적합한지의 여부를 구체적이고 직접적으로 논하지는 않을 것이다. 단지 대안 이념의 부재로 인해 한국 사회가 제대로 진보하지 못하는 현 상황에서, 사민주의에 못지않은 진보성과, 적어도 한국에서만큼은 그보다 뛰어난 현실적 실천력을 갖추고 있는 진보적 자유주의가 회자되고 있음을 환영한다는 기본 입장만을 밝힐 뿐이다. 대신 이 글에서는, 한국 사회가 진보적 자유주의의 이념을 구현하고 이를 통해 실질적 민주주의의 완성을 도모하려 한다면, 이는 '다수제 민주주의(majoritarian democracy)' 보다는 '합의제 민주주의(consensus democracy)'라는 정치제도하에서 더 수월하게 진행될 것이라는 주장을 펼친다.[5] 즉, 합의제 민주주의가 정치적 자유와 사회적 자유 보장에 더 유능한 민주주의 유형이라는 것이다. 정치적 자유와 사회적 자유는 모두 '포용의 정치(politics of inclusion)'를 필요로 한다. 사회경제적 약자들을 포함한 모든 시민들이 정치적 결정 과정에 동등하고 효과적으로 참여할 수 있을 때 정치적 자유를 지킬 수 있다. 또 이러한 정치 참여를 통해 정부나 시민사회의 적극적 시장개입이 인정되고 제도화될 때 자본주의하에서의 승자독식 혹은 약육강식

---

5) 여기서 다수제와 합의제 민주주의의 구분은 2절에서 설명하는 바처럼 레이파트(Lijphart, 1999)의 연구에 따른다.

현상이 통제될 수 있으며, 약자와 소수자를 포함한 모든 시민들이 빈곤과 빈부격차, 그리고 실업 등의 공포로부터 자유로워질 수 있다. 그런데 이 포용의 정치는 다수제가 아닌 합의제 민주주의에서 제대로 작동된다(Crepaz and Birchfield, 2000). 다수제민주주의는 기본적으로 '배제의 정치(politics of exclusion)'에 의해 운영되기 때문이다.

다수제와 합의제 민주주의의 성격 차이에 대해서는 다음 1절에서 양 민주주의 유형의 5대 특성을 중심으로 간략히 소개한다. 이어 2절에서는 합의제 민주주의의 포용성이 창출하는 정치적 자유와 사회적 자유의 보장 효과를 설명한다. 3절에서는 앞 절의 논의를 이어 합의제 민주주의가 경쟁과 효율성을 강조하는 '자유시장경제(liberal market economy)'보다 연대와 형평성의 측면을 중시하는 '조정시장경제(coordinated market economy)'와 친화성이 높은 까닭에 사회적 자유가 더 강력하게 보장될 수 있다는 사실을 부각시킨다.[6] 4절은 진보적 자유주의와 합의제 민주주의에 대한 논의가 한국에서 과연 어떠한 함의를 갖는지에 대해 살펴본다. 만약 다수 시민들의 사회적 자유가 심각하게 위협받고 있는 상황이 작금의 한국 사회에 대한 정확한 진단이라고 한다면, 그리고 이에 대한 해결책으로서 진보적 자유주의를 구현하는 데 새로운 유형의 분배친화적 자본주의 모델을 마련하는 것이 시급한 시대적 과제라고 한다면, 무엇보다 필요한 것은 합의제 민주주의로의 발전이라는 것이 4절의 핵심 주장이다. 마지막 결론에서는 이 글을 요약하며 마무리한다.

---

[6] 3절에서 상세히 소개하겠지만, 자유시장경제와 조정시장경제의 구분은 소스키스(Soskice, 1999)의 분류법에 따른 것이다.

1. 다수제 민주주의와의 비교로 본 합의제 민주주의의 5대 특성

레이파트의 분류 방식에 의하면, 대의제 민주주의는 그 제도 디자인의 내용에 따라 크게 두 유형으로 나뉘어 발전해왔다. 위에서 언급한 다수제 민주주의와 합의제 민주주의가 그것이다. 제도 디자이너들의 의도에 따라 양 민주주의의 성격과 결과가 서로 다르게 나타나고 있음은 물론이다. 이는 자본주의가 그렇듯 민주주의에도 다양성이 존재하며, 따라서 어떠한 민주주의를 어떻게 발전시켜갈 것인지는 운명이 아닌 선택의 문제임을 시사한다.

다수제 민주주의와 합의제 민주주의의 전형 혹은 이념형은 다음과 같은 5대 특성을 통해 명확히 식별할 수 있다.[7] 첫째는 선거제도에서 나타나는 특성이다. 다수제 민주주의 국가에서는 다수대표제 혹은 다수결형 선거제도를 통해 의회를 구성한다. 예컨대, 그 전형인 소선거구 일위대표제의 경우 지역구 득표율 1위에 오른 후보만이 그 지역의 다수를 대표해 의회에 진출한다. 2위 이하의 후보들은 자신들의 득표율이 아무리 1위의 그것과 별 차이가 나지 않는다 할지라도 누구도 의회의 대표자격을 얻지 못한다. 따라서 2위 이하의 후보들에게 던져진 표는 모두 사표(死票)로 처리될 뿐이다. 여기서는 각 정당의 득표율과 의석 점유율 간의 '비례성(proportionality)'이 전혀 보장되지 않는다.

이와는 달리 합의제 민주주의에서는 비례성이 보장되는 선거제도를

---

7) 레이파트는 각 민주주의 유형의 10가지 특성을 제시하며, 그중 다섯은 '집행부 - 정당 차원 (executives-parties dimension)'이고 나머지 다섯은 '연방제 - 단방제 차원(federal-unitary dimension)'이라고 했다. 이 글에서는 집행부 - 정당 차원에 속하는 특성을 '5대 특성'으로 규정하고, 오직 그 다섯 변수를 통해서만 합의제와 다수제 민주주의를 유형화하기로 한다.

채택한다. 유권자들은 기본적으로 개별 후보가 아닌 정당에 대해 투표한다. 각 정당의 득표율이 산출되면 그것에 비례해 의석을 나누는 것이다. 여기서는 1등 혹은 다수 세력 대표에게 던진 표만이 의미가 있고 그 외의 모든 소수 세력 대표들에게 던진 표는 사표가 되는 '소수 무시'의 문제가 발생하지 않는다. 크든 작든 모든 정당이 각자 지지 받은 만큼의 대표권을 행사할 수 있게 된다.

두 번째 특성은 정당 체계에서 나타나는바, 이것은 선거제도와 밀접하게 연계되어 있다. 이른바 뒤베르제의 법칙으로 널리 알려져 있듯, 소선거구 일위대표제는 양당제를, 비례대표제는 다당제의 발전을 유도하는 경향이 강하다. 소선거구 일위대표제에서는 선거 경쟁이 거듭될수록 결국 지역구 1등을 많이 배출할 수 있는 거대 정당 둘만이 각각 좌 - 우 혹은 진보 - 보수 진영 등의 대표로 살아남을 수 있는 반면, 비례대표제에서는 등수 혹은 승패에 관계없이 자신들이 획득한 지지율만큼의 의석을 배정받으므로 다양한 사회 세력을 대표하는 여러 정당들이 건재할 수 있기 때문이다. 그렇다면 다수제 민주주의와 합의제 민주주의의 전형적 정당 체계가 각각 양당제와 다당제라는 것은 쉽게 이해할 수 있는 특성이다.

세 번째 특성인 행정부의 구성 차이도 선거제도 및 정당 체계와 연관되어 있다. 소선거구 일위대표제로 양당제를 유지하고 있는 영국과 같은 다수제 민주주의 국가의 전형적인 행정부 형태는 단일 정당정부이다. 선거 경쟁이 주로 거대 정당 둘 사이에서 벌어질 경우, 어느 한 당이 의회의 다수당이 되는 것은 통상적인 일이다. 따라서 의원내각제라면 의례히 그 다수당이 단독으로 행정부를 구성한다. 대통령제가 반드시 다수제 민주주의의 권력구조인 것은 아니지만 적어도 행정부 구성 측면에서 그것은 다수제적 성격을 띤다. 정당 간에 특별한 합의가 이루어지지 않는 한 대통령을 배출한 정당이 단독으로 행정부를 꾸미기 때문이다. 한편, 대륙 유럽 국가들의 경우에서 보듯, 합의제 민주주의의 행정부는 전형적으로 연립정부이다. 셋 이상의 유력 정당들이 비례대표제로 의석을 나누는 환경에서 어느 한 정당이 총의석의 과반을 차지할 가능성은 그리 높지 않다. 따라서 단일 정당에 의한 행정부 구성은 드문 경우이고 다양한 사회집단을 대변하는 여러 정당들 간의 연립정부 형성이 통상적인 형태로 나타난다.

네 번째 특성은 행정부와 입법부 간의 힘의 분배 양상이다. 이것 역시 선거제도 및 정당 체계, 그리고 행정부 구성 방식과 밀접히 관련되어 있다. 다수제 민주주의의 행정부는 권력 혹은 영향력 행사 측면에서 통상 입법부에 대해 우월한 위치에 있다. 영국의 예를 보자. 소선거구 일위대표제로 공고화된 양당제하에서 의회는 단일 다수당이 장악하기 마련이며 행정부는 그 다수당이 홀로 구성한다. 여기서 그 행정부의 수반인 수상 혹은 총리는 바로 의회 다수당의 최고 지도자이므로 사실상 그는 입법부까지 자신의 영향력하에 둘 수 있다. 명백한 행정부 우위제인 것이다. 그러나 비례대표제와 다당제, 그리고 연립내각을 특성으로 하는 유럽 대륙식 합의제 민주주의에서는 사정이 전혀 다르다. 어느 한 정당도 독립적으로 안정적인 행정부를 구성하기 어려운 제도 조건하에서 오직 연립형태로 스스로를 지탱해야 하는 행정부는 항시적으로 의회 구성원인 각 정당들의 선호에 민감할 수밖에 없다. 합의제 민주주의의 행정부가 입법부에 대해 힘의 우위를 주장할 수 없고 항상 힘의 균형을 도모해야 하는 이유이다.

마지막인 다섯 번째 특성은 이익집단 대표 체계에서 드러난다. 다수제 민주주의에서는 개별 이익집단들이 각기 다원주의적으로 활동한다. 서로가 독립해 흩어져 있는 상태에서 이들은 분쟁적이거나 심지어는 적대적인 경쟁 구도를 형성한다. 한편, 합의제 민주주의에서는 주요 이익집단들이 '사회합의주의(social corporatism)' 혹은 그와 유사한 체계를 형성해 그 체계 내에서 상호 협력적으로 경쟁한다. 예컨대, 전국의 노동자들과 사용자들이 각각 자신들의 중앙집중적이며 독점적인 대표 체계를 갖추어 정부의 중재하에 서로 정기적으로 만나 사회협약을 새로 맺거나 개정해가는 방식이다.

이 다섯 번째 특성은 앞서 말한 네 가지의 정치제도적 특성들, 즉 선거제도, 정당 체계, 행정부 형태, 그리고 행정부와 입법부 간의 권력관계 등과 직접적인 인과관계를 맺고 있지는 않다. 다만 그 친화성은 분명히 존재한다. 가령 사회합의주의는 통상 합의제 민주주의와 '같이 간다(go together)'고 하는데, 그것은 무엇보다 합의제 민주주의의 정치제도적 특징인 '협의주의(consociationalism)'가 이 사회합의주의와 구조적으로 동일한 성격을 지니고 있기 때문이다. 협의주의는 다당제와 연립정부(더 정확히는 단일 정당정부가 아닌 정부) 형태가 정상상태인 국가에서 정당 간의 연합정치 방식으로 운영되는 민주주의를 지칭한다.[8] 연합정치 성공의 핵심 변수는 포괄성 또는 포용성이므로 협의주의는 상이한 세력들 간의 협상과 타협의 정치가 수월하게 작동될 수 있는 구조를 띠고 있다. 이 같은 구조적 특성이 경제 거버넌스 영역에서 재현된 것이 바로 사회

---

8) 다당제를 촉진하는 선거제도가 비례대표제임을 감안하면 협의주의를 이루는 핵심 제도는 비례대표제, 다당제, 연립정부라고 할 수 있는바, 그것은 결국 합의제 민주주의의 정치제도 요소와 동일한 것임을 알 수 있다. 따라서 합의제 민주주의의 5대 특성은 정치제도 측면에서의 협의주의와 사회경제제도 측면에서의 사회합의주의가 결합해 나타나는 것으로 요약할 수 있다.

합의주의라 할 수 있다(van Waarden, 2002: 50).[9] 즉, 양자 모두 정치적 혹은 사회경제적으로 다양한 이해를 갖는 여러 세력들을 하나의 시스템으로 통합시켜, 그들 간의 협의 혹은 합의를 통해 정치 혹은 사회경제적 결정을 내리게 하는 구조를 갖고 있다.

양자 간에는 구조 개념 측면에서만 친화성이 있는 것이 아니다. 많은 경우 양 제도의 주요 행위자들은 현실에서 상호 밀접한 연대 관계를 맺고 있다. 전국 단위의 노동조합이 노동당이나 사민당의 안정적 지지기반을 이루는 것이 그 대표적 예이다. 일반적으로, 협의주의 정치를 수행해가는 여러 정당들은 각자 자신들의 정치적 입지를 강화하기 위해 특정 이익집단의 전국 조직화를 도와 그들과 '후원자 - 고객(patron-client)' 관계라는 특수한 관계를 맺는다. 반대로 사회합의주의에 참여하는 여러 이익집단들은 각각 자신들의 사회경제적 이익 증대를 위해 특정 정당의 창당·지지층 확대·영향력 증대를 돕는다. 그 결과, 사회합의주의와 협의주의는 서로 맞물려 발전해가는 것이다.

사회합의주의는 또한 협의주의의 핵심 요소인 '이념과 정책 중심으로 구조화된' 다당제로 인해 발전해가는 것이라 할 수 있다.[10] 양당제 국가에서는 사회합의주의가 발전해가기 어렵다. 여기에서는 통상 선거에서 어느 한 정당에 의해 단독으로 정부가 구성되기 때문이다. 예컨대, 우파 정당이 이길 경우에는 자본가나 대기업 등 사회경제적 강자들에게 우호적인 이념 편향적 정부가 탄생한다. 그 경우 집권당의 정치적 지지기반

---

9) 협의주의와 사회합의주의 간의 '개념적' 친화성에 대한 자세한 설명은 Lembruch(1979)와 Ilja(1987) 등을 참조.
10) 사회합의주의는 양당제가 아닌 다당제에서 발전해가기 마련이라는 아래의 설명은 최태욱(2013: 112~114)에서 인용한 것이다.

인 사회경제적 강자들은 노동자나 중소기업 등의 약자들과 사회적 대타협을 이루기 위해 적극적으로 나설 까닭이 별로 없다. 그들과 '정치적 동맹(political ally)' 관계에 있는 정당이 독자적으로 정부를 운영하며 그들이 원하는 정책을 제공하는데, 뭣하러 굳이 약자들과의 까다롭고 골치 아픈 사회적 대화에 응하겠는가(Anthonsen and Lindvall, 2009: 171). 필요하면 정부를 상대로 로비 등의 직접적 영향력을 행사하면 될 뿐이다. 반대의 경우, 즉 좌파 정당이 단독 집권을 할 경우도 주체만 다를 뿐 상황은 비슷한 방식으로 전개된다.

실제로 양당제가 전형인 다수제 민주주의 국가에서 사회협약의 정치경제가 성공적으로 지속된 예를 찾아보기는 어렵다. 반대로, 사회합의주의가 안정적으로 발전해온 국가들은 모두 보수와 진보, 중도 계층에 기반을 둔 유력 정당 셋 이상이 어느 한 정당도 단독 다수당이 되기 어려운 다당제를 형성한다. 이에 따라 통상적인 정부도 연립정부의 형태로 구성되어 합의제 민주주의를 실현하게 된다. 이들 나라는 상이한 이념의 복수 정당들로 구성되는 연립정부 체제를 취하기 때문에, 노동 세력이든 자본 세력이든 특정 정당에 대한 일방적 영향력 행사로는 이익을 보장할 수 없다. 양자 간의 사회적 대화가 흥하는 것도 바로 이 때문이다. 말하자면 그들은 애초부터 자신들이 '포획'할 수 있는 어느 한 정당의 단독 집권이 불가능하다는 사실을 인지하고, 정치권 밖에서부터 미리 상호 간의 정책적 타협점을 찾으려 노력한다는 것이다(Martin and Swank, 2008: 181, 184). 같은 이유로 그들은 자기들의 동맹 정당이 아닌 여타 유력 정당들과도 가급적 협력적인 관계를 유지하려 든다. 연립정부의 입장에서도 일단 사회적 합의가 이루어진 정책 이슈를 다루는 것이 정치적으로 부담이 적은 까닭에 노사 간의 사회적 대화를 장려한다.

협의주의와 사회합의주의 간의 높은 상관관계는 실증적으로도 이미 여러 연구에서 증명된 바 있다(Lijphart and Crepaz, 1991; Crepaz and Lijphart, 1995; Lijphart, 1999). 협의주의의 수준이 높은 민주주의일수록, 그 안에서 사회합의주의의 발전 정도도 높다는 것이다. 결국 엄밀히 말해 '같이 가는' 것은 사회합의주의와 협의주의인 것이다. 그런데 협의주의가 합의제 민주주의의 핵심을 구성함에 따라 협의주의의 '내장 요소(integral part)'라 할 수 있는 사회합의주의가 합의제 민주주의와 같이 가게 되는 것이다.

이상 다수제 민주주의와 합의제 민주주의의 5대 특성을 간략히 살펴보았다. 물론 이 특성을 이념형 그대로 유지하고 있는 민주국가는 소수에 지나지 않는다. 거의 모든 민주국가들은 다수제와 합의제의 원형을 양 극단으로 하는 연속선상의 어느 한 지점에 위치하고 있을 뿐이다. 그러나 중간 지점으로부터 전형적인 다수제나 전형적인 합의제의 어느 한쪽에 가까이 갈수록 해당 국가의 민주주의는 다수제적 혹은 합의제적 성격이 강한 것이라고 평가할 수 있다. 그러한 기준으로 볼 때 현재 지구상에는 합의제적 민주주의 국가가 훨씬 많다. 특히 선진국들의 경우 합의제 민주주의가 확실한 대세를 이루고 있다. 영국이나 프랑스 등 소수의 예외를 제외한 거의 모든 유럽 선진국들은 합의제 민주주의 국가로 분류된다. 한편, 위에서 본대로 민주주의의 유형을 결정하는 가장 핵심적인 정치제도는 선거제도인데, 경제선진국들의 모임인 OECD 34개 회원국 중 다수제 민주주의의 전형적 선거제도인 다수대표제를 택하고 있는 나라는 미국, 영국, 캐나다 등 대여섯에 불과하고 나머지는 모두 합의제 민주주의의 전형인 비례대표제 혹은 비례성이 상당히 보장되는 혼합형 선거제도를 택하고 있다. 이 같은 사실은 선진국 민주주의의 표준이

합의제 민주주의임을 확인해주는 것이라 할 수 있다.

2. 합의제 민주주의의 포용성과 정치 및 사회적 자유 보장성

이 글의 서두에서 정치적 자유는 '포용의 정치'가 발달된 곳에서 더 잘 지켜진다고 했다. 그리고 위에서 본 유형에 따르자면, 원칙적으로 다수제 민주주의는 배제의 정치, 합의제 민주주의는 포용의 정치를 바탕으로 돌아간다고 할 수 있다. 다수제형 민주정부가 오직 다수(the majority of the people)의 이익과 선호에 응답하는 정부라면, 합의제형 민주정부는 소수파들이 포함된 최대다수(as many people as possible)에 대해 책임을 지는 정부이다(Lijphart, 1984: 4).

1) 정치적 자유 보장성

두 민주주의의 성격을 다시 요약해보자. 승자독식 모델인 다수제 민주주의에서는 선거에서 승리한 정치 세력이 정치권력을 독차지한다. 그들은 자신들만으로 정부를 구성하며 패자나 저항·거부 세력에 대해서는 그다지 배려하지 않는다. 결국 정권교체기에 이루어지는 정치 과정에서 배제 세력이 양산되며, 이로 인해 이들과 정부 간, 그리고 입장이 다른 이익집단들 간의 적대적 대립과 갈등이 상시적 문제로 존재한다. 포용의 정치가 작동되지 않는 것이다. 반면, 승자독식이 제도적으로 불가능하거나 매우 어려운, 그리하여 정치 세력 상호 간의 의존과 협력이 필수적인 합의제 민주주의에서는 정치권력이 분산되며, 따라서 정치 과정은 양보와 타협에 의해 진행된다. 여기서는 약자나 소수자, 저항·거부 세력에 대한 포용이 일상의 정치문화로 자리 잡게 된다.

합의제 민주주의의 본질이 포용의 정치에 있다고 할 때, 그것을 작동케 하는 핵심 기제는 비례대표제라 할 수 있다. 비례대표제는 약자와 소수자를 포함한 다양한 사회 세력들을 대변하는 다수의 정책 및 이념 정당들의 의회 진출을 촉진하며, 이는 대부분의 경우 다당제하의 연립정부 형태로 이어지고는 한다. 그리고 이 제도 패키지, 즉 비례대표제, 다당제, 연립정부 등에 의해 가동되는 협의주의 정치가 사회합의주의 거버넌스와 같이 간다는 것은 상기한 대로이다. 결국 합의제 민주주의는 비례대표제를 시작으로 해 상호 맞물려 있는 포괄성 혹은 포용성 높은 정치제도 및 그것들과 친화성을 유지하는 사회경제 제도로 이루어진 민주주의 체제인 것이다. 따라서 정치적 자유는, 다른 조건이 동등할 경우, 다수제 민주주의에서보다 포용의 정치가 제도화되어 있는 합의제 민주주의에서 더욱 잘 보장된다고 할 수 있다.[11]

2) 사회적 자유 보장성

보장되는 것은 정치적 자유만이 아니다. 빈곤이나 소외의 공포로부터

---

11) 레이파트가 정리한 이 합의제 민주주의라는 용어 대신 '협상민주주의(negotiation demo-cracy)', '협의민주주의(consociational democracy)', '비례민주주의(proportional dem-ocracy)', '분권민주주의(power-sharing democracy)', '포괄민주주의(inclusive democ-racy)' 등 다른 표현을 써도 좋다. 여기서 중요한 것은 여러 정당들 간의 협상과 타협을 본질로 하는 '포괄의 정치'가 작동되는 대의제 민주주의 유형이 따로 존재한다는 점이다. 합의제 민주주의와 유사한 상기 민주주의 개념들에 대해서는 Huber and Powell(1994), Armingeon(2002), Lijphart(2002a, 2002b) 등을 참조.

의 자유를 포함하는 시민의 자유 역시 합의제 민주주의가 더욱 안정적
으로 지켜줄 수 있다. 포용의 정치가 작동되는 곳에서는 사회경제적 약
자들의 선호와 이익이 동등하고 효과적인 참여 보장에 의해 정치 과정
에 제대로 투입되기 때문이다. 사회정책이나 경제정책 등이 사회경제적
강자들의 이익에 편향되어 수립되거나 집행될 가능성이 낮다는 것이다.
이것이 합의제 민주주의에 가까울수록 조세나 복지정책 등을 통한 정부
의 재분배 수행능력이 높게 나타나는 이유이다(Crepaz, 2002). 다수제 민
주국가들보다 합의제 민주국가들에서의 빈부격차가 덜하고, 복지수준
이 더 높으며, 약자나 소수자 배려가 더 철저하다는 것(Lijphart, 1999:
ch.16; 선학태, 2005: 402~408), 그리하여 합의제 민주주의가 다수제 민주
주의보다 사회통합과 정치안정 측면에서 뛰어나다는 점은, 실증 연구에
의해서도 증명되고 있다(Armingeon, 2002). 이는 결국 합의제 민주주의
에서 분배친화적 자본주의가 발전할 가능성이 높음을 의미한다.

　　사실 합의제 민주주의는 그 자체로 상당한 수준의 분배친화성을 내포
하고 있다. 로버트 달(Dahl, 1998)이나 최장집(2007) 등이 강조하는 '절차
적 민주주의'의 기준에 충실할 수 있는 민주주의 유형이기 때문이다. 최
장집 교수의 지적대로, 오늘날 한국의 사회경제적 불평등이 수많은 이
들의 사회적 시민권을 훼손할 지경에까지 이르게 된 것은, 그리하여 민
주화 이후에도 소위 실질적 민주주의는 실현되지 않고 있다는 불만이
커지고 있는 까닭은, 한국의 민주주의가 절차적 민주주의의 기준에 크
게 미흡하기 때문이다. 작금의 한국 상황은 민주주의의 기본 원칙, 즉 집
합적 결정은 다수 혹은 최대 다수의 선호에 따라야 한다는 원칙이 관철
되지 않고 있음을 여실히 보여주는 것이다. 그 원칙대로라면 어떻게 다
수인 사회경제적 약자들의 이익이 소수에 불과한 강자들의 이익에 번번

이 압도당하겠는가. 민주주의의 기본 원칙 수행에 필요한 절차에 문제가 있다는 지적은, 그래서 나오는 것이다.

절차적 민주주의가 제대로 작동된다면, '즉 효과적인 정치 참여가 이루어지고, 투표의 평등이 실현되며, 계몽된 이해가 가능하고, 투표자들이 의제를 최종적으로 통제할 수 있으며,' 참여의 포괄성이 보장된다면, 민주주의의 원칙은 제대로 지켜질 것이고 따라서 사회경제적 불평등 상황은 개선될 수 있다는 것이 '민주주의는 절차적 민주주의'라고 하는 주장의 요체이다(최장집, 2007: 100~101). 모든 시민의 동등하고 효과적인 정치 참여를 가능케 하는 절차가 갖추어질 때 민주주의가 제대로 작동한다는 것이다. 합의제 민주주의가 동등하고 효과적인 정치 참여를 더 잘 보장해줄 수 있는 민주주의 유형임은 위에서 본 대로이다. 한국의 절차적 민주주의의 심화와 그에 따른 사회적 자유의 증진은 합의제 민주주의하에서 더 크게 기대할 수 있다는 것이다.

3. 합의제 조정시장경제와의 친화성

실제로 정치적 자유와 사회적 자유 수호에 유능한 합의제 민주주의의 이 포용성은, 자유시장경제보다 분배친화적인 자본주의라는 평을 받는 조정시장경제와의 친화성으로도 이어진다. 이하 본 절에서는 그 친화성 발생의 배경과 구조 등에 대해 살펴본다.

1) 자본주의의 다양성

자유시장경제와 조정시장경제의 유형화 작업은 '자본주의의 다양성 (varieties of capitalism)'을 논하는 사람들에 의해 수행되었다.[12] 그들에 따르면 갈수록 거세지는 세계화의 경제 통합 압력과 그에 따른 각국 자본주의의 (자유시장 경제 체제로의) 수렴 압력 속에서도 자본주의가 여전히 다양한 형태로 존재하는 것은 '생산레짐(production regimes)'이 국가별로 상이하기 때문이다.[13]

생산레짐이란 기업의 생산과정에 직간접적으로 연계된 '상호보완성의 관계에 놓인 제도들의 조합'을 말한다(Thelen, 2004). 그 제도들에는 금융체계, 기업지배구조, 기업 간 관계, 노사관계, 상품생산체계, 숙련형성 및 고용체계 등이 포함된다. 각국의 생산레짐은 이 구성 제도들이 역사적으로 어떻게 발전해왔으며 어떠한 국가 - 사회적 메커니즘에 의해 작동되는지에 따라 서로 다르다. 따라서 생산레짐으로 나타나는 자본주의의 성격은 나라마다 다른 것이 당연하다(Hall and Soskice, 2001). 그런데 이 생산레짐의 속성은 쉽게 변하지 않는다. 그것을 구성하는 각 제도들과 그들 간의 조합은 각국의 독특한 역사 및 정치적·사회적·문화적 맥락 속에서 형성된 것이기 때문이다.[14] 따라서 세계화의 압력에 직면

---

12) 자본주의의 다양성에 대한 논의는 Coates(2000), Crouch and Streeck(1997), Ebbinhaus and Manow(2001), Esping-Andersen(1999), Hall and Soskice(2001), Kitschelt et al(1999), Soskice(1999) 등을 참조.

13) 생산레짐론에 따른 자본주의의 다양성 논의에 대한 본 항의 내용은 최태욱(2009)에서 부분적으로 인용했음.

14) 이는, 예컨대 정치적 맥락의 주요 부분에 의도적이며 인위적인 변화를 가함으로써 생산레짐 혹은 자본주의의 유형을 바꾸어갈 수는 있다는 말이기도 하다.

할 때 각국은 일차적으로 자신의 생산레짐 특성에 맞추어 적절한 정책적 대응을 할 뿐이지 생산레짐 그 자체를 변화시키려 하지는 않는 것이 일반적이다.

생산레짐론에 기초한 자본주의의 다양성 논의에 따르면 세계화가 급속도로 진행되던 1980년대와 1990년대 상황에서 세계 자본주의는 크게 두 유형으로 나누어진다. 상기한 자유시장경제와 조정시장경제가 바로 그것인데, 영국, 미국, 호주, 뉴질랜드 등은 전자에 속하며, 북유럽 국가들과 독일 등은 후자에 속한다(Soskice, 1999). 안재홍(2008)의 지적대로, 칼 폴라니(Karl Polanyi)의 이론적 틀에서 보면, 조정시장경제는 시장과 국가 - 사회관계가 '맞물려(embedded)' 있는 상태이며, 자유시장경제는 이 관계가 '풀려서(disembedded)' 시장이 자율적으로 기능하는 상태라고 할 수 있다.[15] 따라서 조정시장경제에서는 노사관계나 숙련형성 및 고용체계 등 제반 생산레짐 요소의 작동에 대해 국가나 사회의 조정 혹은 개입이 상시적으로 일어나는 반면, 자유시장경제에서는 모든 생산관련 제도의 작동이 기본적으로 기업에 의해 시장의 원리대로 이루어진다.

조정시장경제는 다시 국가주도 조정시장경제와 합의제 조정시장경제로 구분할 수 있다. 전후 1980년대 초반까지의 일본과 민주화 이전의 한국 경제가 전자의 전형으로 꼽힌다. 일본과 한국이 발전지향 국가였던 점에 착안해 이 유형을 '발전주의형 조정시장경제'라고도 부른다. 협상형 혹은 합의제 조정시장경제의 모범사례는 독일과 네덜란드 및 북유럽 국가들에서 찾을 수 있다. 이들 나라에서는 시장의 조정이 주로 '노사정

---

15) 사실 자유시장경제에서는 시장이 국가 - 사회관계로부터 자율성을 확보하는 정도가 아니라 오히려 사회를 '시장화'해 '사회관계가 경제 체제에 맞물려' 돌아가도록 하는 지배적 힘을 갖는다. 이에 대해서는 Polanyi(2001, chapter 5) 참조.

3자협약의 정치경제'라 불리는 사회합의주의 방식으로 이루어지며, 그 결과 복지주의가 발달한 까닭에 이 유형은 흔히 '유럽형 복지자본주의' 혹은 '사회합의주의 모델'이라고 불린다. 한편, 합의제 조정시장경제의 정부는 견고한 노동권과 복지 규정 등을 확립함으로써 노조가 강력한 시장행위자로 행동할 수 있게 하며, 자본 측과의 협상과 교섭의 장에도 당당한 파트너로서 참여할 수 있게 하는 등 분명한 노동 중시 경향을 띤다. 이러한 사민주의적 정부 경향에 주목하는 이들은 이 유형을 '사민주의 모델'이라고도 부른다.

합의제 조정시장경제의 핵심 기제는 사회합의주의이다. 이는 주요 이익집단들을 사회경제 정책의 수립과 집행과정에 참여케 함으로써, 그것이 정당이나 정치 엘리트들만의 타협으로 이루어졌을 때 불거졌을 사회적 불만과 저항을 최소화하는 동시에 시장 조정 기능을 수행하는 매우 훌륭한 사회경제 거버넌스이다.

세계화의 진행이 이 합의제 조정시장경제의 근간에 해당하는 사회합의주의에 일정한 변화를 가져온 것은 사실이다. 1990년대 이후 그때까지의 '고전적' 사회합의주의와는 다른 형태의 사회협약이 네덜란드, 아일랜드, 스페인, 포르투갈, 이탈리아 등 유럽 도처에서 이루어졌다. '경쟁력을 위한 사회합의주의(competitive corporatism, 이하 경쟁력 사회합의주의)'라 불리는 새로운 사회합의주의가 부상한 것이다(Rhodes, 2001). 고전적 사회합의주의에 따른 과거 사회협약의 주 의제가 분배였다면, 경쟁력 합의주의는 생산성 향상을 분배 못지않은 중요 의제로 다룬다. 세계화 시대의 어려운 경제여건을 극복하기 위해 노동시장의 유연성 증대와 사회복지 지출의 합리화 등을 통한 국제경쟁력의 제고를 목표로 하면서도, 적극적 노동시장정책 등을 통한 고용증대, 불공정 해고의 제한, 적정한 분배 등을 동시에 도모하는 것이다. 분명한 것은 경쟁력 사회합의주의의 한 목표가 국가경쟁력 제고이지만, 그 달성 방식은 사회협약에 의한 사회적 보호와 시장기능의 활성화라는 점에서, 이것이 여전히 합의제 조정시장경제의 사회합의주의적 조정기제라는 점이다.

2) 합의제 민주주의의 합의제 조정시장경제 촉진 효과

여기서 우리는, 사회합의주의를 운영하고 있는 유럽의 합의제 조정시장경제 국가들이 어떠한 형태로든 예외 없이 비례대표제, 다당제, 그리고 연정형 권력구조를 유지하고 있다는 사실에 주목해야 한다(Swank, 2002). 사실 합의제 민주주의의 핵심 요소들인 이 포괄성 높은 정치제도들은 두 가지 경로를 통해 분배친화적 자본주의의 형성 및 유지에 기여한다. 하나는 앞서 말한 정치적 자유의 보장 기능을 통해서이다. 즉, 이 정치제도들 자체가 정치 과정에서 노동 등 사회경제적 약자 집단들의 효과적 이익집약을 가능케 함으로써 분배의 정의가 왜곡되는 것을 방지하는 것이다. 합의제적 정치제도의 시장조정 효과가 정당 체계를 중심으로 직접적으로 나타나는 경우라 할 수 있다.

다른 하나는 간접적 경로를 통해서인데, 합의제 조정시장경제는 주로 이 경로에 의존해 발전하게 된다. 이 정치제도들은 상기한 대로 사회합의주의적인 이익집단 대표 체계와 친화성을 유지함으로써 합의제 민주주의의 분배친화적 시장조정 능력을 배가시킨다.[16] 즉, 협의주의 정치

---

[16] 사회합의주의가 발달할수록 소득불평등 정도가 줄고 사회경제적 형평성이 높아진다는 사실을 증명한 실증 연구에는 Crepaz(2002), Minnich(2003) 등이 있다.

제도의 시장조정 효과가 사회합의주의의 발전을 통해 간접적으로 나타나는 것이다. 합의제 민주주의와 합의제 조정시장경제의 제도적 친화성을 유지하게 만드는 핵심 연결 고리가 바로 이것이다. 앞서 설명한 대로, 사회합의주의는 합의제 조정시장경제의 근간을 이루는 경제 거버넌스이다. 따라서 합의제 민주주의의 정치제도들이 갖고 있는 이 사회합의주의와의 친화성은, 합의제 민주주의 그 자체와 합의제 조정시장경제 간의 친화성으로 이어지는 것이다. 즉, 합의제 민주주의와 합의제 조정시장경제의 교집합에 해당하는 사회합의주의가 양 체제를 친화성의 관계로 연결해준다는 것이다.

더 나아가, 양 체제 간에는 친화성을 넘는 일정한 인과성이 존재할 수도 있다. 설령 인과성까지는 아닐지라도, 포용성을 특징으로 하는 합의제 민주주의가 합의제 조정시장경제의 발전을 촉진할 수 있다는 것은 분명해 보인다. 합의제 민주주의는 합의제 조정시장경제의 발전에 한층 유리한 제도 조건을 제공하기 때문이다. 이 관계를 사회합의주의의 작동 조건을 중심에 놓고 조금 자세히 살펴보자.

어떠한 방식이든 간에 사회합의주의를 제도화해 그것을 토대로 하는 합의제 조정시장경제를 발전시켜 나가려면, 거기서 중요한 것은 무엇보다 참여 집단들 간의 동등한 파트너십 보장이다. 그것이 보장되지 않을 경우 사회적 협의나 합의의 장은 지속되지 못한다. 예컨대, 만약 사회적 합의 과정이나 이후 그 합의 내용에 관해 벌어지는 정치적 결정 과정에서 노동의 의견이 무시되기 일쑤라면, 노동은 그러한 거버넌스 운영에 더는 참여하지 않을 것이고, 따라서 사회합의주의는 작동을 멈추게 될 것이다. 여기서 정부의 역할이 중요하다. 정부는 노동이나 중소상공인 등과 같은 사회경제적 약자 집단들을 '특별' 지원함으로써 그들이 자본이나 대기업 등의 강자 집단과 동등한 파트너십을 유지할 수 있도록 해야 한다.

그런데 정부의 이러한 역할은 바로 합의제 민주주의에서 기대하기 용이한 것이다. 예컨대, 정부는 약자일 수밖에 없는 노동에 힘을 실어주어 노사관계가 동등한 파트너십 속에서 건설적이고 평화적으로 유지될 수 있도록 해야 한다. 그렇다면 거기에는 유력한 친(親)노동 정당이 있어 그 정당이 노동의 편에 서서 정부의 정책 결정에 상시적으로 상당한 영향을 끼칠 수 있어야 한다. 중소상공인이나 농민의 경우도 마찬가지이다. 이들 그룹 역시 각각 자신들의 정치적 대리인을 확보하고 있어야 한다. 말하자면, 합의제 조정시장경제의 기초인 사회합의주의가 제대로 작동되기 위해서는 주요 사회경제 집단들의 선호와 이익을 정치적으로 대리할 수 있는 이념 혹은 정책정당들이 포진해 있는 이른바 '구조화된' 다정당 체계가 필요하다는 것이다(Hamann and Kelly, 2007).[17] 이것이 합의제 민주주의의 전형적 정당 체계임은 앞서 지적한 대로이다. 결국 합의제 조정시장경제는 합의제 민주주의를 필요로 한다는 것이다.

4. 한국적 함의

박정희 정권 이후 민주화 이전의 한국 경제는 국가주도 조정시장경제였다. 국가 관료기구에 의한 전략적 계획과 조정이 시장경제에 상시적

---

17) 이념이나 정책 중심 정당들이 포진되어 있고 이들 정당들이 상당한 정체성과 영속성을 유지하고 있을 경우, 그 나라의 정당구도는 잘 '구조화'되어 있다고 말할 수 있다(정준표, 1997: 140).

으로 영향을 미치는 체제였던 것이다. 그러했던 한국 경제는 민주화 이후 점차 자유시장경제 체제로 바뀌어갔다. 세계화를 유난히 강조했던 김영삼 정부에서부터 본격적으로 시작된 신자유주의적 요소의 도입은 김대중과 노무현 정부에서도 지속적으로, 그러나 한층 대규모로 이루어졌다. 이명박 정부에 들어서는 앞선 정부들에서와 같은 조심성도 별로 없이 노골적인 신자유주의 노선을 취했다. 신자유주의 세계화의 주도국이었던 미국마저 변해가는 상황에서 '역주행'을 하는 게 아니냐는 비판도 있었지만, 이명박 정부는 그런 것에 아랑곳하지 않는 듯했다. 박근혜 정부는 직전 정부의 신자유주의 노선의 실정과 그로 인한 국민의 불만을 크게 의식해 보수파로서는 파격적이게도 진보파의 의제인 경제민주화와 복지국가 건설을 간판 공약으로 내세워 정권을 잡았으나, 현 시점까지로 봐서는 그 공약에 부합하는 신자유주의의 대안체제 확립에 별 의지나 능력이 없는 것으로 판단된다.

한국의 이러한 정치 환경 아래에서 양극화의 심화와 빈곤층 및 비정규직의 증대 등 신자유주의의 확대에 따른 사회경제적 폐해가 이미 사회통합의 위기를 우려해야 할 정도로 심각한 수준에 와있음은 과히 놀라운 일도 아니다. 이 극도의 경제적 자유주의 편향 상황에서 재벌 등 대자본의 전 방위적 영향력은 통제 불가능할 정도로 비대해지고 있으며, 일반 시민들, 특히 사회경제적 약자들의 사회적 자유는 거의 무방비 상태로 위협에 노출되어 있다. 이 상황을 지속해서는 안 된다는 우려 목소리가 진보 진영과 야당들에서는 물론, 보수 진영과 여당 내부에서도 분출하고 있다. 이제 신자유주의의 대안이 될 수 있는 새로운 분배친화적 자본주의 모델을 마련할 때가 온 것은 분명해 보인다.

생각건대, 사회공동체와 연대의 가치가 존중되고 보장되는, 그리하여

분배의 중요성이 강조되는 자본주의야말로 모든 시민들의 사회적 자유를 중시하는, 진보적 자유주의 정신에 부합하는 자본주의일 것이다. 그런데 이러한 자본주의의 실현은 시장이 사회적 영향력하에 놓여 있을 때 비로소 가능한 일이다. 즉, 시장이 사회구성원들 간의 협의나 합의에 의해 조율되고 조정될 수 있어야 한다는 것이다. 이때 분배와 생산성 간 혹은 형평성과 효율성 간의 균형점, 그리고 복지의 양과 질의 적정선 등은 해당 사회의 구성원들 스스로가 직접 협의해 결정하는 것이 가장 바람직하다. 다만 모든 구성원들의 참여는 현실적으로 불가능하므로, 한국적 상황에서 작동 가능한 사회적 협의나 합의 방식을 찾아내는 것이 중요하다. 물론 가장 쉬운 방식은, 유럽의 합의제 조정시장경제 국가들처럼 사회합의주의를 제도화하는 것이다.

분배친화성을 강화하기 위해 한국형 사회합의주의를 발전시킴으로써 한국의 자본주의를 합의제 조정시장경제로 바꾸어나가는 경우를 상정해보자. 그 경우에 반드시 필요한 것은 상기한 대로 사회합의주의의 작동을 가능케 할 구조화된 다정당 체계이다. 합의제 조정시장경제로의 발전을 위해서는 일정한 정당정치 조건을 갖추어야 한다는 것이다. 그렇다고 고전적 사회합의주의의 경우에서와 같이 사민당의 장기집권과 같은 정도의 강력한 정당 조건이 필요한 것은 아니다.

한국의 현 정치경제 지형에서 고전적 사회합의주의의 발전을 기대하기란 어차피 어려운 일이다. 그것이 작동하려면 사민당 등 친노동 정당의 집권 외에도, 사용자 단체와 노동조합의 중앙집중적이며 독점적인 대표 체계 등 무척 까다로운 조건들이 갖추어져야 하기 때문이다 (Cameron, 1984; Lange and Garret, 1985; Schmitter 1989). 한국에서 기대할 수 있는 사회합의주의 형태는 상기한 경쟁력 사회합의주의 정도일 것이다. '공급중심(supply-side) 사회합의주의'라고도 불리는 이 새로운 사회합의주의는 예의 고전적 조건을 제대로 갖추지 못한 네덜란드, 아일랜드, 스페인, 포르투갈, 이탈리아 등의 나라들에서 등장했다는 점에서 고무적인 현상으로 평가되었다(Rhode, 2001; Traxler, 1995). 이제 고전적 사회합의주의의 그 엄격한 정치 및 사회경제적 제도 요건은 반드시 필요한 것이 아니라는 점이 확인되었기 때문이다(양재진, 2003; 이선, 2006; 임상훈, 2006; Compston, 2002).

더구나 경쟁력 사회합의주의는 세계화 시대에 성장과 분배의 선순환 구조를 구축하고자 하는, 한국 경제에게는 더없이 적합한 것이기도 하다. 고전적 사회합의주의와 달리 이 새로운 사회합의주의는 분배만이 아니라 생산성 향상, 노동시장의 유연성과 안정성, 복지제도의 합리화, 적극적 노동시장정책 등을 통한 고용증대 방안 등 다양한 영역을 아우르는 의제 선택의 유연화를 이룰 것이기 때문이다. 또한 그것은 기업 연합과 노조 연합뿐 아니라 실직자, 비정규직, 자영업자, 농민 단체 등 다양한 사회집단들을 포괄하는 참여주체의 다변화와 거시적(중앙) 수준에서만이 아닌, 중위적(산업, 광역 지역) 혹은 미시적(기업, 기초 지역) 수준으로까지 내려가는 조정과 협약 수준의 세밀화도 가능케 한다. 그러나 명심할 것은 의제와 참여주체, 협약 수준 및 운영 형태 등의 면에서 한국 특유의 모델을 창안하기에 유리한 이 매력적인 유형의 사회합의주의 역시, 그것을 가동시키기 위한 최소한의 제도 조건이 필요하다는 점이다. 그중 하나가 바로 참여 집단들 간의 동등한 파트너십을 보장해줄 수 있는 구조화된 다정당 체계인 것이다.

정책과 이념 중심으로 구조화된 다당제가 비례대표제와 제도적 인과관계를 맺고 있다는 것은 앞서 논의한 대로이다. 그러한 정당체제가 통상 연립정부 형태의 권력구조와 연결된다는 사실도 앞서 논의했다. 결국 새롭게 창안되는 사회합의주의일지라도, 그것이 '포용의 정치경제(political economy of inclusion)'라는 사회합의주의의 기본 원리에 의해 작동되는 이상, 합의제 민주주의의 포용성 높은 정치제도들을 필요로 한다. 실제로 네덜란드, 아일랜드, 스페인, 포르투갈, 이탈리아 등 새로운 유형의 유연한 사회합의주의가 등장한 나라들도 모두가 이 정도의 정치제도 조건을 갖춘 합의제 민주주의 국가들임을 잊지 말아야 한다.

한국이 신자유주의의 대안체제로서 한국형 합의제 조정시장경제를 구축해가고자 한다면, 한국은 그보다 앞서 혹은 적어도 그 일과 병행해 한국형 합의제 민주주의의 발전을 위해 최선의 노력을 기울여야 한다. 신자유주의의 대안 모델 작성 그 자체도 중요하지만, 그에 못지않게 중요한 것이 합의제 민주주의의 형성에 필요한 정치제도들을 갖추는 일이다. 그 시작은 비례성을 획기적으로 높일 수 있는 선거제도의 개혁이어야 한다. 전술했듯, 선거제도야말로 정당 체계, 행정부 형태, 그리고 권력구조 등을 결정하는 민주주의 핵심 제도이기 때문이다.

결론

진보적 자유주의가 지향하는 바가 모든 시민이 평등하게 자유를 누릴 수 있는 공동체 건설이라고 할 때, 거기서 특히 강조되는 자유는 정치적 자유와 사회적 자유이다. 그렇다면 모든 시민의 정치적 자유와 사회적 자유를 평등하게 보장하는 방향으로 자본주의와 민주주의를 발전시키는 것이 곧 진보적 자유주의 이념의 구현 과정이라 할 것이다. 이 글에서는 합의제 조정시장경제와 합의제 민주주의로의 발전이 한국의 자본주의와 민주주의가 나아갈 방향이라고 주장했다. 두 체제는 공히 포용의 정치경제에 의해 작동되는바, 바로 그 공통의 특성이 약자와 소수자를 포함한 모든 시민에게 정치적 자유와 사회적 자유를 보장한다는 것이 핵심 논거였다.

사회합의주의라는 커다란 교집합이 존재할 정도로 두 체제 간의 친화성은 매우 높다. 만약 합의제 조정시장경제가 먼저 발전해간다면 합의제 민주주의의 진전이 그 뒤를 따를 수도 있을 것이다. 분배친화적 자본주의가 제공하는 높은 수준의 사회적 자유가 ― 즉, 사회경제적 불평등의 완화가 ― 정치적 자유의 신장으로 ― 즉, 동등하고 효과적인 정치 참여 기회의 확장으로 ― 이어질 것이며, 그것은 종국에 포괄민주주의의 발전을 촉진할 수도 있기 때문이다. 그러나 여기에서는 그 역의 관계가 더 현실적임을 강조하고 싶다. 즉, 정치적 자유 보장에 유능한 포괄민주주의의 등장이 사회적 자유의 창출 환경을 개선함으로써 분배친화적 자본주의의 발전으로 이어지는 것이 더 타당하리라는 것이다. 더구나 합의제 민주주의는 사회합의주의의 발전을 매개로 해 분배친화적 자본주의 유형에 해당하는 합의제 조정시장경제를 촉진하는 효과까지 발할 수 있다. 사회합의주의를 기반으로 하는 합의제 조정시장경제는 그 기반을 튼실하게 지탱해줄 수 있는 구조화된 다정당 체계를 필요로 하는바, 그것은 합의제 민주주의의 정치제도 패키지에 속하는 것이기 때문이다(따라서 합의제 민주주의의 발전 없이 합의제 조정시장경제가 먼저 성숙할 가능성은 현실적으로는 매우 낮다 할 것이다). 결국 합의제 민주주의의 발전이 합의제 조정시장경제를 유인해낼 수 있다는 것이다. 사실, 거의 모든 경우, 경제가 정치를 이끌기보다는 정치가 경제를 규정하지 않는가(Krugman, 2007).

마지막으로, 지금까지 진보적 자유주의 구현에 필요하다고 주장한 이 두 제도, 즉 합의제 조정시장경제와 합의제 민주주의라는 제도 유형 개념에 대해 간단히 언급하고자 한다. 불필요한 오해를 피하기 위함이다. 이 개념들은 오직 순서척도(ordinal scale)에 의해 구분되는 것들임을 분명히 하고 싶다. 다시 말하자면, 자유시장경제와 조정시장경제, 그리고 다수제 민주주의와 합의제 민주주의는 명목척도(nominal scale)에 의해 칼로 무를 베듯 명확히 구분될 수 있는 성질의 개념이 아니라는 것이다. 그것은 좌파나 우파 혹은 진보나 보수의 구분과 마찬가지로, 오직 정도의 차이를 나타내는 개념이다. 이념 지형에서 좌파나 진보에 가까울수록 평등의 확대를 더 강조하듯이, 자본주의의 다양성을 나타내는 연속체선상에서는 조정시장경제에 가까운 지점일수록 분배친화성이 높은 자본주의이며, 민주주의 유형의 연속체선상에서는 합의제에 가까울수록 포괄성 혹은 포용성이 높은 민주주의일 뿐이다. 결국 이 글의 논의 주제는 한국의 자본주의와 민주주의를 각각 어떻게 조정시장경제와 합의제 민주주의로 '전환'할 것인가가 아니라, 어떻게 그쪽으로 더 가깝게 '접근' 혹은 발전시켜갈 것인가라고 할 것이다.

참고문헌

서문

김윤태. 2014.3.31. "정당의 탈정치인가? 민주화인가?". ≪프레시안≫.

제1장 새로운 정치의 가치와 전략

김윤태. 2009. 「새로운 진보와 한국 정치」. 김형기·김윤태 엮음. 『새로운 진보의 길: 대한민국을 위한 대안』. 파주: 한울.

_____. 2012. 『한국의 재벌과 발전국가: 고도성장, 독재, 지배계급의 형성』. 파주: 한울.

_____. 2013. 「경제 민주화 2단계 논쟁을 위하여: '더 많은 민주주의'를 요구하라」. 민주당 경제민주화 모임 엮음. 『을을 위한 행진곡』. 서울: 메디치미디어.

_____. 2014. 3. 24. "안철수, 회고 정치의 덫에 빠졌나: 무공천과 새 정치의 한계". ≪프레시안≫.

김윤태 외. 2011. 『한국 복지국가의 전망: 새로운 도전, 새로운 과제』. 파주: 한울.

달, 로버트(Robert Dahl). 2011. 『경제민주주의에 관하여』. 배관표 옮김. 서울: 후마니타스.

뤼시마이어, 디트리히(Dietrich Rueschemeyer) 외. 1998. 『자본주의 발전과 민주주의』. 박명림·조찬수·권혁용 옮김. 서울: 나남출판.

리프킨, 제러미(Jeremy Rifkin). 2012. 『유러피언 드림: 아메리칸 드림의 몰락과 세계의 미래』. 이원기 옮김. 서울: 민음사.

샤츠슈나이더, E. E(Elmer Eric Schattschneider). 2008. 『절반의 인민주권』. 현재호·박수형 옮김. 서울: 후마니타스.

선학태. 2006. 『사회협약정치의 역동성』. 파주: 한울.

센, 아마르티아(Amartya Sen). 2013. 『자유로서의 발전』. 김원기 옮김. 서울: 갈라파고스.

스티글리츠, 조지프(Joseph E. Stiglitz). 2013. 『불평등의 대가』. 이순희 옮김. 파주: 열린책들.

왈쩌, 마이클(Michael Walzer). 1999. 『정의와 다원적 평등: 정의의 영역들』. 정원섭

외 옮김. 서울: 철학과현실사.

최장집. 2010. 『민주화 이후 민주주의: 한국 민주주의의 보수적 기원과 위기』, 서울: 후마니타스.

프랭크, 토마스(Thomas Frank). 2012. 『왜 가난한 사람들은 부자를 위해 투표하는가: 캔자스에서 도대체 무슨 일이 있었나』. 김병순 옮김. 서울: 갈라파고스.

홉스봄, 에릭(Eric Hobsbawm). 1997. 『극단의 시대: 20세기 역사』 상·하. 이용우 옮김. 서울: 까치글방.

Bordoff, Jason E. et al. 2006. *An Economic Strategy to Advance Opportunity, Prosperity, and Growth*. Washington. DC: Brookings Institution.

Burman, Leonard E., Jeffrey Rohaly and Robert J. Shiller. 2006. "The Rising-Tide Tax System: Indexing (at Least Partially) for Changes in Inequality." retrieved April 15, 2014, from http://aida.wss.yale.edu/~shiller/behmacro/2006-11/burman-rohaly-shiller.pdf.

EU. 2010. "Europe 2020." Retrieved March, 27, 2014, from http://ec.europa.eu/-europe2020/index_en.htm

European Union. 2000. "Lisbon European Council Presidency Conclusions." retrieved April 15, 2014, from http://www.europarl.europa.eu/summits/lis1_en.

Inglehart, Ronald . 1977. *The silent revolution: changing values and political styles among Western publics*. Princeton, N.J.: Princeton University Press.

Lijphart, Arend. 1984. *Democracies: Patterns of Majoritarian and Consensus Government in Twenty One Countries*. New Haven: Yale University Press.

Oxfam. 2014. *Working for the Few: Political capture and economic inequality*. Boston: Oxfam.

Piketty, Thomas. 2014. *Capital in the Twenty-First Century*. Harvard University Press.

World Economic Forum. 2013. "Outlook on the Global Agenda 2014." retrieved April 15, 2014, from http://www3.weforum.org/docs/WEF_GAC_GlobalAgendaOutlook_2014.pdf.

제2장 시민사회와 정당의 변화: 대의정치 황금기의 쇠락과 시민정치의 모색

모리스, 딕(Dick Morris). 2000. 『VOTE.COM』. 이형진·문정숙 옮김. 서울: 아르케.

민주화운동기념사업회 연구소. 2010.『민주주의 강의 4. 현대적 흐름』. 서울: 민주
화운동기념사업회.

샤츠슈나이더(Elmer Eric Schattschneider). 2010.『민주주의의 정치적 기초』. 이철희
옮김. 서울: 페이퍼로드.

오건호. 2008.「시장권력에 맞서 공공성 연대운동으로」,《시민과 세계》, 14호,
148~155쪽.

윤상철. 2001.「민주화 이행과 선거」.《기억과 전망》, 창간호, 132~144쪽.

이영제. 2012.「민주화 운동의 주체는 변하고 있는가?」, 대안지식연구회 엮음.『인
문정치와 주체』. 서울: 열린길.

카터, 에이프릴(April Carter). 2007.『직접행동』. 조효제 옮김. 서울: 교양인.

하트·네그리(Michael Hardt and Antonio Negri). 2008.『다중: 제국이 지배하는 시
대의 전쟁과 민주주의』. 조정환·정남현·서창현 옮김. 서울: 세종서적.

홍일표. 2009.「'이중의 탈제도화' 압력과 한국 시민운동의 대응」,《기억과 전망》,
제21호, 75~107쪽.

Laakso, M. and Rein Taagepera. 1979. "Effective Number of Parties: A Measure
with Application to West Europe." *Comparative Political Studies*, Vol.12, No.1,
pp.3~27.

Marshall, T. H. 1950. *Citizenship and Social Class, and other essays*. Cambridge:
Cambridge University Press.

Panebianco, A. 1988. *Political Party: Organization and Power*. translated by Silver, M.
Cambridge: Cambridge University.

제3장 정당 지지율과 대통령 지지율은 정치 지형을 제대로 보여주고 있을까?

윤희웅. 2009.9.8. "대통령지지도 40% 뜯어보면".《주간경향》, 841호.

_____. 2010.5.18. "대통령지지도, 여당 득표율로 나올까".《주간경향》, 875호.

이현출. 2004.「한국 유권자의 정당 지지 구조와 안정성」.《한국정치학회보》, 제
12집 제2호, 129~154쪽.

제4장 한국 선거 지형의 변화: 인구 구조와 이념 성향

강원택. 2002. 「세대, 이념과 노무현 현상」. ≪계간사상≫, 2002년 가을호, 80~102쪽.

고원. 2005. 「386세대의 정치의식변화 연구」. ≪동향과 전망≫, 63호, 201~224쪽.

김종배. 2012. 『30대 정치학』. 서울: 반비.

노환희·송정민·강원택. 2013. 「한국 선거에서의 세대 효과: 1997년부터 2012년까
　　지의 대선을 중심으로」. ≪한국정당학회보≫, 제12권 제1호, 113~140쪽.

박재흥. 2009. 「세대명칭과 세대갈등 담론에 대한 비판적 검토」. ≪경제와 사회≫,
　　통권81호, 10~34쪽.

우석훈·박권일. 2007. 『88만원 세대』. 서울: 레디앙미디어.

유창오. 2011. 『진보 세대가 지배한다』. 서울: 폴리테이아.

윤상철. 2009. 「세대정치와 정치균열」. ≪경제와 사회≫, 통권81호, 61~88쪽.

장훈. 2012. 「19대 총선 결과의 의미: 구조를 누른 행위자와 제도의 효과?」. ≪21
　　세기정치학회보≫, 제22집 3호, 133~152쪽.

전상진. 2002. 「세대사회학의 가능성과 한계: 세대 개념의 분석적 구분」. ≪한국인
　　구학≫, 제25권 제2호, 193~230쪽.

_____. 2003. 「계급과 세대」. ≪비평≫, 통권11호, 242~260쪽.

_____. 2010. 「세대경쟁과 정치적 세대」. ≪한독사회과학논총≫, 제20권 제1호,
　　127~150쪽.

제5장 2012년 대선 평가와 정당 개혁의 전망

박경미. 2013. 「한국의 정당 개혁 담론 변화와 정당의 적응성」. ≪한국정치연구≫,
　　제22권 제2호, 27~48쪽.

박원호·송정민. 2012. 「정당은 유권자에게 얼마나 유의미한가?: 한국의 무당파층과
　　국회의원 총선거」. ≪한국정치연구≫, 제21권 제2호, 115~143쪽.

이준한. 2003. 「국회의원 후보선출의 방법과 과정에 대한 비교연구: 한국과 미국」.
　　≪의정연구≫, 제9권 제1호, 86~109쪽.

임성호. 2003. 「원내정당화와 정치 개혁: 의회민주주의 적실성의 회복을 위한 소고」.
　　≪의정연구≫, 제9권 제1호, 133~166쪽.

현재호. 2011. 「민주화 이후 정당정치: 정당, 유권자 그리고 정부」. ≪한국정치연구≫,
　　제20권 제3호, 81~108쪽.

Schattschneider, Elmer Eric. 1942. *Party Government.* New York: Farrar and Rinehart.

제6장 무엇이 문제이고 어떻게 개혁할 것인가?

김대중. 2011. 『김대중자서전』. 서울: 삼인.

김영순. 2011. 「보편적 복지국가를 위한 복지동맹」. ≪시민과 세계≫, 제19호, 14~33쪽.

달, 로버트(Robert Alan Dahl). 2010. 『정치적 평등에 관하여』. 김순영 옮김. 서울: 후마니타스.

뒤베르제, 모리스(Maurice Duverger). 2006. 『정치란 무엇인가』. 배영동 옮김. 파주: 나남출판.

라이시, 로버트(Robert Reich). 2011. 『위기는 왜 반복되는가』. 안진환·박슬라 옮김. 파주: 김영사.

레이코프, 조지(George Lakoff). 2006. 『코끼리는 생각하지 마』. 유나영 옮김. 서울: 삼인.

박상훈. 2010, 『만들어진 현실』. 서울: 후마니타스.

백낙청. 2012. 『2013년 체제 만들기』. 파주: 창비.

버먼, 셰리(Sheri Berman). 2010. 『정치가 우선한다』. 김유진 옮김. 서울: 후마니타스.

샤츠슈나이더(Elmer Eric Schattschneider). 2008. 『절반의 인민주권』. 현재호·박수형 옮김. 서울: 후마니타스.

_____. 2010. 『민주주의의 정치적 기초』. 이철희 옮김. 서울: 페이퍼로드.

서복경. 2013. 「유권자의 알권리와 후보자와의 소통」. ≪자유로운 선거 참여! 알권리 보장! 공직 선거법 개정 방향 토론회≫.

유종일. 2008. 『위기의 경제』. 서울: 생각의 나무.

크루그먼, 폴(Paul Krugman). 2008. 『미래를 말하다』. 예상한·한상완·유병규·박태일 옮김. 서울: 서울경제연구원.

최장집. 2010. 『민주화 이후의 민주주의』. 서울: 후마니타스.

최장집·박상훈·박찬표 등. 2013. 『어떤 민주주의인가』. 서울: 후마니타스.

홉스봄, 에릭(Eric Hobsbawm). 2007. 『미완의 시대』. 이희재 옮김. 서울: 민음사.

Alesina, Alberto, Edward L. Glaeser, E. L. 2004. *Fighting Poverty in the Us and Europe: A World of Difference.* Oxford: Oxford University Press.

Atkinson, Anthony B., Thomas Piketty and Emmanuel Saez. 2011. "Top Incomes in the Long Run of History." *Journal of Economic Literature*, vol.49, No.1, pp.3~71.

Barker, Ernest. 1942, *Reflections on Government*. Oxford: Oxford University Press.

Bartels, Larry M. 2008. Unequal Democracy: The Political Economy of the New Gilded Age. Princeton: Princeton University Press.

Derks, Anton. 2004. "Are the underprivileged really that economically 'leftist'? Attitudes towards economic redistribution and the welfare state in Flanders." *European Journal of Political Research*, Vol.43, No.4, pp.509~521.

Downs, Anthony. 1957. *An Economic Theory of Democracy*. New York: Harper and Row.

Finseraas, Henning. 2010. "What if Robin Hood is a social conservative? How the politicalresponse to increasing inequality depends on party polarization." *Socio-Economic Review*, Vol.8, No.2, pp.283~306.

Inglehart, Ronald. 1977. *The Silent Revolution*, Princeton: Princeton University Press.

Iversen, Torben and David Soskice, 2006. "Electoral Institutions and the Politics of Coalitions: Why Some Democracies Redistribute More Than Others." *American Political Science Review*, Vol.100, No.2, pp.165~181.

Key, V. O. Jr. 1964. *Politics, Parties, and Pressure Groups*. New York: Crowell.

Lakoff, George. 2006. *Thinking Points: Communicating Our American Values and Vision*. New York: Farrar, Straus and Giroux.

McCarty, Nolan, Keith T. Poole and Howard Rosenthal. 2006. *Polarized America*. Cambridge, Mass.: The MIT Press.

Otto, Kirchheimer. 1966. "The Transformation of Western European Party Systems." in J. LaPalombara and M. Weiner eds. *Political Parties and Political Development*. Princeton, N.J.: Princeton University Press.

Petrocik, John. M. 1996. "Issue ownership in presidential elections, with a 1980 case study." *American Journal of Political Science*, Vol.40, No.3, pp.825~850.

Philpot, Robert ed. 2011. *The Purple Book*. London: Biteback Publishing.

Piketty, Thomas and Emmanuel Saez. 2007. "How Progressive Is the U.S. Federal Tax System? A Historical and International Perspective." *The Journal of Economic Perspectives*, Vol.21, No.1, pp.3~24.

Plouffe, David. 2009. *The Audacity to Win: The Inside Story and Lessons of Barack*

Obama's Historic Victory. New York: Viking Adult.

Przeworski, Adam and John Sprague. 1986. *Paper Stones*. Chicago: University of Chicago Press.

Robbins, Joseph W. 2010. "The Personal Vote and Voter Turnout", *Electoral Studies*, Vol.29, No.4, pp.661~672.

Roemer, John. E., Lee Woojin and Karine van der Straeten. 2007. *Racism, Xenophobia, and Distribution*. Cambridge, Mass.: Harvard University Press.

Schattschneider, E. E. 1957. "Intensity, Visibility, Direction and Scope." *The American Political Science Review*, Vol.51, No.4, pp.933~942.

Stoker, Gerry. 2006. *Why Politics Matters*. New York: Palgrave.

Stricherz, Mark. 2007. *Why the Democrats Are Blue*. New York: Encounter Books.

Taibbi, M. 2009.7.9. "The Great American Bubble Machine", *Rolling Stone*.

제7장 제3세대 정당정치를 위해

김문조·김남옥·장안식·김세현·송지연·신임식·김혜민. 2010. 「융합문명의 도전과 응전」. 정보통신정책연구원. ≪디지털 컨버전스 기반 미래연구(Ⅱ)≫.

김영필. 2005. 「한국과 일본의 '장기정권' 비교: 군사정권과 자유민주당」. 한국정치 연구회. ≪정치비평≫, 통권 제14호 재창간 7호(2005 상반기), 101~126쪽.

노리스, 피파(Pippa Norris). 2007. 『디지털 시대의 민주주의』 이원태 외 옮김. 서울: 후마니타스.

류석진·허정수. 2010. 「디지털 컨버전스 사회의 정치권력 연구」. 정보통신정책연구 원. ≪디지털 컨버전스 기반 미래연구(Ⅱ)≫.

민주당대선평가위원회. 2013. 『새로운 출발을 위한 성찰: 제18대 대선평가보고서와 자료』. 민주당.

민주정책연구원. 2012. 『정당정치 위기극복을 위한 민주통합당 혁신방안』. 서울: 민주정책연구원.

_____. 2012. 『2012 국민승리를 이루기 위한 국민의식조사』, 서울: 민주정책연구원.

우치다 미츠루·이와부치 카츠요시. 2006. 『실버데모크라시: 고령화 시대의 새로 쓰는 정치학』. 김영필 옮김. 서울: 논형.

윤성이·송경재. 2010. 「컨버전스 세대의 정치의식과 시민참여」. 정보통신정책연구원. ≪디지털 컨버전스 기반 미래연구(Ⅱ)≫.

이원태·정국환·유지연·김영미. 2010. 「사람중심 소통과 정보화 촉진을 위한 공공
정보 플랫폼화 전략 연구」. 정보통신정책연구원. ≪디지털 컨버전스 기반 미
래연구(Ⅱ)≫.

중민사회이론연구재단. 2013. 『중민이론의 재조명: 안철수 현상과 민주당의 미래』.
중민사회이론연구재단 2013학술세미나 자료집.

할스테드·린드(Ted Halstead and Michael Lind). 2002. 『정치의 미래: 디지털 시대
의 신정치 선언서』. 최지우 옮김. 서울: 바다출판사.

Burnham, Walter Dean. 1970. *Critical Elections and the Mainsprings of American Politics.*
New York: Norton & Company Limited.

Dahl, Robert A. 1991. *Modern Political Analysis*, 5th ed. Englewood Cliffs, N.J.:
Prentice Hall.

Merriam, Charles Edward. 1925. *New Aspects of Politics*. Chicago: University of
Chicago Press.

Scott, Ruth K. and Ronald J. Hrebenar. 1984. *Parties in Crisis: Party Politics in
America*, 2nd ed. New York: John Wiley & Sons.

辻中豊. 1988. 『利益集団』. 東京: 東京大学出版会.

제8장 한국 사회의 진보를 위한 정치제도 개혁 방향: 합의제 민주주의

고세훈. 2002. 「세계화와 블레어 노동당의 사민주의」. 한국스칸디나비아학회 엮음.
≪스칸디나비아연구≫, 제3호, 245~285쪽.

고원. 2010. 「대안적 발전 개념에서 '인간중심' 담론에 대한 정치철학적 검토: 센과
롤즈의 논의를 중심으로」. ≪민주주의와 인권≫, 제10권 제1호.

박동천. 2010. 『깨어있는 시민을 위한 정치학 특강』. 서울: 모티브북.

선학태. 2005. 『민주주의와 상생정치』. 서울: 다산출판사.

안재홍. 2008. 「서구 자본주의의 다양성과 성장 - 복지 선순환의 정치경제」. 『2008
년도 국회연구용역과제』. 서울: 코리아연구원.

양재진. 2003. 「노동시장유연화와 한국복지국가의 선택: 노동시장과 복지제도의 비
정합성 극복을 위하여」. ≪한국정치학회보≫, 제37집 3호.

이근식. 2006. 『존 스튜어트 밀의 진보적 자유주의』. 서울: 기파랑.

_____. 2009. 『상생적 자유주의: 자유, 평등, 상생과 사회발전』. 파주: 돌베개.

이선. 2006. 「서구선진국의 조합주의의 정책적 시사점」. ≪법학논총≫, 통권 16호.

임상훈. 2006. 「사회협약 안정화 과정 비교연구: 한국, 이탈리아, 아일랜드 사례를 중심으로」. ≪노동정책연구≫, 제6권 제2호.

정준표. 1997. 「정당, 선거제도와 권력구조」. 국제평화전략연구 엮음. 『한국의 권력 구조 논쟁』. 서울: 풀빛.

최장집. 2007. 「민주주의를 둘러싼 오해에 대한 정리: 절차적 민주주의의 재조명」. 최장 집·박찬표·박상훈. 『어떤 민주주의인가』. 서울: 후마니타스.

_____. 2013. 「다원주의적 민주주의를 위한 제언: 진보적 자유주의의 정치 공간 탐 색」. <정책네트워크 내일> 창립기념 심포지엄 발제문.

최태욱. 2009. 「신자유주의는 어디서 와서 어디로 가는가」. 최태욱 엮음. 『신자유주 의 대안론』. 파주: 창비.

_____. 2011. 「진보적 자유주의의 진보성과 실천력에 대하여」. 최태욱 엮음. 『자유 주의는 진보적일 수 있는가』. 서울: 폴리테이아.

_____. 2013. 「경쟁력을 위한 사회합의주의 발전의 정치제도 조건: 네덜란드와 아 일랜드, 그리고 한국」. ≪동향과 전망≫, 통권 제88호.

Anthonsen, M. and J. Lindvall. 2009. "Party Competition and the Resilience of Corporatism." *Government and Opposition*, Vol.44, No.2, pp.167~187.

Armingeon, Klaus. 2002. "The effects of negotiation democracy: A comparative analysis." *European Journal of Political Research*, Vol.41, No.1, pp.81~105.

Cameron, David. 1984. "Social Democracy, Corporatism, Labour Quiescence, and the Representation of Economic Interest in Advanced Capitalist Society." In John H. Goldthorpe(ed.). *Order and Conflict in Contemporary Capitalism*. Oxford: Oxford University Press.

Coates, David. 2000. *Models of Capitalism: Growth and Stagnation in the Modern Era*. Cambridge: Polity Press.

Compston, Hugh. 2002. "Policy Concertation in Western Europe: A Configurational Approach." In Stefan Berger and Hugh Compston(eds.). *Policy Concertation and Social Partnership in Western Europe: Lessons for 21st Century*. New York: Berghahn Books.

Crepaz, Markus M. 2002. "Global, Constitutional, and Partisan Determinants of Redistribution in Fifteen OECD Countries." *Comparative Politics*, Vol.34, No.2, pp.169~188.

Crepaz, Markus M., and Arend Lijphart. 1995. "Linking and Integrating Corporatism and Consensus Democracy: Theory, Concepts and Evidence." *British Journal of Political Science*, Vol.25, No.2.

Crepaz, Markus M., and Vicki Birchfield. 2000. "Global Economics, Local Politics: Lijphart's Theory of Consensus Democracy and the Politics of Inclusion." In Markus Crepaz, et al(eds.). *Democracy and Institutions: The Life Work of Arend Lijphart*. Ann Arbor: The University of Michigan Press.

Crouch, Colin, and Wolfgang Streeck(eds.). 1997. *Political Economy of Modern Capitalism: Mapping Convergence and Diversity*. London: Sage.

Dahl, Robert. 1998. *On Democracy*. New Haven: Yale University Press.

Ebbinhaus, Bernhard and Philip Manow(eds.). 2001. *Comparing Welfare Capitalism*. London and New York: Routledge.

Esping-Andersen, G. 1999. *Social Foundations of Postindustrial Economies*. Oxford: Oxford University Press.

Hall, Peter A. and David Soskice. 2001. "An Introduction to Varieties of Capitalism." In Peter A. Hall and David Soskice(eds.). *Varieties of Capitalism: The Institutional Foundations of Comparative Advantage*. Oxford: Oxford University Press.

Hamann, Kerstin and John Kelly. 2007. "Party Politics and the Reemergence of Social Pacts in Western Europe." *Comparative Political Studies*, Vol.40, No.8, pp.971~994.

Huber, John and G. Bingham Powell. 1994. "Congruence between Citizens and Policymakers in Two Visions of Liberal Democracy." *World Politics*, Vol.46, No.3, pp.291~326.

Kitschelt, Herbert, Peter Lange, Gary Marks and John D. Stephens. 1999. "Convergence and Divergence in Advanced Capitalist Democracies." In Herbert Kitschelt, Peter Lange, Gary Marks, and John D. Stephens(eds.). *Continuity and Change in Contemporary Capitalism*. Cambridge: Cambridge University Press.

Krugman, Paul. 2007. *Conscience of a Liberal*. New York: W. W. Norton&Company.

Lange, Peter and Geoffrey Garret. 1985. "The Politics of Growth." *Journal of Politics*, Vol.47, No.3, pp.792~827.

Lembruch, Gerhard. 1979. "Consociational Democracy, Class Conflict and the New Corporatism." In P. Schmitter and Gerhard Lembruch(eds.). *Trends toward Corporatist Intermediation*. London: Sage.

Lijphart, Arend. 1984. *Democracies: Patterns of Majoritarian and Consensus Governments in Twenty-One Countries*. New Haven: Yale University Press.

_____. 1999. *Patterns of Democracy*. New Haven: Yale University Press.

_____. 2002a. "Negotiation democracy versus consensus democracy: Parallel conclusions and recommendations." *European Journal of Political Research*, Vol. 41, No.1, pp.107~113.

_____. 2002b. "The Wave of Power-Sharing Democracy." In Andrew Reynolds(ed.). *The Architecture of Democracy: Constitutional Design, Conflict Management, and Democracy*. Oxford: Oxford University Press.

Lijphart, Arend and Markus M. Crepaz. 1991. "Corporatism and Consensus Democracy in Eighteen Countries: Conceptual and Empirical Linkages." *British Journal of Political Science*, Vol.21, No.2.

Martin, Cathie J. and D. Swank. 2008. "The Political Origins of Coordinated Capitalism." *American Political Science Review*, Vol.102, No.2, pp.181~198.

Minnich, Daniel J. 2003. "Corporatism and income inequality in the global economy: A panel study of 17 OECD countries." *European Journal of Political Research*, Vol.42, No.1, pp.23~53.

Polanyi, Karl. 2001. *The Great Transformation*. Boston: Beacon Press.

Rhodes, Martin. 2001. "The Political Economy of Social Pacts: 'Competitive Corporatism' and European Welfare Reform." In Paul Pierson(ed.). *The New Politics of the Welfare State*. Oxford: Oxford University Press.

Schmitter, Philipe. 1989. "Corporatism is Dead! Long Live Corporatism! Reflections on Andrew Shonfield's Modern Capitalism." *Government and Opposition*, Vol.24, pp.54~73.

Scholten, Ilja. ed. 1987. *Political Stability and Neo-Corporatism: Corporatist Integration and Societal Cleavages in Western Europe*. London: Sage.

Soskice, David. 1999. "Divergent Production Regimes: Coordinated and Uncoordinated Market Economies in Contemporary Capitalism." In Herbert Kitschelt, Peter Lange, Gary Marks and John D. Stephens(eds.). *Continuity and Change in Contemporary Capitalism*. Cambridge: Cambridge

University Press.

Swank, Duane. 2002. *Global Capital, Political Institutions, and Policy Change in Developed Welfare State*. Cambridge: Cambridge University Press.

Thelen, Kathleen. 2004. *How Institutions Evolve*. Cambridge: Cambridge University Press.

Traxler, F. 1995. "From Demand-Side to Supply-Side Corporatism? Austrian Labour Relations and Public Policy." In C. Crouch and F. Traxler(eds.) *Organized Industrial Relations in Europe: What Future?* Aldershot: Avebury.

van Waarden, Frans. 2002. "Dutch Consociationalism and Corporatism: A Case of Institutional Persistence." *Acta Politica*, vol.37, No.2.

필자 소개(수록순)

김윤태(엮은이)

고려대학교 인문대학 사회학과 교수 겸 대학원 사회복지학과 교수이다. 한국사회여론연구소 (KSOI) 소장과 베를린자유대학 초빙교수를 역임했다. 주요 연구 분야는 정치사회학, 복지국가, 여론조사, 민주주의 등이다. 주요 저서로는 『복지국가의 변화와 빈곤정책』(근간), 『빈곤: 어떻게 싸울 것인가』(공저, 2013), 『자유시장을 넘어서』(2007), 『한국의 재벌과 발전국가』(2000, 2012), 『제3의 길』(2000) 등이 있으며, 편저로는 『한국 복지국가의 전망』(2010), 『새로운 진보의 길』(2009) 등이 있다.

이영제

민주화운동기념사업회 연구원이다. 한국정치연구회 연구위원으로 활동하고 있으며 경희대학교 후마니타스 칼리지에서 "시민교육"을 가르치고 있다. 주요 연구 분야는 한국 정치, 정치이론, 정치사회학, 정당과 시민운동 등이다. 주요 저서로는 『인문 정치와 주체』(공저, 2012), 『다시 보는 한국 민주화 운동』(공저, 2010) 등이 있다.

윤희웅

민(MIN) 정치컨설팅 여론분석센터장이다. 한국사회여론연구소 조사분석실장 겸 수석전문위원, 경기개발연구원 정책분석팀 연구원으로 활동했다. 대중 심리의 형성과 표출 과정에 주된 관심을 두고, 선거와 여론 분야에 대한 연구를 하고 있다. 다양한 언론 매체에 정치, 선거, 여론분석 글을 기고하고 있다.

한귀영

한겨레사회정책연구소 연구위원으로 재직 중이다. 학계와 언론계, 시민운동의 경계에서, 그리고 정치와 정책의 경계에서 사회현상을 분석하고 변화를 끌어내는 것이 주된 관심사이다. 주요 연구 분야는 선거 정치, 대중 여론, 사회정책 등이고 주요 저서로는 『18 그리고 19: 18대 대선으로 본 진보개혁의 성찰과 길』(편저, 2013), 『진보대통령 vs 보수대통령』(2012) 등이 있다.

이준한

인천대학교 사회과학대학 정치외교학과 교수이다. 주요 연구 분야는 선거와 정당, 의회, 민주화, 비교정치 등이다. 주요 저서로는 『개헌과 동시 선거: 선거 주기의 효과에 대한 비교연구』(2011), 『개헌과 민주주의: 한국적 정치제도의 비교연구』(2007) 등이 있으며, 주요 논문으로는 "External Crisis, Information Cues, and Presidential Popularity in Korea, 1993-2008"(2014), "Partisan Effects of Voter Turnout in Korean Elections, 1992–2010"(2012) 등이 있다.

이철희

두문정치전략연구소 소장이며, 정치평론가로도 활동하고 있다. 청와대 행정관, 민주정책연구원 부원장을 지냈다. 주요 저서로는 『뭐라도 합시다』(2014), 『1인자를 만든 참모들』(2003, 2013) 등이 있다.

김영필

생활정치연구소 상임이사 겸 연구실장이다. 한국사회정책연구원 선임연구위원, 민주정책연구원 미래기획실장으로 활동했다. 주요 연구 분야는 정당정치, 정치과정, 선거, 일본정치 등이다. 주요 저서로는 『정치 과정에서의 NGO』(공저, 2004) 등이 있다.

최태욱

한림국제대학원대학교 국제학과 정치경영전공 교수이다. 창비 편집위원과 참여연대 상집위원 등을 역임했으며, 현재는 정치경영연구소 소장과 비례대표제포럼 운영위원장 등의 일을 하고 있다. 전공은 정치경제학이며, 세부 연구 분야는 합의제 민주주의, 조정시장경제, 사회적 합의주의, 동아시아복지공동체 등이다. 주요 저서로는 『복지한국 만들기』(편저, 2013), 『갈등과 제도』(편저, 2012), 『자유주의는 진보적일 수 있는가』(편저, 2011) 등이 있다.

한울아카데미 1691

한국 정치, 어디로 가는가

새로운 정치를 찾아서

ⓒ 김윤태 외, 2014

지은이 ㅣ 김윤태·이영제·윤희웅·한귀영·이준한·이철희·김영필·최태욱
엮은이 ㅣ 김윤태
펴낸이 ㅣ 김종수
펴낸곳 ㅣ 도서출판 한울

편집책임 ㅣ 김경아
편집 ㅣ 박준규

초판 1쇄 인쇄 ㅣ 2014년 5월 21일
초판 1쇄 발행 ㅣ 2014년 6월 3일

주소 ㅣ 413-756 경기도 파주시 광인사길 153 한울시소빌딩 3층
전화 ㅣ 031-955-0655
팩스 ㅣ 031-955-0656
홈페이지 ㅣ www.hanulbooks.co.kr
등록번호 ㅣ 제406-2003-000051호

Printed in Korea.
ISBN 978-89-460-5691-6 93340

* 가격은 겉표지에 표시되어 있습니다.